河南省文物考古研究院田野考古报告甲种第76号

舞钢大杜庄新石器时代遗址

河南省文物考古研究院　编著

科学出版社
北　京

内 容 简 介

本书系统地介绍了舞钢大杜庄新石器时代遗址发掘出土的遗迹与遗物，其中遗迹单位101个，包括灰坑70个、瓮棺墓18座、窑址5座、房基4座、沟4条，以及丰富的陶、石器等遗物，并从早、晚两段遗存的分布变化情况分析了聚落的发展演变过程。这些遗存年代相对集中，文化性质比较单纯，属于王湾三期文化煤山类型。舞钢大杜庄遗址较为单纯的王湾三期文化煤山类型的聚落，为该类型单个聚落的考古研究提供了非常难得的材料，对于研究中原地区新石器时代文化以及早期文明探源提供了丰富的物质资料。

本书适合于考古学、历史学的研究者及相关专业的大专院校师生参考、阅读。

审图号：豫平S（2024）05号

图书在版编目（CIP）数据

舞钢大杜庄新石器时代遗址 / 河南省文物考古研究院编著. -- 北京：科学出版社，2024. 6. --（河南省文物考古研究院田野考古报告）. -- ISBN 978-7-03-078792-7

Ⅰ. K878. 05
中国国家版本馆CIP数据核字第202431V0M9号

责任编辑：张亚娜　周艺欣 / 责任校对：王晓茜
责任印制：张　伟 / 封面设计：美光设计

科学出版社 出版
北京东黄城根北街 16 号
邮政编码：100717
http://www.sciencep.com
北京汇瑞嘉合文化发展有限公司印刷
科学出版社发行　各地新华书店经销
*
2024年6月第　一　版　开本：889×1194　1/16
2024年6月第一次印刷　印张：15 1/2　插页：45
字数：446 000

定价：280.00元
（如有印装质量问题，我社负责调换）

主　编

曹艳朋　楚小龙

副主编

王　琼　刘凤亮　孙清远

目　　录

插图目录

图 版 目 录

第一章 概 述

第一节 地理位置与环境

大杜庄遗址所在的舞钢市是一座年轻的现代化工业生态旅游城市，位于河南省中部，隶属于平顶山市，北距省会郑州市165千米。地处东经113°21′27″～113°40′51″，北纬33°08′00″～33°25′25″，市域南北长32.19千米，东西宽30.1千米，总面积630.4平方千米。东靠驻马店市西平县、遂平县，南邻泌阳县，西与南阳市方城县、平顶山市叶县接壤，北与漯河市舞阳县毗邻。

舞钢市处在伏牛山东部余脉与黄淮平原交接地带，位于伏牛—大别弧形构造带的凸出部位。地势西北、东南高，西南、东北低。全市地表形态复杂，有平原、岗地、丘陵、山区4种地貌类型。其中平原面积183.00平方千米，占全市总面积的29.03%；岗地面积278.28平方千米，占44.14%；丘陵面积92.00平方千米，占14.60%；山区面积77.12平方千米，占12.23%。平原向东北方向微倾斜，和黄淮平原连成一片，主要集中分布在枣林镇、武功乡和铁山街道、八台镇的东北部，面积为183平方千米。其微地貌可分为堆积平原、红褐冲积平原和河间浅平洼地3类。处在与西平县交界处的张营村海拔74.5米，是全市的最低处。岗地一般坡降2.5‰～10‰，多南北走向平行排列。岗体一般宽1千米左右，岗坡平缓，主要分布在境区西南部、东南部和西北部。丘陵主要分布在南部和中西部山区附近，可分为南部丘陵区、西部丘陵区和中部丘陵区。特征是丘顶浑圆，丘坡平缓，一般中部风化残积层较厚，下部基岩裸露。山区山脉走向大体以近东西向为主，向北山势逐渐降低。南部与泌阳县交界处的五峰山海拔872米，为全市的最高峰。此外，龙王撞、灯台架、云磨顶、大虎山等，海拔都在800米以上。

舞钢市属于北暖温带大陆性季风气候，风向以西南为多，四季分明，光照充足，雨量充沛，气候宜人。全年平均日照时数为2095.8小时，一年之中，日照数以5月及7月最多。自然降水偏丰，年降水量为1000毫米左右。夏季雨水充沛，全年55%的降水集中在6～8月。由于地处暖温带向北亚热带过渡地带，具有明显的过渡性气候特征。气候温和，四季分明，年平均气温15.2℃，无霜期210～230天。

境内河流属于淮河流域洪汝河水系和沙颍河水系，主要河流有滚河、港河、韦河、甘江河等，均发源于南部和中西部山区，呈平行状分布。除甘江河向西流经方城县、叶县至舞阳县境内注入澧河外，其余诸水均向东北出境注入洪河。舞钢市水资源较为丰富，人均占有水量居河南省前列。区域多年平均水资源总量18792万立方米。

土壤主要分为黄棕壤土、砂礓黑土和潮土3种类型。黄棕壤土类占全市总面积的90.9%，砂礓黑土和潮土类分别占7.23%和1.86%。从武功乡曹集村起，经武功、朱兰、营街，到八台、大马庄连接成一弧形曲线，线以北为砂礓黑土类，线以南为黄棕壤土类。潮土仅分布在河流及其支流的河滩上。全市土壤pH值在5.9～7.1之间，呈微酸—中性，适宜多种植物生长。其中耕种土壤的pH值在6.4～7.1之间，为中性。山丘地区黄棕壤亚类、粗骨性黄棕壤亚类土壤pH值在5.8～6.0之间，为微酸性；粗骨性黄褐土亚类土壤pH值在6.7～7.0之间，为中性。

舞钢市山区面积广大，气候条件适宜，有着丰富的植物、动物资源。这里生物群落复杂，南北方区系动物植物兼容并蓄，种类繁多，并且具有多种用途和较高的经济价值。舞钢市植被区系属暖温带阔叶落叶林区域，植被类型主要为阔叶落叶林和常绿针叶阔叶林的混交林。自然植被主要分布在东南山区。除了在偏远山区尚有面积不大的天然林外，多数为人工改造的林地。丘陵区天然林极少，大部分是人工栽培的用材林、薪炭林和经济林。全市森林覆盖率为35.42%，全国西南、华中、华东、华北、西北、东北等大区系的植物在境内均有生长。

矿产资源丰富多样是舞钢市的一大优势。全市的矿产资源有50种之多，其中金属矿产20多种，非金属矿产30多种。特别是铁矿石储量很大，在全省矿产资源中占有重要地位，是全国十大铁矿区之一。已探明铁矿石储量6.1亿吨，占河南省已探明储量的70%以上。已知铁矿产地30余处，主要分布在北部低山及山前平原一带，其中大型矿床有铁山庙、铁古坑、经山寺、赵案庄—王道行等。早在春秋战国时，这里就以生产利剑闻名。苏秦曾说："韩卒之剑戟，皆出于冥山、棠溪、墨阳、合伯……龙渊、太阿，皆陆断马牛，水击鹄雁，当敌即斩坚。"汉代在这里设置铁官，主持炼铁事宜。1987年以来，舞钢市境内先后发现了许沟、沟头赵、翟庄、尖山、圪垱赵、石门郭等多处战国至汉代的古冶铁遗址，是当时全国最早、最先进的冶铁遗址群之一，在中国钢铁技术发展史上占有重要地位。此外，已探明的金属矿产中，铁合金元素有钛、钒、铬、镍、锰等，有色及贵金属矿产有金、银、铅、镁以及稀散、稀土矿产。在非金属矿产中，有各具特色的大理石、花岗石品种20多个。此外，还有灰岩、白云岩、硅石、型砂、石墨等冶金辅助原料矿产，磷灰石、磷块岩、蛇纹岩、硫铁矿、含钾岩石、麦饭石以及化工用石灰石等化工原料矿产，玻璃石英砂岩、白云质灰岩、长石、水泥灰岩、泥灰岩、凝灰岩亚黏土以及建筑石材等建筑材料矿产，镁铁铝榴石、钙铝榴石、玛瑙、碧玉、胶蛇纹石、硬石膏、墨玉、汉白玉及古海飘砾等工艺美术原料矿产，陶瓷原料、铸石原料、岩棉原料、磨料等。全市地下水资源也非常丰富，疏松层承压水区分布在北部平原小梁山—小寺山一线以北。其中，单井出水量大于40吨/时的富水区约20.1平方千米，出水量20～30吨/时的弱富水区约23.2平方千米，出水量10～20吨/时的弱贫水区约23.2平方千米。

第二节 历史沿革

舞钢市地处中原，历史悠久。庙街乡人头山村南半山腰处曾挖出数块"龙骨"，经鉴定为"恐龙化石"。

目前已发现的新石器时代遗址除了大杜庄遗址外，还有赵案庄遗址、圪垱赵遗址、大程庄遗址、朱兰店遗址、冯庄遗址、枣林南岗遗址等，至少在仰韶文化时期这里已有人类繁衍生息。

西周时为柏子国（也作柏国），故城在尹集镇谢古洞村一带。这里发现有明显的夯土层，曾挖出一些大型砖瓦、古剑、古箭头以及饰有绳纹的陶片等。

柏国在春秋后期为楚所灭。

战国后期市境属韩，称合膊（也作合伯），是韩国的冶铁重地，以生产龙渊（龙泉）、合伯剑著称。

秦统一后，属舞阳县，隶陈郡。

西汉时分属西平县、舞阴邑和红阳县，隶汝南郡和南阳郡。

东汉时分属汝南郡西平县和南阳郡舞阴县。

三国时属魏，分属汝南郡西平县和南阳郡舞阴县。

西晋时期辖境分属汝南郡西平县和南阳郡舞阴县，晋怀帝永嘉五年（311年）为石勒所据。

东晋时期分属西平、舞阴2县。

晋成帝咸和二年（327年）辖境分属后赵新蔡郡西平县和东晋南阳郡舞阴县。晋废帝太和元年（366年）属前燕新蔡郡西平县和南阳郡舞阴县。

晋孝武帝太元七年（382年）属前秦襄城郡西平县和南阳郡舞阴县。

晋孝武帝太元二十年（395年）属东晋汝南郡西平县和南阳郡舞阴县。

晋安帝义熙五年（409年）分属后秦新蔡郡西平县和东晋南阳郡舞阴县。

南北朝时期，宋武帝永初元年（420年）辖境属宋汝南郡西平县和南阳郡舞阴县。宋少帝景平元年（423年）分属北魏汝南郡西平县和南阳郡舞阴县。

北魏献文帝天安元年（466年）始置西舞阳县，属襄州期城郡。

南齐武帝永明五年（487年）属南齐，后复入北魏。

梁武帝普通六年（525年）西舞阳县归梁。

东魏孝静帝兴和二年（540年）西舞阳县归东魏，属广州定陵郡。后西舞阳县改称临舞县，属期城郡。

隋文帝开皇初年，临舞县改属淮安郡。炀帝大业八年（612年）辖境属北舞县，隶颍川郡。

唐高祖武德四年（621年）北舞县属道州。太宗贞观元年（627年）北舞县改属许州，不久，县废。玄宗开元四年（716年）复置县，更名舞阳县，属仙州。开元二十六年（738年）废仙州，舞阳县改属许州。

宋、金时期舞阳县属许州，宋钦宗靖康二年（1127年）金灭北宋，舞阳县归金，属许州。金章宗泰和八年（1208年），舞阳县改属裕州。宋理宗端平元年（1234年），金亡，舞阳县归宋。端平二年（1235年），蒙古大汗窝阔台遣兵攻宋。忽必烈至元三年（1266年）罢裕州，并昆阳、舞阳二县入叶县。

元成宗大德八年（1304年）复置舞阳县，属南阳府裕州。

清宣统三年（1911年），舞阳县属南汝光淅道南阳府。

1913年（民国二年）撤销南阳府，舞阳县改属豫南道。1914年（民国三年）豫南道改称汝阳道。1927年（民国十六年）撤销道一级行政建制，舞阳县直属河南省。1933年（民国二十二年），舞阳县属第六行政督察区，直到解放。

中华人民共和国成立后，舞阳县属许昌专区。

1973年11～12月，成立河南省革命委员会舞阳工区办事处，划出舞阳县南部6个人民公社为其辖区。

1977年5月，中共河南省委决定撤销舞阳工区办事处。同年11月，建立平顶山市舞钢区。

1979年10月，划属许昌地区。

1982年11月，复归平顶山市。

1990年9月，经国务院批准，撤销舞钢区，设立舞钢市。

截至2018年，舞钢市辖朱兰、垭口、寺坡、院岭、矿建、铁山、红山7个街道，八台、尚店、尹集、枣林4个镇，庙街、武功、杨庄3个乡，共29个社区、190个行政村。

参 考 文 献

［1］　平顶山市地方史志办公室：《平顶山年鉴2021》，中州古籍出版社，2021年，第481页。

［2］　舞钢市地方史志编纂委员会：《舞钢市志》，中州古籍出版社，1993年。

［3］　舞钢市地方史志编纂委员会：《舞钢市志（1991～2000）》，方志出版社，2010年。

［4］　舞钢市人民政府门户网站http://www.zgwg.gov.cn/channels/14717.html。

［5］　（明）宋濂等撰：《元史》卷二十一《成宗四》，中华书局，1976年。

第二章 发掘、整理及报告编写情况

第一节 遗址发现与概况

大杜庄遗址位于河南省平顶山市舞钢市产业聚集区红山办事处大杜庄村南部，于2014年5月初由平顶山市及舞钢市文物部门工作人员在舞钢市昱鑫重工新建年产20万吨桥梁钢腹板基地建设过程中首次发现。

遗址地处山前缓坡地带，南眺支鼓山，地势南高北低。遗址北为唐山路（原纬三路）、东为创业路（原经三路）、西为兴业路（原经四路）、南为大杜庄村。遗址形状不规则，文化堆积厚约0.5~2.2米，面积约8万平方米，中心地理坐标为东经113°29′43″、北纬33°20′39″、海拔高程102~107米（图一）。据当地村民介绍，遗址所在地俗称"石头岗"，西有"石头沟"。遗址原地势略高，后因烧砖取土被破坏。

第二节 遗址勘探与发掘

遗址被发现后，平顶山市文物保护工程咨询服务中心随即于2014年5月17日至6月1日对建设区域进行了考古勘探，发现遗迹现象16处。从勘探及前期施工过程中局部破坏区域的断壁和土堆中发现较为丰富的陶片与石器，初步判断主要为龙山时期文化遗存。考古勘探结束后，平顶山市文物管理局立即向河南省文物局进行了报告。同年6月9日，河南省文物考古研究院接到省文物局关于对该项目进行考古发掘的工作交办单。

经过认真组织，6月27日考古队进驻现场，开始对该遗址进行进一步的调查、勘探和保护性抢救发掘。实地调查后发现，除龙山时期遗存外，在建设项目机械取土区域还发现有少量的青砖、黑白瓷等历史时期文化遗物，年代为汉代和宋代。遗址文化堆积厚约0.5~2.8米，局部深度超过4米。初步判断，遗址面积约8万平方米。

调查过程中，在遗址南部发现有较明显的沟状遗迹，为进一步了解沟状遗迹的性质、年代、形状及走向，并大致把握遗址的整体聚落情况，对遗址进行了有针对性的钻探，主要是探明沟状遗迹与遗址的时空关系。经勘探，在遗址南部发现壕沟1条，沟宽12~13米，深1.5~2.2

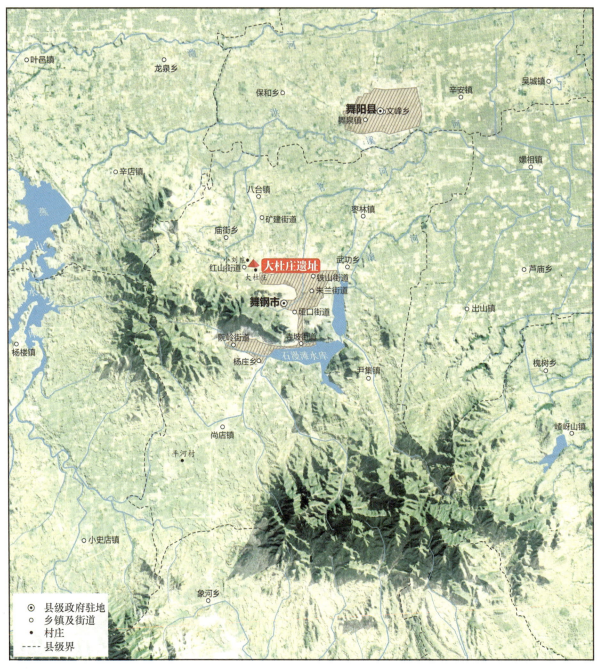

审图号：豫平S（2024）05号

图一　大杜庄遗址位置示意图

米，沟内填土呈淤积状堆积，分层明显，填土致密，较纯净。在沟内填土中发现有少量篮纹陶片，时代为龙山时期。该壕沟围合面积1万余平方米，由此基本可以确认遗址南部存在一个龙山时期的小型环壕聚落。此外，在环壕的东、西部又各发现一条大致呈西南—东北走向的河道，从沟内堆积的情况看，时代也为龙山时期（图版四，1）。东部河道宽窄不一，南部宽度20多米，向北逐渐变宽，最宽处超过35米。河道填土上部为淤积泥土，下部有大量的河卵石。根据遗址南部约2千米即为山脉，且遗址地处山前缓坡地的地形推测，该河道应为山洪冲刷形成。西部河道宽20～30米，内部填土堆积细腻，罕见杂物，明显为静水沉积而成。加之遗址西部有"石头沟"大致呈西南—东北向临近遗址蜿蜒而过，因此推测该河道为自然或人工防御性河流。由于拟建厂区西部和北部皆为村庄居民地和其他公司厂房，建筑较多且地面硬化现象普遍，因而探明的河道是否与"石头沟"相连暂不得知。

根据调查及勘探的初步成果，经报请国家文物局批准［发掘证照：考执字（2014）第（469）号］，河南省文物考古研究院联合平顶山市文物管理局于2014年7月5日开始布方进行考古发掘。结合进场时遗址的保存状况和遗存埋藏情况，在遗址北部文化堆积较为集中的区域布设10米×10米探方18个，在遗址南部钻探的环壕北部布设5米×40米探沟1条，发掘面积共计2000平方米（图二；图版一，2；图版二）。

遗址北部布设的18个探方由于厂房已经建成柱桩布置排列的限制，仅能选择在两列柱桩之间进行发掘，因此布设的探方方向为北偏东3°（以磁北方向为基准）。以此为基础，测绘基点设置在厂区围栏西南角X轴反方向3.67米、Y轴反方向7.87米处。南部探沟为了尽可能地垂直于已探明壕沟的走向，但同时也受制于已建成的柱桩和施工开挖的基槽的影响，布设的方向为北偏西17°。

发掘探方和探沟编号前冠以发掘年度和行政区划代码，如2014WGDT2830，"2014"表示此次发掘时间为2014年度，"WGD"表示舞钢市大杜庄村，"T2830"表示该探方东北角在遗址坐标系中的坐标为（东坐标X：280，北坐标Y：300）。

田野发掘工作至11月6日结束，历时125天（图版三）。期间9月8日至10月13日因暴雨，发掘探方两次被全部淹没于水下，组织抽水排涝严重影响了发掘进度和质量，大部分探方之间的隔梁和叠压于隔梁下的遗迹垮塌。另外，遗址南部在厂房建设间隙布设的探沟TG1于8月15日开始发掘，至8月23日下雨被全部淹没，仅发掘了9天，发掘至距地表深度约1.2米，共清理3层（表层因建设项目施工取土被破坏约2.6米），皆为灰色或褐色淤积土。后探沟排涝清淤未完成，又遇连日暴雨，探沟被彻底冲毁。加之多雨导致地下水位上涨，遗址南部一片汪洋，建设项目因此停工近两个月，探沟最终也因水淹未能发掘完。后在探沟附近取土的断面上铲刮获得一个沟状剖面，填土内出土有数片龙山晚期陶片。最终，大杜庄遗址共发掘遗迹101个，其中灰坑70个、瓮棺墓18座、窑址5座、房基4座、沟4条（图三）。

大杜庄遗址考古发掘项目领队为原河南省文物考古研究院副研究员楚小龙，曹艳朋为现场负责人，参加考古发掘工作的有河南省文物考古研究院技术员杨明宝、全鹏、吴宇航、孙双举、李航，平顶山市文物管理局孙清远、娄群山、张瑞强，厦门大学2011级本科生柯必灿、熊谯乔，上海工会管理职业学院2011级学生刘智广、徐巧丽，武汉大学2013级本科生郭军锐参加了短暂的田野实习。钻探工海战国、邢南南、海洋在考古队进驻现场后对遗址进行了全面复探，河南省文物考古研究院聂凡对遗址周边地理环境进行了测绘，任潇利用六轴多旋翼无人机拍摄了遗址全景和发掘探方的高空照，全鹏拍摄了发掘的遗迹和每个探方的照片，并采用多角度倾斜摄影制作了三维影像。发掘过程中，舞钢市文化广电局为保障发掘工作的顺利开展进行了大量的协调工作。

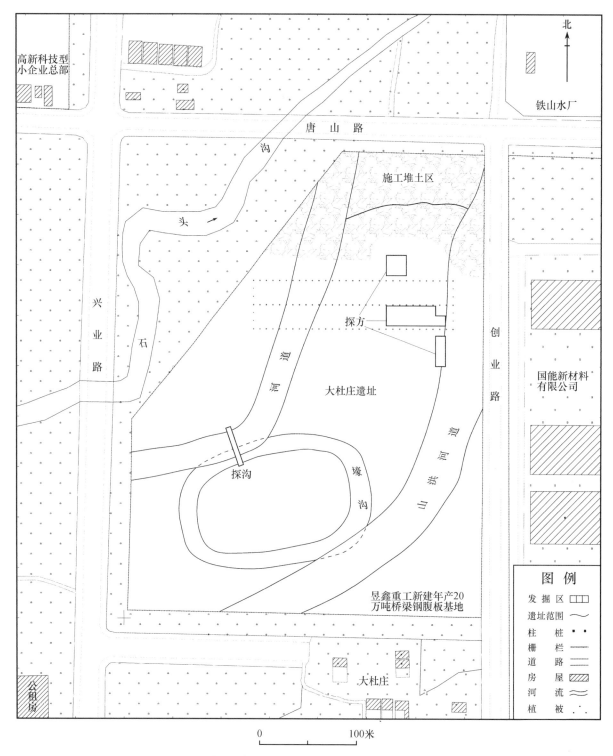

图二　大杜庄遗址地理环境及考古信息图

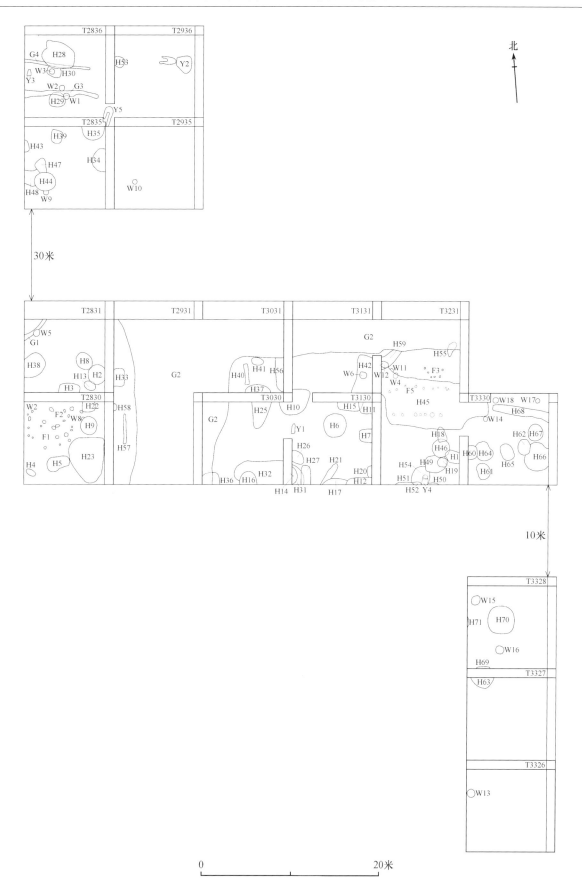

图三 大杜庄遗址发掘遗迹分布图

第三节　资料整理与报告编写

　　大杜庄遗址的田野考古发掘结束后，立即转入了室内整理，制订计划，安排专人进行整理。整理工作由曹艳朋主持；河南省文物建筑保护研究院（现单位）楚小龙、河南博物院王琼和郑州大学2014级硕士研究生刘凤亮全程参与了整理工作；河南省文物考古研究院技术员朱树玉、全鹏及河南大学2014级硕士研究生荣焱，2012级本科生孙春丽，2013级本科生李三灵、朱芃宇、孙晓彤，2014级本科生陈雄对陶片进行了拼对统计和标本挑选；河南省文物考古研究院技术员李航、孙双举和周口市平粮台古城博物馆张体栋对拼对的陶器进行了修复；寇小石、谭丽丽、杨一帆绘制了遗物图；河南省文物考古研究院聂凡对遗物进行了拍照。参加整理工作的还有苏静、张宇。

　　部分遗物标本在本报告编写过程中更正了前期发掘和整理时的定名，并重新进行了绘图和描述。关于舞钢大杜庄遗址的报道、简报和论文等凡与本报告有出入者，皆以本报告为准。

第三章　地层堆积及遗物

第一节　北区地层堆积及遗物

北区共发掘400平方米，包括T2835、T2935、T2836和T2936四个探方。

一、北区地层堆积

北区文化堆积共6层，分述如下（图四至图七，表一）。

第1层：厚0.15～0.32米，全区分布。为黄灰色黏土，土质较硬，结构较致密，包含有少量炭粒和极少量小卵石，内无其他文化遗物。

第2层：距地表0.15～0.32米，厚0.1～0.45米，全区分布，东部较厚。为褐黄色黏土，土质较硬，结构较致密，包含少量褐色土粒及零星红烧土颗粒。出土遗物有黑釉瓷片、青釉瓷片、绳纹瓦片和篮纹灰陶片等，另出土一件较完整的小石凿。出土陶片以泥质灰陶、夹砂褐陶、泥质黑陶为主，次之为夹砂红陶、夹砂灰陶、泥质褐陶，泥质红陶、夹砂黑陶较少；纹饰以篮纹为主，少量附加堆纹、篮纹、弦纹。

第3层：距地表0.3～0.7米，厚0～0.5米，除T2835西南部之外，其他区域均有分布，且东部略厚。为褐灰色黏土，土质较硬，结构较致密，包含有约3%褐色土粒，内无遗物。出土文化遗物极少，有泥质篮纹、绳纹、素面灰陶片及青瓷片等。可辨器形有陶罐、陶豆、瓷碗等。

第4层：距地表0.55～1.15米，厚0～0.8米，发掘区西部局部未见分布，西高东低略呈坡状，东部较厚。为灰色黏土，土质较硬，结构较致密，包含零星红烧土颗粒及炭粒。出土文化遗物主要为陶片，泥质灰陶、泥质黑陶、夹砂灰陶、夹砂褐陶居多，夹砂黑陶、泥质褐陶次之，少量泥质红陶、夹砂红陶；纹饰以篮纹为主，素面陶略少，另有方格纹、附加堆纹。可辨器形有罐、鼎、粗柄豆、圈足盘、碗、纺轮等，另见石刀一件。

第5层：距地表0.35～1.7米，厚0～0.8米，除T2836北部局部未见之外，其余发掘区皆有分布，西高东低略呈坡状，东部较厚。为深灰色黏土，土质较硬，结构较致密，包含极少量的炭

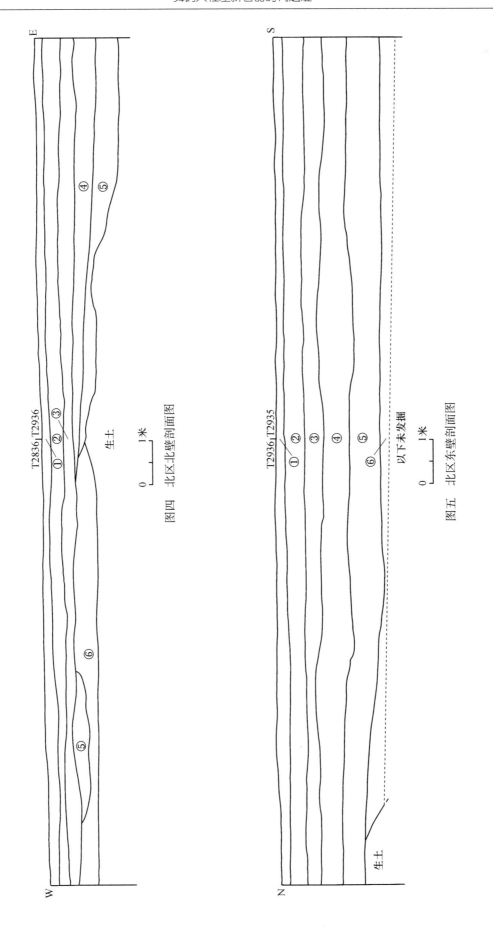

图四　北区北壁剖面图

图五　北区东壁剖面图

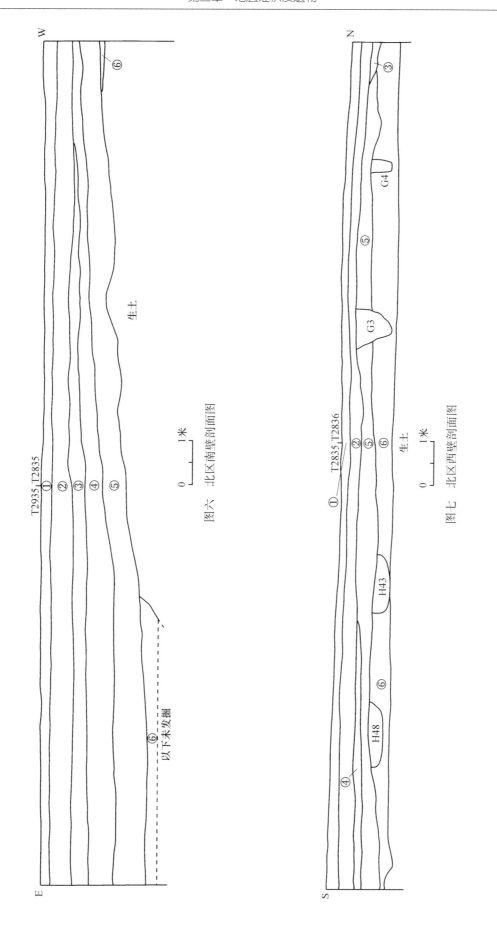

图六 北区南壁剖面图

图七 北区西壁剖面图

粒和红烧土颗粒。出土文化遗物主要为陶片，以泥质灰陶、泥质黑陶、夹砂灰陶为主，夹砂黑陶、夹砂褐陶、夹砂红陶次之，泥质褐陶、红陶较少；纹饰以篮纹最多，素面陶略少，另有方格纹、附加堆纹、篮纹、弦纹。可辨器形有鼎、粗柄豆、圈足盘、钵、觚形器、纺轮等，另见有石镞。

第6层：距地表0.6~1.25米，已发掘部分厚0~0.65米，发掘区东北角和中南部不见分布，东南部堆积较厚。T2836和T2936因地下水位较高未发掘至底。为黄褐色黏土，土质较硬，结构较致密，包含有极少量烧土粒，未见文化遗物。

第6层以下为黄褐色生土。

表一　北区地层对照表

北区地层	T2835	T2935	T2836	T2936
第1层	①层	①层	①层	①层
第2层	②层	②层	②层	②层
第3层	③层	③层	③层	③层
第4层	④层	④层	④层	④层
第5层	⑤层	⑤层	⑤层	⑤层
第6层	⑥层	⑥层	⑥层	⑥层

<h1 align="center">二、出土遗物</h1>

北区第1层、第3层和第6层无遗物标本。

1. 北区第2层出土遗物

北区第2层包括T2835、T2935、T2836和T2936的②层，有石器标本2件。

石凿　1件。T2835②：1，青灰色。梯形，平顶，平刃，单面刃。磨制精细。完整。长4.3厘米，宽2.5厘米，厚1.4厘米（图八，1；图版七八，1）。

石刀　1件。T2836②：1，青灰色略泛黄。梯形，背部近平，平刃，两面刃。残长9.2厘米，宽6.4厘米，厚1厘米（图八，2；图版七六，3）。

2. 北区第4层出土遗物

北区第4层包括T2835、T2935、T2836和T2936的④层，有石器标本6件、陶器标本38件。

石刀　3件。T2935④：1，褐色，局部浅灰色。半月形，弧背，单面刃。磨制精细。残长6厘米，宽5.4厘米，厚1厘米（图九，1；图版七四，2）。T2935④：2，深灰色。半月形，斜弧背，平刃，单面刃。磨制光滑。残长4.2厘米，宽4.7厘米，厚9.6厘米（图九，2；图版七四，3）。T2835④：1，青褐色。半月形，弧背，背部有圆孔，双面管钻，单面刃，刃部圆钝。从

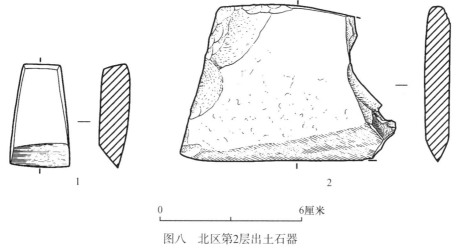

图八　北区第2层出土石器

1. 石凿（T2835②：1）　2. 石刀（T2836②：1）

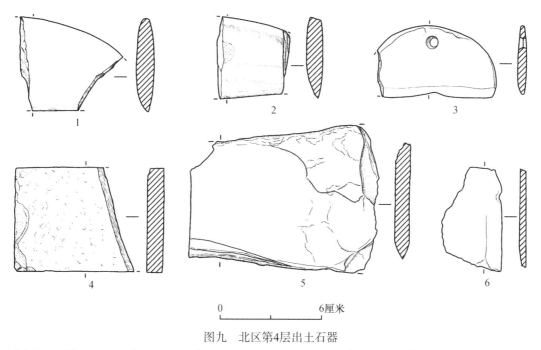

图九　北区第4层出土石器

1~3. 石刀（T2935④：1、T2935④：2、T2835④：1）　　4、6. 石器坯料（T2935④：3、T2936④：3）　　5. 石镰（T2936④：2）

圆孔磨圆度高和刃部内凹现象判断，该石刀使用时间较长。长7.1厘米，宽4.1厘米，厚0.5厘米（图九，3；图版七四，1）。

石镰　1件。T2936④：2，青灰色。斜背，刃微内弧，两面刃，刃部圆钝。残长11厘米，厚0.9厘米（图九，5；图版八○，1）。

石器坯料　2件。T2935④：3，应为半成品，器形不知。青灰色，板状，大致呈长方形，三面切割平齐，一面残。未磨制，未见刃。长7厘米，宽6厘米，厚1厘米（图九，4；图版八八，3）。T2936④：3，器形不知。深灰色。残存部分呈薄片状。一侧有斜平切割痕，未见刃部。残长5.9厘米，厚0.4厘米（图九，6；图版八八，4）。

陶鼎　6件。T2835④：7，夹细砂灰陶。盘形口，折沿，内折棱突出，沿面内凹，尖圆唇。上腹以下残。饰竖篮纹。口径21.2厘米，残高4.3厘米（图一〇，1）。T2835④：8，夹砂黑陶。碟形口，折沿，内折棱突出，斜方唇，唇面有宽浅凹槽。仅存部分口沿。素面。残高4.8厘米（图一〇，2）。T2835④：14，夹粗砂红胎黑皮陶。碟形口，折沿，斜方唇。上腹以下残。饰弦断篮纹。口径27厘米，残高5.6厘米（图一〇，3）。T2936④：9，夹砂褐陶。碟形口，折沿明显，斜方唇。口沿以下残。口径20厘米，残高2厘米（图一〇，4）。T2936④：10，夹砂灰陶。碟形口，折沿明显，斜方唇。上腹以下残。饰篮纹。口径22厘米，残高3.6厘米（图一〇，5）。T2935④：12，泥质灰黑陶。碟形口，折沿明显，方唇，圆腹。饰竖篮纹。口径15.8厘米，残高4.2厘米（图一〇，6）。

陶罐　4件，均为夹砂陶。其中碟形口罐3件，盘形口罐1件。

碟形口罐　3件。T2835④：9，夹粗砂红褐陶。碟形口，折沿明显，斜方唇，溜肩，深弧腹。中腹及以下残。饰弦断斜篮纹。口径26厘米，残高9.8厘米（图一〇，7）。T2835④：10，夹粗砂红陶。碟形口，折沿不太明显，圆唇，溜肩。中腹及以下残。素面。口径19.8厘米，残高6厘米（图一〇，8）。T2936④：8，碟形口，夹粗砂灰黑陶。宽折沿，方唇。上腹以下残。饰宽横篮纹。口径26厘米，残高6.5厘米（图一〇，10）。

盘形口罐　1件。T2935④：10，灰黑陶。盘形口，折沿，沿面微内凹，尖圆唇。素面。口径20厘米，残高6.1厘米（图一〇，9）。

陶瓮　4件。T2835④：5，泥质灰黑陶，含少量砂粒。大口，圆唇外翻，直领较高，广肩。肩部以下残。肩饰斜篮纹。口径28.8厘米，残高5.6厘米（图一〇，11）。T2835④：11，泥质黄褐陶。小口，圆唇略外翻，高直领，广肩。肩部以下残。素面。残高5.2厘米（图一〇，12）。T2935④：9，夹粗砂灰陶。小口，唇外翻，高直领，鼓肩。肩部以下残。饰斜篮纹。口径14厘米，残高7厘米（图一〇，13）。T2936④：6，泥质灰黑陶，表皮剥蚀严重，多露灰胎。小口内敛，方唇外翻，矮领。肩部以下残。素面。口径18厘米，残高3厘米（图一〇，14）。

陶圈足盘　1件。T2835④：6，泥质灰黑陶，表面剥落严重，露出浅灰色胎。圈足近直。素面。残高8厘米（图一〇，15）。

陶器座　1件。T2936④：1，夹砂灰黑陶。束腰，口部为平唇，底部为圆唇。腰部有4个对称的镂孔。口径15.9厘米，底径22.9厘米，高10.3厘米（图一〇，16；图版五九，3）。

陶甑　2件。T2835④：12，泥质灰黑陶，陶土不净含少量砂。敞口，宽折沿，方唇，斜腹。素面。口径28厘米，残高5厘米（图一〇，17）。T2935④：4，泥质红胎黑皮陶，器表局部剥落。敛口，方唇加厚，唇面及外侧均有一周凹槽，浅弧腹，平底，底部残存有大小不一的圆形甑孔3个。底部饰有大菱形纹，其余为素面。口径25厘米，底径24.8厘米，高5.1厘米（图一〇，20；图版五〇，1、2）。

陶转盘　2件。T2935④：5，夹砂褐陶。敞口，厚方唇，唇部内勾，斜直壁微弧，深腹，圜底。底面饰有四周凹弦纹，并每两条组成一组，其余为素面。轮制。口径51.5厘米，残高10

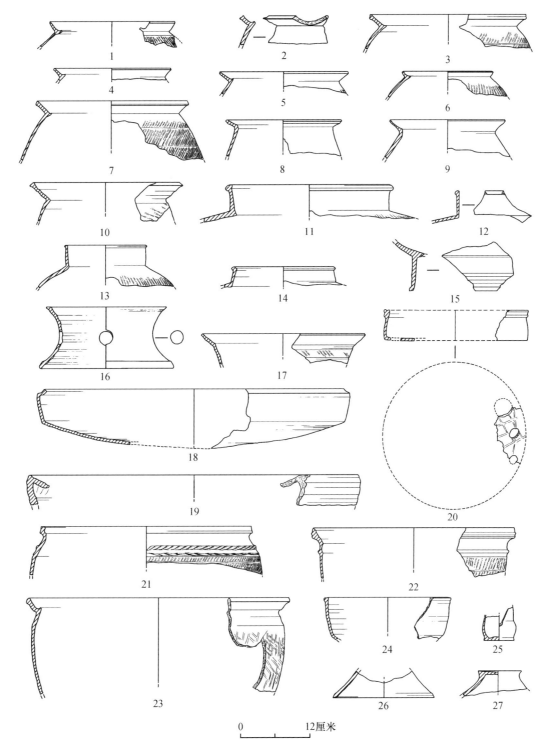

0 　　　12厘米

图一〇　北区第4层出土陶器（一）

1～6.陶鼎（T2835④：7、T2835④：8、T2835④：14、T2936④：9、T2936④：10、T2935④：12）　　7～10.陶罐（T2835④：9、
T2835④：10、T2935④：10、T2936④：8）　　11～14.陶瓮（T2835④：5、T2835④：11、T2935④：9、T2936④：6）
15.陶圈足盘（T2835④：6）　　16.陶器座（T2936④：1）　　17、20.陶甑（T2835④：12、T2935④：4）　　18、19.陶转盘
（T2935④：5、T2935④：7）　　21.陶缸（T2935④：8）　　22～24.陶盆（T2935④：11、T2936④：4、T2936④：5）
25.陶壶（T2835④：13）　　26、27.陶器盖（T2935④：6、T2936④：7）

厘米（图一〇，18；图版六〇，1）。T2935④：7，夹砂褐胎黑皮陶，胎体厚重。敛口，内折沿，沿面微凹，圆唇，斜弧腹。上腹部以下残。器表饰有数周凹弦纹，其余为素面。口径56.4厘米，残高5厘米（图一〇，19）。

陶缸　1件。T2935④：8，夹细砂灰陶。侈口，卷沿，平方唇，束颈，溜肩。上腹部以下残。肩部两周附加堆纹，以下为弦断竖篮纹。口径35.8厘米，残高8厘米（图一〇，21）。

陶盆　3件。均为泥质陶。T2935④：11，灰黑陶。近直口，折沿不甚明显，尖圆唇加厚，微束颈，深弧腹。颈下一周凸棱，下饰弦断斜篮纹。口径34.8厘米，残高8.5厘米（图一〇，22）。T2936④：4，灰黑陶。敛口，折沿，圆唇，深弧腹。下腹部及底残。饰交错篮纹。口径45厘米，残高16厘米（图一〇，23）。T2936④：5，黑陶。近直口，平折沿，尖圆唇，曲腹。底残。素面。口径22厘米，残高7厘米（图一〇，24）。

陶壶　1件。T2835④：13，泥质灰陶，陶土不净含少量砂。整体近似筒形，长颈，矮弧腹，平底。素面。底径5.1厘米，残高5.6厘米（图一〇，25）。

陶器盖　2件。T2935④：6，泥质褐陶，陶土不净含少量砂。顶残。斜壁。素面。口径17.6厘米，残高4.4厘米（图一〇，26）。T2936④：7，夹砂灰陶。平顶，斜壁。素面。顶径7.4厘米，残高4厘米（图一〇，27）。

陶鼎足　10件。均为夹砂陶。其中侧装三角形高鼎足4件，柱形鼎足2件，矮扁形鼎足4件。

侧装三角形高鼎足　4件。T2935④：13，红褐陶。足尖残，足跟部两个按窝。残高7.4厘米（图一一，1）。T2935④：14，红褐陶。瘦长，足跟部一个按窝，足尖残。残高7.8厘米

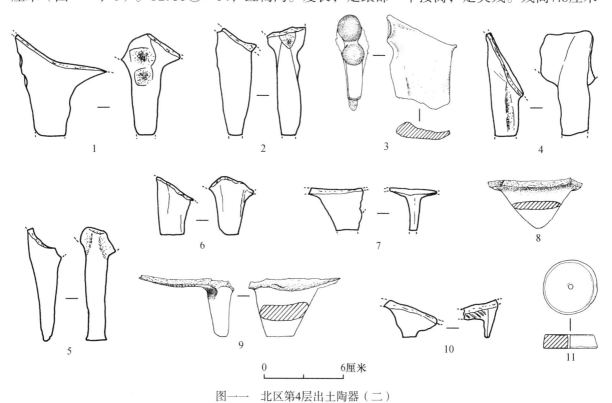

0　　　　　　6厘米

图一一　北区第4层出土陶器（二）

1～10.陶鼎足（T2935④：13、T2935④：14、T2936④：12、T2935④：15、T2936④：14、T2936④：11、T2835④：3、T2835④：4、T2936④：13、T2936④：15）　11.陶纺轮（T2835④：2）

（图一一，2）。T2936④：12，红褐陶。足跟部两个按窝，足尖残。残高6.9厘米（图一一，3）。T2936④：14，灰陶。瘦长，足尖捏成凿状。高8.1厘米（图一一，5）。

柱形鼎足 2件。T2935④：15，红褐陶。足尖残。残高7.5厘米（图一一，4）。T2936④：11，灰黑陶。足尖残。残高4.2厘米（图一一，6）。

矮扁形鼎足 4件。T2835④：3，灰陶。扁平三角形。足尖残。残高3厘米（图一一，7）。T2835④：4，红陶。扁平三角形。高3厘米（图一一，8）。T2936④：13，红陶。足尖平。高4厘米（图一一，9）。T2936④：15，褐陶。足尖平。高2.7厘米（图一一，10）。

陶纺轮 1件。T2835④：2，泥质灰黑陶。截面呈梯形。直径4厘米，厚1厘米（图一一，11；图版六三，1）。

3. 北区第5层出土遗物

北区第5层包括T2835、T2935、T2836和T2936的⑤层，有石器标本11件、陶器标本59件（图版四〇）。

石铲 4件。T2835⑤：14，灰色。残损严重。薄片状，单面刃。残长7.7厘米，厚0.7厘米（图一二，1；图版八四，1）。T2835⑤：15，青灰色。仅存刃部。薄片状，单面刃。残宽6.1厘米，厚0.8厘米（图一二，2；图版八三，3）。T2935⑤：3，青色。近梯形，仅存背部，平背，背部有一单面管钻孔。残长5.8厘米，宽5.1厘米，厚0.9厘米（图一二，8；图版八三，2）。T2936⑤：3，毛坯。青灰色。左右平齐，上下有破损，无刃。宽11.9厘米，厚1.6厘米（图一二，9；图版八三，4）。

石刀 4件。T2835⑤：13，褐色。近长方形，平背，平刃，双面刃，单面管钻孔。磨制精细。残长7.5厘米，宽6.2厘米，厚1.1厘米（图一二，3；图版七六，2）。T2836⑤：4，褐色泛青。近长方形，斜背，单面刃。残长6.5厘米，宽5.7厘米，厚0.8厘米（图一二，4；图版七六，4）。T2935⑤：2，青色。近长方形，斜平背，单面刃，刃部圆钝。残长4.8厘米，宽4.9厘米，厚0.8厘米（图一二，5；图版七六，5）。T2836⑤：5，青灰色。半月形，弧背，单面刃。残长7.1厘米，宽4.3厘米，厚1.1厘米（图一二，6；图版七四，4）。

石镰 2件。T2935⑤：1，褐色，局部浅青色。弧背，单面刃。残长10.3厘米，宽5.3厘米，厚1厘米（图一二，7；图版八〇，2）。T2936⑤：2，青灰色。斜背，刃部微内弧，单面刃。残长13.6厘米，宽6.9厘米，厚1.1厘米（图一二，10；图版八〇，3）。

石镞 1件。T2836⑤：2，深灰色。镞身截面呈三角形，形体瘦长。镞身前端为三棱形，后端为圆柱形，铤与身界限明显。铤稍残。残长8厘米，宽1厘米（图一二，11；图版七〇，4）。

陶鼎 5件。均为夹砂陶，碟形口。T2835⑤：26，灰黑陶。折沿明显，斜方唇。上腹以下残。饰斜篮纹。口径18厘米，残高3.2厘米（图一三，1）。T2836⑤：10，夹粗砂灰陶。折沿，斜方唇。上腹以下残。饰斜篮纹。口径18.8厘米，残高5.1厘米（图一三，2）。T2936⑤：13，灰黑陶。折沿，斜方唇。上腹以下残。饰菱形纹。口径20.3厘米，残高6.3厘米（图一三，3）。T2936⑤：15，褐陶。折沿，折棱突出，圆角方唇。上腹以下残。饰宽竖篮

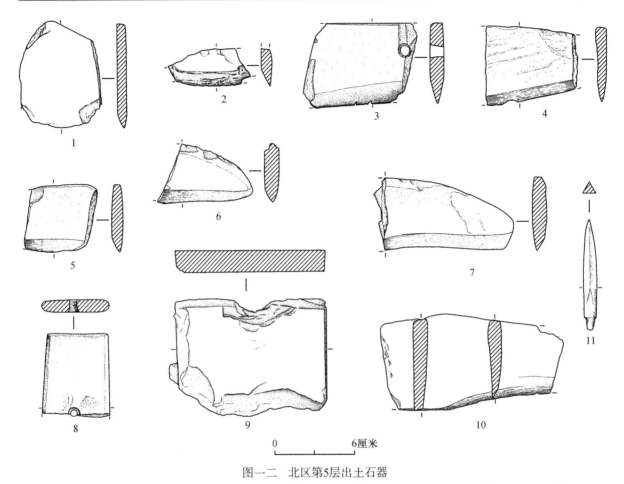

图一二　北区第5层出土石器

1、2、8、9.石铲（T2835⑤：14、T2835⑤：15、T2935⑤：3、T2936⑤：3）　3～6.石刀（T2835⑤：13、T2836⑤：4、
T2935⑤：2、T2836⑤：5）　7、10.石镰（T2935⑤：1、T2936⑤：2）　11.石镞（T2836⑤：2）

纹。口径21.8厘米，残高4.3厘米（图一三，4）。T2936⑤：16，夹粗砂浅黄褐陶。折沿明显，斜方唇。上腹以下残。饰篮纹。口径18厘米，残高3.6厘米（图一三，5）。

陶罐　共8件，其中夹砂罐5件，泥质罐3件。

夹砂罐　5件。其中盘形口罐2件，碟形口罐3件。

盘形口罐　2件。T2836⑤：12，夹粗砂灰陶。盘形口，折沿不明显，尖唇，沿面微凹。上腹以下残。饰宽竖篮纹。口径20厘米，残高5.8厘米（图一三，6）。T2936⑤：7，夹细砂灰陶。盘形口，折沿不太明显，尖唇，沿面微凹。上腹部以下残。饰宽竖篮纹。口径17.1厘米，残高6.5厘米（图一三，7）。

碟形口罐　3件。T2935⑤：13，夹砂灰黑陶。碟形口，折沿，内折棱突出，宽沿外翻，沿面中部上凸，圆唇。上腹以下残。饰竖篮纹，印痕较深。口径29厘米，残高6.5厘米（图一三，8）。T2935⑤：10，夹砂灰黑陶。碟形口，折沿明显，平方唇，唇面有宽浅凹槽。上腹以下残。饰竖篮纹。口径21厘米，残高3.5厘米（图一三，9）。T2835⑤：10，夹粗砂褐陶。碟形口，折沿，内折棱突出，斜方唇，唇面有浅凹槽。上腹以下残。饰竖篮纹。器形较大，口径38厘米，残高6.4厘米（图一三，11）。

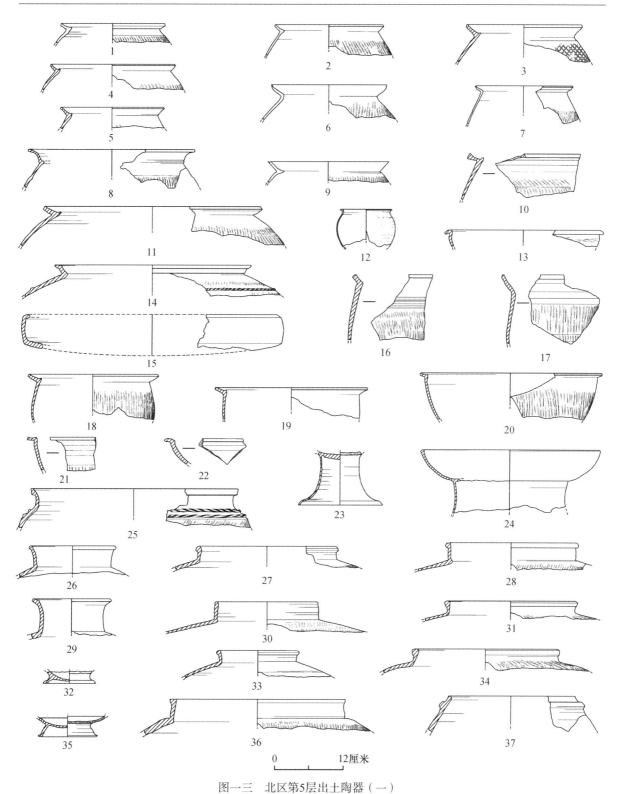

图一三 北区第5层出土陶器（一）

1～5.陶鼎（T2835⑤：26、T2836⑤：10、T2936⑤：13、T2936⑤：15、T2936⑤：16） 6～12、14.陶罐（T2836⑤：12、T2936⑤：7、
T2935⑤：13、T2935⑤：10、T2935⑤：15、T2835⑤：10、T2935⑤：8、T2935⑤：11） 13、16～21.陶盆（T2835⑤：18、
T2836⑤：13、T2936⑤：8、T2935⑤：14、T2836⑤：15、T2936⑤：11、T2936⑤：12） 15.陶转盘（T2835⑤：7）
22、23.陶豆（T2835⑤：19、T2935⑤：5） 24.陶圈足盘（T2835⑤：5） 25.陶罍（T2835⑤：9） 26～31、33、34、36、
37.陶瓮（T2835⑤：8、T2835⑤：23、T2835⑤：24、T2936⑤：6、T2836⑤：11、T2836⑤：14、T2936⑤：5、T2836⑤：8、
T2935⑤：12、T2936⑤：14） 32、35.陶壶（T2835⑤：6、T2936⑤：9）

泥质罐　3件。T2935⑤：15，灰陶。折沿明显，折棱十分突出，厚斜方唇。上腹以下残。饰弦断篮纹。残高7.6厘米（图一三，10）。T2935⑤：8，磨光黑陶。器形小，侈口，卷沿，尖圆唇，鼓腹，下腹及底残。轮制。口径8.9厘米，残高6.5厘米（图一三，12）。T2935⑤：11，灰陶。折沿，平方唇，鼓肩。肩部以下残。肩部一周附加堆纹，饰篮纹。器形较大，口径34厘米，残高5.2厘米（图一三，14）。

陶盆　7件。T2835⑤：18，泥质黑陶。敛口，卷沿，圆唇。素面。口径27.8厘米，残高2.8厘米（图一三，13）。T2836⑤：13，夹砂灰黑陶。敛口，折沿，沿面微凹，圆唇，斜弧腹。上腹三周浅凹槽，以下饰篮纹。残高11厘米（图一三，16）。T2936⑤：8，泥质灰黑陶。敛口，卷沿，圆唇，深腹。饰竖篮纹。残高11.6厘米（图一三，17）。T2935⑤：14，夹砂黑陶。敛口，折沿明显，方唇，深弧腹。饰竖篮纹。内壁凹凸不平。口径22.8厘米，残高7.6厘米（图一三，18）。T2836⑤：15，夹砂黄褐陶。近直口，折沿，沿面微凹，方唇，深腹。上腹以下残。素面。口径26.4厘米，残高5.2厘米（图一三，19）。T2936⑤：11，泥质灰黑陶。近直口，折沿，圆唇，深腹。饰竖篮纹。口径32厘米，残高7.8厘米（图一三，20）。T2936⑤：12，泥质黑陶。直口，折沿，斜方唇，深腹。饰竖篮纹。残高5.7厘米（图一三，21）。

陶转盘　1件。T2835⑤：7，夹砂褐陶。口内折，方唇，直腹，圜底残缺不全。素面。口径45厘米，最大腹径45.8厘米，高7厘米（图一三，15；图版六〇，2）。

陶豆　2件。T2835⑤：19，仅存豆盘。泥质黄褐陶。敞口，折沿，沿面上弧，圆唇，浅弧腹。素面。残。残高4.3厘米（图一三，22）。T2935⑤：5，仅存豆柄。泥质磨光褐胎黑皮陶，局部剥落而露出褐色。圈足喇叭状，底部微内勾。轮制。足径14.6厘米，残高9厘米（图一三，23）。

陶圈足盘　1件。T2835⑤：5，泥质浅褐陶，胎薄。浅盘，敞口，圆唇，圈足微弧外撇。素面。口径31.8厘米，残高10.5厘米（图一三，24）。

陶罍　1件。T2835⑤：9，泥质灰胎浅褐陶，陶土不净，含少量细砂。侈口，卷沿，唇部外翻加厚，束径。肩部两周附加堆纹，其下饰斜篮纹。口径36厘米，残高6.6厘米（图一三，25）。

陶瓮　10件。其中有领瓮9件，子母口瓮1件。

有领瓮　9件。T2835⑤：8，泥质灰黑陶。小口，圆唇外翻，高领外撇，广肩，肩部以下残。肩饰斜篮纹。口径15.2厘米，残高4.8厘米（图一三，26）。T2835⑤：23，泥质黑陶。大口，圆唇外翻，矮领，广肩。饰斜篮纹。口径24.8厘米，残高4厘米（图一三，27）。T2835⑤：24，泥质黑陶，陶土不净含砂。大口，方唇外翻，矮领，广肩。饰斜篮纹。口径23.4厘米，残高4.7厘米（图一三，28）。T2936⑤：6，泥质灰陶。小口，圆唇，高领外撇，领上部外折。领部以下残。素面。口径13.8厘米，残高5.9厘米（图一三，29）。T2836⑤：11，泥质灰陶。圆唇微外翻，矮直领，广肩。肩部以下残。饰弦断篮纹。口径18厘米，残高5厘米（图一三，30）。T2836⑤：14，泥质灰陶。大口，圆唇加厚，矮直领，广肩。肩部以下残。饰斜篮纹。口径23.4厘米，残高3厘米（图一三，31）。T2936⑤：5，泥质灰黑陶。小口，圆唇外翻，矮领，广肩。肩部以下残。素面。口径14.4厘米，残高4.4厘米（图一三，33）。

T2836⑤：8，夹砂灰陶。大口，方唇加厚外翻，矮领，圆肩。肩部以下残。饰弦断篮纹。口径26厘米，残高4厘米（图一三，34）。T2935⑤：12，夹砂灰黑陶。大口，平方唇，矮领，鼓肩。肩部以下残。饰篮纹。口径30.4厘米，残高5.4厘米（图一三，36）。

子母口瓮　1件。T2936⑤：14，夹砂灰陶。子母口，敛口，圆唇，口外一周凸棱，肩部以下残。素面。口径22厘米，残高6.4厘米（图一三，37）。

陶壶　2件。T2835⑤：6，泥质黑陶，局部褐色。底部以上残，圜底下附矮圈足，圈足外撇。素面。圈足径9.2厘米，残高2.1厘米（图一三，32）。T2936⑤：9，夹砂黑陶。圜底，矮圈足。圈足径10.4厘米，圈足高2厘米（图一三，35）。

陶钵　2件。皆为泥质陶。T2835⑤：16，红陶。近直口，圆唇，斜弧腹。素面。口径37.8厘米，残高5.5厘米（图一四，1）。T2936⑤：4，红胎黑皮陶，器表有剥落痕迹。敛口，方唇，上腹微鼓，下腹曲收至底，平底。素面。口径20.5厘米，底径13.2厘米，高9.1厘米（图一四，3；图版五〇，3）。

陶盏　1件。T2835⑤：11，夹砂灰黑陶。敞口，斜方唇，浅腹，平底。素面。口径11.6厘米，底径5厘米，高4.2厘米（图一四，2；图版五三，1）。

陶器盖　6件。均为斜壁。T2835⑤：12，夹砂灰黑陶。平顶微凹，斜壁，平唇。素面。口径18.7厘米，顶径6.3厘米，高6.1厘米（图一四，4）。T2835⑤：21，泥质灰黑陶。斜壁，唇内勾。素面。口径14.7厘米，残高5.2厘米（图一四，5）。T2835⑤：22，泥质灰陶。折沿，沿面内凹，尖圆唇，斜弧腹。素面。口径18厘米，残高4.5厘米（图一四，6）。T2836⑤：7，泥质灰黑陶，陶土不净含少量细砂。平顶，斜壁，方唇加厚。素面。口径18.4厘米，顶径7厘米，高7.3厘米（图一四，7）。T2935⑤：6，泥质陶，内红外黑。平顶微凹，平唇，唇面微凹，斜壁。素面。口径13.5厘米，顶径6.1厘米，高5厘米（图一四，8）。T2935⑤：7，夹砂红陶。小平顶，斜壁，平唇内勾，唇面有明显凹槽。素面。口径22.1厘米，顶径7.2厘米，高8.1厘米（图一四，9；图版五三，5）。

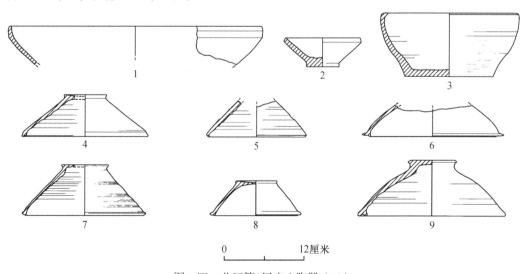

图一四　北区第5层出土陶器（二）

1、3.陶钵（T2835⑤：16、T2936⑤：4）　2.陶盏（T2835⑤：11）　4~9.陶器盖（T2835⑤：12、T2835⑤：21、T2835⑤：22、T2836⑤：7、T2935⑤：6、T2935⑤：7）

陶鼎足　8件，其中侧装三角形高鼎足4件，柱形鼎足2件，矮扁形鼎足2件。

侧装三角形高鼎足　4件。T2835⑤：20，红陶。足跟一按窝。足尖残。残高4.4厘米（图一五，1）。T2835⑤：25，红陶。高7厘米（图一五，2）。T2836⑤：18，夹细砂褐陶。足跟三个按窝。足尖平。高9.4厘米（图一五，3）。T2935⑤：9，红陶。足跟两个按窝。足尖平。残高9厘米（图一五，4）。

柱形鼎足　2件。T2836⑤：19，灰陶。足尖捏成凿状。高8.4厘米（图一五，5）。T2936⑤：17，灰黑陶。足跟一个按窝，足尖平。高6.8厘米（图一五，6）。

矮扁形鼎足　2件。T2835⑤：4，红陶。素面。高3厘米（图一五，9）。T2936⑤：18，灰陶。高3.2厘米（图一五，10）。

陶纺轮　2件。均为泥质。T2836⑤：1，黑陶。其中一面剥落。直径3.2厘米（图一五，7；图版六三，2）。T2936⑤：1，灰陶。其中一面有数道细划纹。直径4.3厘米，厚0.8厘米（图一五，11；图版六三，3）。

陶垫　3件。均为夹砂陶。T2836⑤：6，红胎灰黑陶。柄部空心，柄残。垫面直径7.4厘米，残高3厘米（图一五，8；图版六一，1）。T2836⑤：3，褐陶，部分黑色，胎壁厚重。手制。蘑菇状，实心圆柱矮柄。素面。垫面直径6.6厘米，高5.3厘米（图一五，12；图版六一，5）。T2935⑤：4，夹少量细砂灰陶。柱状柄，中空，壁厚。垫饼部残。捏制。长6.2厘米，宽4.9厘米，直径约5厘米（图一五，13；图版六一，2）。

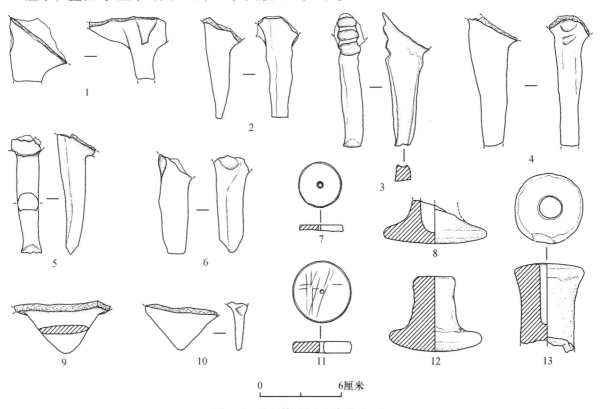

0　　　　　　　6厘米

图一五　北区第5层出土陶器（三）

1～6、9、10.陶鼎足（T2835⑤：20、T2835⑤：25、T2836⑤：18、T2935⑤：9、T2836⑤：19、T2936⑤：17、T2835⑤：4、T2936⑤：18）　7、11.陶纺轮（T2836⑤：1、T2936⑤：1）　8、12、13.陶垫（T2836⑤：6、T2836⑤：3、T2935⑤：4）

第二节　中区地层堆积及遗物

中区共发掘1100平方米，包括T2830、T2930、T3030、T3130、T3230、T3330、T2831、T2931、T3031、T3131、T3231共11个探方。

一、中区地层堆积

中区文化堆积共5层，分述如下（图一六至图一九，表二）。

第1层：厚约0.07～0.55米，全区分布。为灰褐粉质黏土，因被施工车辆碾压，土质较硬，结构较致密，包含有大量植物根系。出土有石块、铁钉、塑料制品、玻璃制品等近现代遗物，另见少量瓦片、瓷片和石镞一件。

第2层：距地表深0.07～0.55米，厚0～0.3米，发掘区东北部未见分布。为浅黄色粉质黏土，土质较硬，结构较致密，包含少量炭粒、红烧土颗粒。出土有砖块、碎陶片、石块等。

第3层：距地表深0.1～0.75米，厚0～0.75米，发掘区东南部T3330未见分布。为黄褐色粉质黏土，土质较硬，结构较致密，包含较多水锈斑点和少量的炭粒、烧土粒。出土有石块、白瓷片、少量陶片等。陶片以泥质灰陶和夹砂褐陶居多，夹砂红陶、灰陶次之，少量夹砂黑陶、泥质黑陶、泥质褐陶，泥质红陶最少；纹饰以篮纹为主，另有附加堆纹、凹凸弦纹、绳纹、篮纹、刻划纹，素面陶占一定比例。可辨器形有鼎、罐、缸、瓮、钵、豆、𣲝、碗等。

第4层：距地表深0.25～1.2米，厚0.15～1.07米，全区分布。深灰褐色，土质较硬，结构较致密，局部夹杂有红色黏土颗粒，包含有水锈斑点和零星红烧土颗粒及炭粒。出土较多陶片，以泥质灰陶为主，泥质黑陶、夹砂灰陶、夹砂黑陶、夹砂褐陶次之，泥质褐陶、夹砂红陶、泥质红陶较少；素面陶较多，纹饰以篮纹为绝大多数，少量弦纹、绳纹、附加堆纹、方格纹。可辨器形有罐、盆、鼎、圈足盘、器盖、刻槽盆、纺轮等。另出土有镞、凿等石器。

第5层：距地表深0.48～1.55米，厚0.2～1.14米，发掘区西南部未见分布。为浅灰色粉质黏土，土质较硬，结构较致密，包含有水锈斑点和极少量的烧土粒和炭粒。出土少量陶片，泥质灰陶、黑陶最多，夹砂灰陶次之，夹砂黑陶、夹砂褐陶、夹砂红陶、泥质褐陶较少，另有少量泥质红陶；素面陶占一定的比例，纹饰以篮纹为主，还有少量弦纹、方格纹、附加堆纹。可辨器形有罐、瓮、觚形器、鼎、盆、杯等。

第5层下为黄褐色生土。

表二　中区地层对照表

中区地层	T2830	T2930	T3030	T3130	T3230	T3330	T2831	T2931	T3031	T3131	T3231
第1层	①层	①层	①层	①层	①层	①层	①层	①层	①层	①层	①层
第2层	②层	②层	②层	②层			②层	②层	②层		
第3层	③层	③层	③层	③层	②层	②层	③层	③层	③层	②层	②层
第4层	④层	④层	④层	④层	③层	③层	④层	④层	④层	③层	③层
第5层				⑤层	④层	④层	⑤层	⑤层			④层

二、出土遗物

中区第2层无遗物标本。

1. 中区第1层出土遗物

石镞　1件。T3231①：1，深灰色。柳叶状。镞身截面呈菱形，铤与身界限不明显。长6.5厘米，宽2.1厘米（图二〇，1；图版六七，2）。

2. 中区第3层出土遗物

中区第3层包括T2830、T2930、T3030、T3130、T2831、T2931、T3031的③层和T3230、T3330、T3131、T3231的②层，有石器标本3件、陶器标本2件。

陶纺轮　2件。均为泥质陶。T2930③：2，褐陶。捏制，粗糙。直径4厘米，厚0.7厘米（图二一，1；图版六三，5）。T3130③：1，灰陶。其中一面剥落。直径4.2厘米，厚0.4厘米（图二一，2；图版六四，1）。

石英　1件。T2930③：1，天然晶体，略泛黄。六面柱体，两端尖。长4.7厘米，宽1.9厘米，厚1.5厘米（图二一，3；图版八六，4）。

石镰　1件。T3231②：2，青灰色。弧背，内弧刃。打制，刃部未磨。残。残长16.2厘米，宽8.2厘米。（图二一，4；图版八〇，4）

石锤　1件。T3231②：1，浅褐色，质地粗糙。大致呈方柱形，上细下粗。长9.6厘米，宽5.4厘米（图二一，5；图版八七，1）。

3. 中区第4层出土遗物

中区第4层包括T2830、T2930、T3030、T3130、T2831、T2931、T3031的④层和T3230、T3330、T3131、T3231的③层，有石器标本35件，陶器标本104件（图版四一）。

石镞　14件。

柳叶形石镞　9件，其中刃部截面呈菱形的5件、刃部截面呈三角形的4件。T2830④：1，

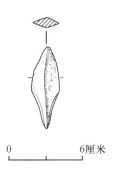

0　　　　　　6厘米

图二〇　中区第1层出土石镞（T3231①：1）

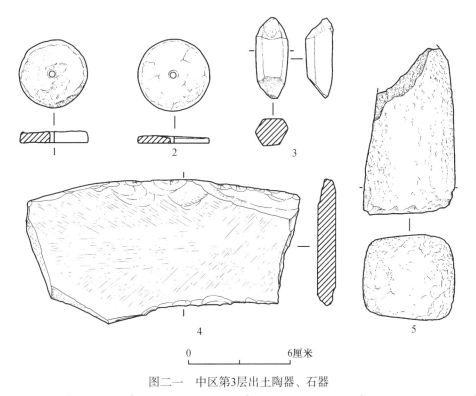

0　　　　　　6厘米

图二一　中区第3层出土陶器、石器

1、2. 陶纺轮（T2930③：2、T3130③：1）　3. 石英（T2930③：1）　4. 石镰（T3231②：2）　5. 石锤（T3231②：1）

青色。镞身截面呈菱形，尖圆钝，扁锥状铤，铤与身界限不明显。长6.6厘米，宽1.8厘米
（图二二，1；图版六六，1）。T2830④：3，青灰色。镞身截面呈菱形。尖残，铤残。残长
8厘米，宽2厘米（图二二，2；图版六六，2）。T2830④：8，浅灰色。镞身截面呈菱形，
铤与身界限不明显。尖残，铤残。残长6厘米，宽2.1厘米（图二二，3；图版六六，3）。
T2831④：2，浅灰色。镞身截面呈菱形，铤与身界限不明显。长6厘米，宽1.7厘米（图二二，
4；图版六六，4）。T3131③：3，褐色略泛红。镞身截面呈菱形，铤与身界限不明显。尖残。
残长4.9厘米，宽2厘米（图二二，5；图版六七，1）。T2830④：2，青灰色。镞身前段截面呈
等腰三角形，扁锥形铤，铤与身界限不明显。尖残。残长5.3厘米，宽1.4厘米（图二二，6；
图版六九，2）。T2830④：10，深灰色。镞身前端为三棱形，后端为圆柱形，铤与身界限明
显。铤残。残长4.6厘米，宽1.2厘米（图二二，7；图版六九，3）。T3131③：4，浅灰色略

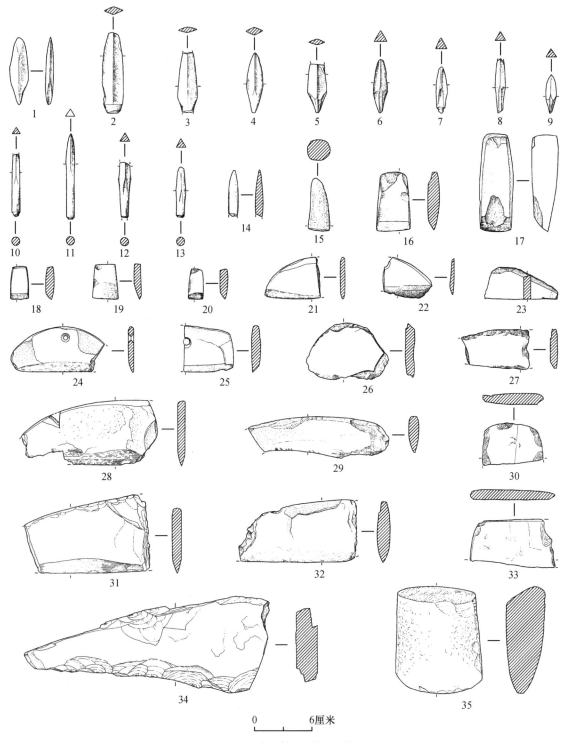

0　　　　6厘米

图二二　中区第4层出土石器

1～14. 石镞（T2830④：1、T2830④：3、T2830④：8、T2831④：2、T3131③：3、T2830④：2、T2830④：10、T3131③：4、
T3231③：1、T3030④：1、T3130④：2、T3131③：6、T3131③：7、T2831④：4）　15. 石器坯料（T2831④：1）
16～17. 石锛（T2831④：3、T2831④：6）　18～20. 石凿（T2830④：4、T2830④：11、T3231③：3）　21～26. 石刀（T2831④：7、
T2831④：8、T2831④：13、T3130④：1、T3131③：8、T2830④：13）　27～29、31、32、34. 石镰（T2830④：12、T2830④：6、
T3131③：9、T3230③：1、T3330③：2、T3230③：2）　30、33. 石铲（T2831④：9、T2831④：11）　35. 石斧（T3131③：1）

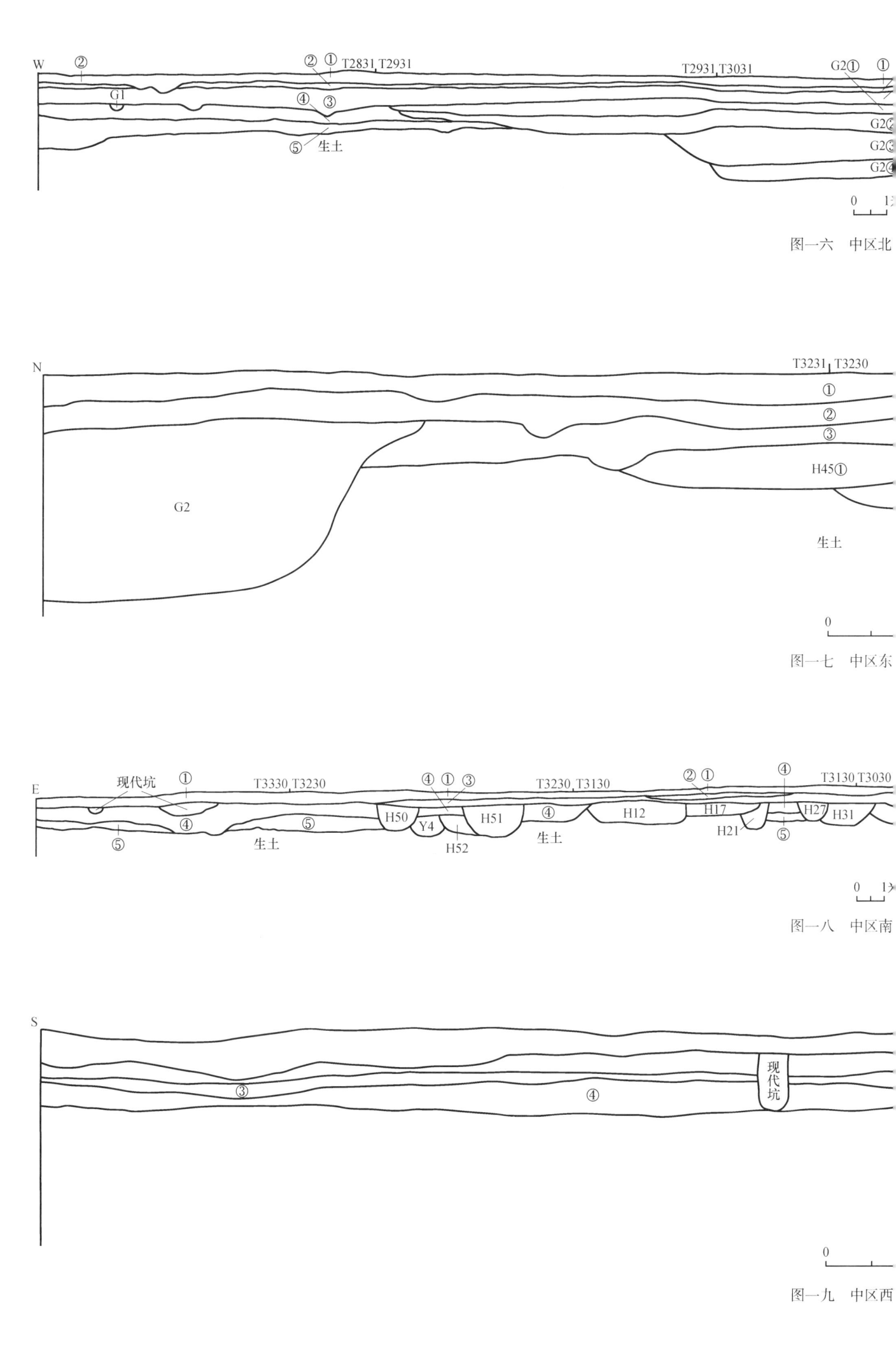

图一六　中区北

图一七　中区东

图一八　中区南

图一九　中区西

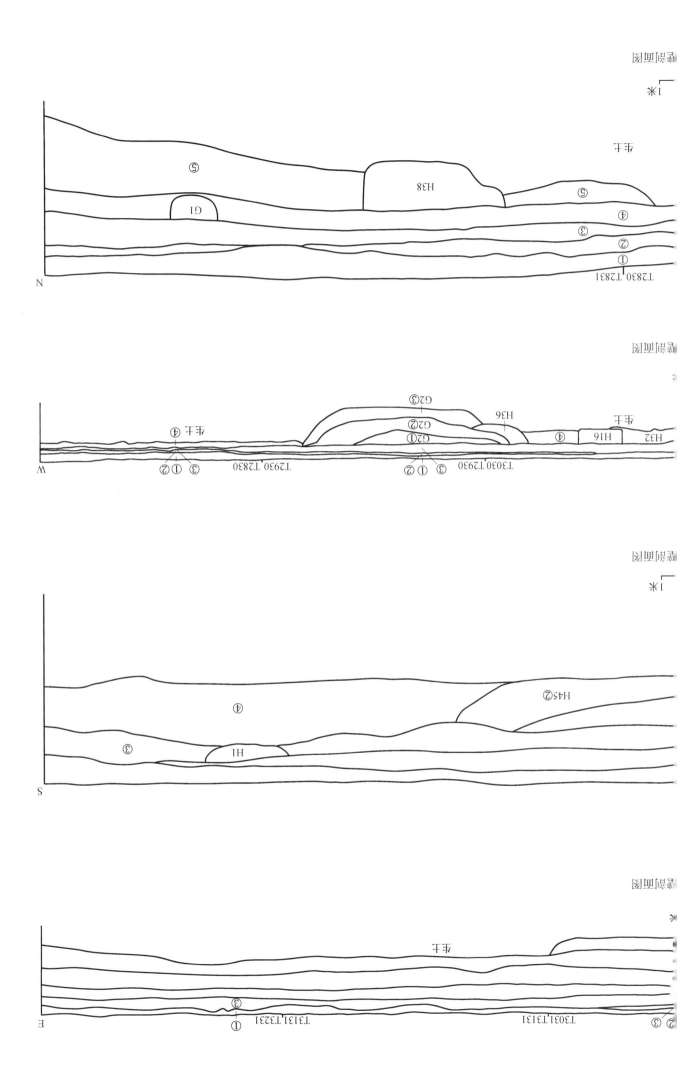

泛青。镞身截面呈三角形，铤与身界限不明显。尖残。残长5.3厘米，宽1厘米（图二二，8；图版六九，4）。T3231③：1，浅灰色。镞身截面呈三角形，铤与身界限不明显。长3.8厘米，宽1厘米（图二二，9；图版七〇，1）。

柱形石镞　5件。T3030④：1，灰色。镞身前端为三棱形，后端为圆柱形，铤与身界限明显。铤残。残长6.2厘米，宽0.8厘米（图二二，10；图版七一，2）。T3130④：2，灰色。镞身较长，前端为三棱形，后端为圆柱形，铤与身界限明显。铤残。残长8.5厘米，宽0.9厘米（图二二，11；图版七一，3）。T3131③：6，青灰色。镞身前端为三棱形，后端为圆柱形，铤与身界限明显，铤残。残长5.5厘米，宽1.3厘米（图二二，12；图版七一，4）。T3131③：7，浅灰色。尖部圆钝，镞身前端为三棱形，后端为圆柱形，铤与身界限明显。铤残。残长5厘米，宽1厘米（图二二，13；图版七二，1）。T2831④：4，青灰色。仅存近锥形前端，截面为扁圆形。残长4.6厘米，宽1厘米（图二二，14；图版七一，1）。

石器坯料　1件。T2831④：1，黄褐色，石质粗糙。锥形。长5.3厘米，直径2.2厘米（图二二，15；图版八七，3）。

石锛　2件。T2831④：3，浅灰色。弧顶稍残，单面刃。残长5.8厘米，宽3.4厘米（图二二，16；图版八六，1）。T2831④：6，深灰色。长方形。刃和顶稍残，平顶，单面刃。残长9.7厘米，宽3.1厘米（图二二，17；图版八六，2）。

石凿　3件。均为梯形，磨制精致。T2830④：4，青色。小巧。平顶，平刃，单面刃。长3.3厘米，宽1.9厘米，厚0.8厘米（图二二，18；图版七八，2）。T2830④：11，浅灰色。稍残，平顶，两面刃。残长3.5厘米，宽2.6厘米（图二二，19；图版七八，3）。T3231③：3，深灰色，局部青灰色。弧顶稍残，单面刃。残长3厘米，宽1.5厘米（图二二，20；图版七八，4）。

石刀　6件。T2831④：7，青灰色。半月形，弧背，两面刃，刃部圆钝。残长5.7厘米，宽4厘米，厚0.5厘米（图二二，21；图版七四，5）。T2831④：8，灰褐色。半月形，弧背，背有单面管钻孔，单面刃。磨制精致。残长4.9厘米，残宽4厘米，厚0.4厘米（图二二，22；图版七四，6）。T2831④：13，灰褐色。磬形，薄片状。三面切割平齐，未磨刃，为半成品。长7.5厘米，宽3.1厘米，厚0.7厘米（图二二，23；图版七七，6）。T3130④：1，紫褐色。半月形，刀身窄小，弧背，近背部有一孔，双面对钻，单面刃近直。残长9.5厘米，宽4.5厘米（图二二，24；图版七三，2）。T3131③：8，浅棕褐色。近长方形，弧背，单面刃，近背部有一双面钻孔。磨制略显粗糙。残长5厘米，宽4.6厘米，厚0.9厘米（图二二，25；图版七六，6）。T2830④：13，青灰色略泛黄。半月形。打制出大致形状，未经磨制，为半成品。长8.2厘米，宽5.4厘米，厚0.9厘米（图二二，26；图版七三，1）。

石镰　6件。均为弧背。T2830④：12，青灰色。两端残。平刃，单面刃。长6.2厘米，宽3.8厘米，厚0.7厘米（图二二，27；图版八〇，6）。T2830④：6，青灰色略泛黄。两面刃。长13.8厘米，宽6.5厘米，厚0.8厘米（图二二，28；图版八〇，5）。T3131③：9，青色。弧刃，两面刃，刃部圆钝。残长14.3厘米，厚1厘米（图二二，29；图版八一，4）。T3230③：1，灰色。残存尾端，双面弧刃。先打镰形，再磨制加工，磨制精致，器形较大。残长12.5厘米，宽

7.7厘米，厚0.9厘米（图二二，31；图版八一，1）。T3330③：2，浅灰色。平刃，两面刃，刃部圆钝。残长12.1厘米，宽6.2厘米，厚1.3厘米（图二二，32；图版八一，3）。T3230③：2，青灰色。打制毛坯，未磨制。长25.3厘米，宽9.6厘米，厚2.2厘米（图二二，34；图版八一，2）。

石铲　2件。T2831④：9，青灰色。扁平状，弧顶。仅存顶部。残长6.1厘米，宽4.1厘米，厚1.1厘米（图二二，30；图版八三，5）。T2831④：11，青色。扁平状，平顶。仅存顶部。残长8.7厘米，宽4.8厘米，厚1厘米（图二二，33；图版八四，2）。

石斧　1件。T3131③：1，灰色，局部褐色。近方形，两面刃，刃部较钝。顶部残。残长10.6厘米，宽8.7厘米（图二二，35；图版八五，1）。

陶罐　13件，其中夹砂罐12件，泥质罐1件。

夹砂罐　12件。其中碟形口罐9件、盘形口罐3件。

碟形口罐　9件。T2830④：31，红陶。碟形口，卷折沿不明显。饰竖篮纹。口径21厘米，残高5.2厘米（图二三，1）。T2830④：34，灰黑陶。碟形口，折沿，尖圆唇。饰宽斜篮纹。口径18厘米，残高5.4厘米（图二三，2）。T2831④：19，灰陶。碟形口，折沿，尖圆唇。素面。上腹以下残。口径20厘米，残高5.9厘米（图二三，3）。T2831④：21，灰黑陶。碟形口，宽折沿，斜方唇。仅存口部。素面。残高6厘米（图二三，4）。T3030④：6，红褐陶。碟形口，折沿明显，斜方唇。上腹以下残。饰斜篮纹。口径19厘米，残高5.6厘米（图二三，5）。T3131③：19，灰黑陶。碟形口，侈口，平折沿，圆唇，束颈，溜肩。中腹部及以下残。饰宽浅斜篮纹。口径16厘米，残高8.5厘米（图二三，6）。T3330③：16，浅黄褐陶。碟形口，折沿，斜方唇。中腹以下残。饰竖篮纹。口径22.2厘米，残高10厘米（图二三，7）。T3330③：17，灰陶。碟形口，折沿不明显，斜方唇。上腹以下残。饰竖篮纹。口径18厘米，残高8.4厘米（图二三，8）。T3330③：24，灰黑陶。碟形口，折沿，圆唇。肩部以下残。上腹以下残。饰宽浅斜篮纹。口径22厘米，残高5厘米（图二三，9）。

盘形口罐　3件。T2830④：24，浅黄褐陶。折沿，浅盘口，尖圆唇。口沿以下饰宽竖篮纹。残高8厘米（图二三，10）。T2831④：23，浅黄褐色陶。盘形口，折沿不明显，尖圆唇。上腹以下残。素面。口径13.4厘米，残高5.4厘米（图二三，11）。T2930④：7，灰陶。器形小，卷沿，尖圆唇。下腹及底残。素面。口径13厘米，残高7.4厘米（图二三，12）。

泥质罐　1件。T3330③：21，灰陶，陶土不净含少量细砂。折沿明显，斜方唇。饰竖篮纹，印痕清晰。上腹以下残。口径18厘米，残高6.3厘米（图二三，13）。

陶鼎　12件。均为夹砂陶。T2830④：33，浅黄褐陶。碟形口，折沿，方唇。上腹以下残。饰竖篮纹。口径18.6厘米，残高7.3厘米（图二三，14）。T2830④：38，灰黑陶。碟形口，折沿明显，沿面内凹，圆方唇。上腹以下残。饰斜篮纹。口径20厘米，残高5.5厘米（图二三，15）。T2830④：39，灰黑陶。碟形口，折沿，内折棱突出，沿面微凹，方唇。上腹以下残。饰宽竖篮纹。口径17.8厘米，残高3.2厘米（图二三，16）。T2830④：40，灰黑陶。碟形口，折沿，内折棱突出，沿面内凹，方唇。上腹以下残。饰竖篮纹。口径18.6厘米，残高4.4厘米（图二三，17）。T2830④：41，灰黑陶。碟形口，折沿，沿面内凹，方

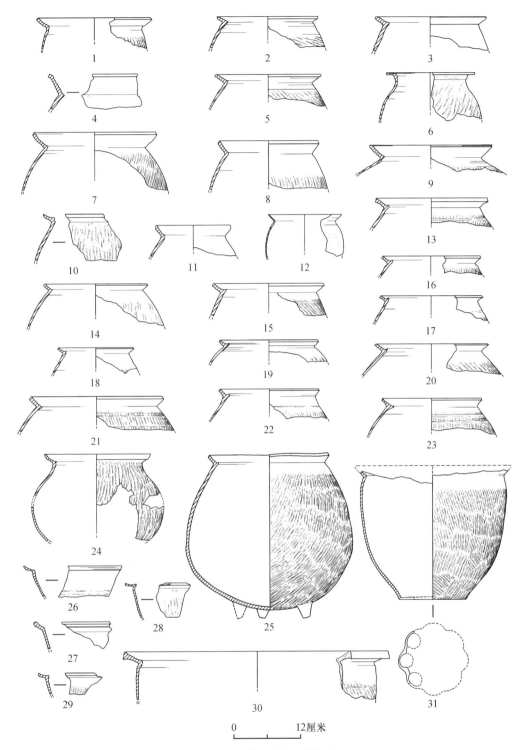

图二三 中区第4层出土陶器（一）

1～12. 夹砂陶罐（T2830④：31、T2830④：34、T2831④：19、T2831④：21、T3030④：6、T3131③：19、T3330③：16、
T3330③：17、T3330③：24、T2830④：24、T2831④：23、T2930④：7） 13. 泥质陶罐（T3330③：21） 14～25. 陶鼎
（T2830④：33、T2830④：38、T2830④：39、T2830④：40、T2830④：41、T2831④：12、T2831④：18、T2831④：20、
T3030④：5、T3330③：25、T3330③：11、T3131③：11） 26～31. 陶甑（T2831④：17、T2830④：37、T3030④：4、
T2930④：3、T2831④：22、T3330③：9）

唇。上腹以下残。饰斜篮纹。口径13.6厘米,残高4.5厘米(图二三,18)。T2831④:12,红陶。碟形口,折沿明显,方唇。上腹以下残。口径17.6厘米,残高3.8厘米(图二三,19)。T2831④:18,浅灰陶。碟形口,折沿明显,圆方唇。上腹以下残。饰斜篮纹。口径20.4厘米,残高5.3厘米(图二三,20)。T2831④:20,灰黑陶。碟形口,折沿,方唇。上腹以下残。饰弦断浅篮纹。口径24厘米,残高6厘米(图二三,21)。T3030④:5,灰黑陶。碟形口,折沿,内折棱突出,斜方唇。上腹以下残。饰竖篮纹。口径18厘米,残高5.2厘米(图二三,22)。T3330③:25,夹少量细砂灰黑陶,局部红色。碟形口,折沿明显,斜方唇。上腹以下残。饰弦断篮纹。口径20.2厘米,残高5厘米(图二三,23)。T3330③:11,红陶,陶胎含少量细砂。盘形口,斜折沿,沿面内凹,尖圆唇,鼓腹。底部残。腹部饰竖篮纹。轮制。口径19厘米,残高15.4厘米(图二三,24)。T3131③:11,灰陶。碟形口,折沿,斜方唇,唇面有浅槽,沿下角大,垂腹,圜底,矮扁形鼎足。饰竖篮纹。口径21.5厘米,腹径29.6厘米,高28.4厘米(图二三,25;图版四五,1)。

陶甑　6件。T2831④:17,泥质黑陶,表皮剥落严重。敞口,卷折沿,尖圆唇,斜深弧腹。上腹以下残。素面。残高5.3厘米(图二三,26)。T2830④:37,夹砂浅灰陶。敞口,折沿,圆唇加厚。斜腹。上腹以下残。素面。残高4.6厘米(图二三,27)。T3030④:4,夹砂灰黑陶。敛口,折沿,沿面内凹,方唇,深腹。下腹部及底残。饰竖篮纹。残高5.8厘米(图二三,28)。T2930④:3,泥质灰黑陶。近直口,折沿,方唇,深腹。仅存口部。饰竖篮纹。残高3.6厘米(图二三,29)。T2831④:22,夹砂浅黄褐陶。敛口,宽折沿,微内敛,方唇加厚,深腹。上腹以下残。宽竖斜篮纹。口径47.8厘米,残高8.3厘米(图二三,30)。T3330③:9,泥质红胎黑皮陶。口部残。深弧腹,平底。底残存3个圆形甑孔。饰宽竖篮纹。底径12.2厘米,残高21.6厘米(图二三,31)。

陶瓮　19件,其中有领瓮16件,敛口瓮3件。

有领瓮　16件,T2830④:20,泥质灰胎黑皮陶。小口,圆唇微外翻,高领微内敛,广肩。肩部以下残。素面。口径12厘米,残高4.8厘米(图二四,1)。T2830④:23,泥质灰陶。小口,圆唇,高领上部外折,鼓肩。肩部以下残。素面。口径15厘米,残高4.5厘米(图二四,2)。T2830④:32,泥质浅灰陶。小口,沿外翻,尖圆唇,高领近直。领部以下残。素面。口径15厘米,残高4厘米(图二四,3)。T2830④:36,泥质灰陶。小口,圆唇,高领微敛,圆肩。饰宽浅弦断篮纹。口径10.2厘米,残高5厘米(图二四,4)。T2930④:4,泥质灰陶。小口,尖圆唇,高直领,广肩。仅存口部。素面。口径15.1厘米,残高4.5厘米(图二四,5)。T2930④:5,夹砂灰黑陶。小口,圆唇外加厚,高直领,广肩。肩部以下残。饰篮纹。残高5.8厘米(图二四,6)。T3330③:20,夹细砂灰陶。圆唇外加厚,高领微外撇,广肩。肩部以下残。饰宽浅篮纹,印痕清晰,肩部一周附加堆纹。口径19厘米,残高5.5厘米(图二四,7)。T2830④:14,泥质灰黑陶。大口,圆唇,矮领,广肩。肩部以下残。饰竖篮纹。口径23.4厘米,残高3.2厘米(图二四,8)。T2830④:21,夹砂红胎黑皮陶。大口,圆唇,唇外侧加厚,矮直领,广肩,肩部以下残。肩部饰弦断竖篮纹。口径32.8厘米,残高

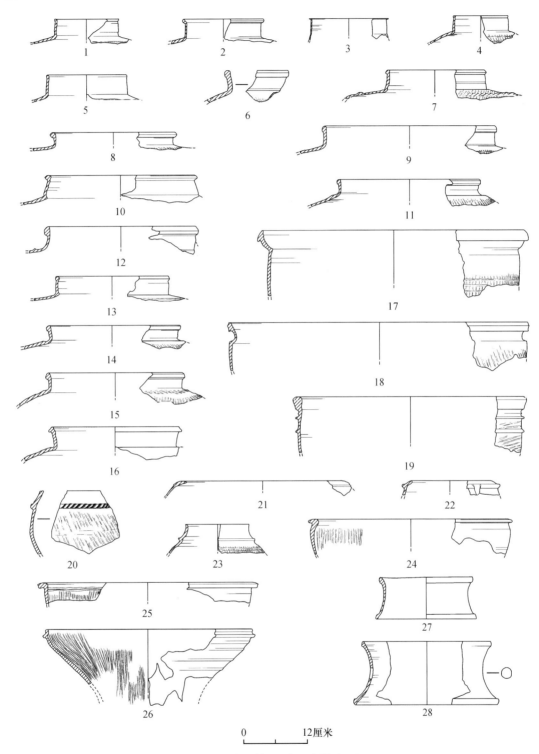

0　　　　　　　12厘米

图二四　中区第4层出土陶器（二）

1~16、20~22.陶瓮（T2830④：20、T2830④：23、T2830④：32、T2830④：36、T2930④：4、T2930④：5、T3330③：20、
T2830④：14、T2830④：21、T2831④：15、T2831④：16、T2931④：3、T3030④：3、T3131③：20、T3230③：3、
T3330③：23、T2831④：14、T2930④：6、T3030④：8）　17~19.陶缸（T2830④：16、T3131③：25、T3131③：26）

23.陶罍（T3330③：19）　24~26.陶刻槽盆（T2830④：15、T2830④：26、T3330③：12）　27、28.陶器座（T2831④：10、
T3330③：10）

5.1厘米（图二四，9）。T2831④：15，泥质红陶。大口，圆唇加厚，矮领内敛，广肩。素面。口径28.3厘米，残高5.1厘米（图二四，10）。T2831④：16，泥质红陶。大口，圆唇，矮直领。饰斜篮纹。口径27厘米，残高5厘米（图二四，11）。T2931④：3，泥质灰黑陶。大口，圆唇外加厚，矮直领，广肩。肩部以下残。素面。口径27.4厘米，残高5.2厘米（图二四，12）。T3030④：3，泥质灰黑陶。大口，唇外加厚，近直领，广肩。肩部以下残。饰篮纹。口径21.4厘米，残高4.7厘米（图二四，13）。T3131③：20，泥质灰黑陶。大口，圆唇外加厚，矮领外撇，广肩。肩部以下残。饰斜篮纹。口径24厘米，残高4.4厘米（图二四，14）。T3230③：3，夹细砂黑陶。大口，圆唇加厚，矮领外撇，鼓肩。肩部以下残。饰宽篮纹。口径25厘米，残高6.2厘米（图二四，15）。T3330③：23，泥质黑陶。大口，唇外侧加厚，矮领外撇，鼓肩。肩部以下残。素面。口径25厘米，残高6.2厘米（图二四，16）。

敛口瓮　3件。T2831④：14，夹砂灰黑陶。平方唇内凹，溜肩。肩部一周附加堆纹，肩部以下饰斜篮纹。残高11.5厘米（图二四，20）。T2930④：6，泥质灰陶。尖圆唇，口沿下有一周凸弦纹。肩部以下残。素面。口径30厘米，残高2.8厘米（图二四，21）。T3030④：8，泥质红胎黑皮陶，局部剥落露出红色。仅残存少部分口部。圆唇，口沿下有一周凸棱，凸棱下有鸟喙形鋬，素面。口径15.1厘米，残高2.7厘米（图二四，22）。

陶缸　3件。T2830④：16，夹砂黑陶。折沿，敞口，口径大于腹径，唇内沿有一周凹槽，直弧腹。下腹部以下残。上腹部饰弦断竖篮纹。口径50.6厘米，残高12.1厘米（图二四，17）。T3131③：25，器表因剥落而呈灰色，内壁褐色。侈口，卷沿，束颈，叠唇，口径与腹径大体相当，唇面起脊，直弧腹。下腹残。上腹部饰斜篮纹。口径56厘米，残高9厘米（图二四，18）。T3131③：26，褐陶，局部黑色。直口，叠唇。下腹及底残。上腹部饰有横斜向篮纹和两周凸弦纹。口径44厘米，残高10.2厘米（图二四，19）。

陶罍　1件。T3330③：19，夹砂灰陶。近直口，尖圆唇。颈下一周凸棱，以下饰竖篮纹。口径11.8厘米，残高5.3厘米（图二四，23）。

陶刻槽盆　3件。均为泥质陶。其中盆形刻槽盆2件、漏斗形刻槽盆1件。T2830④：15，浅灰陶。盆形，敛口，卷沿，圆唇。上腹以下残。外饰横宽篮纹，内壁竖向刻槽。口径38.4厘米，残高6.3厘米（图二四，24）。T2830④：26，灰陶。盆形，近直口，卷沿，方唇。外素面，内壁上部两周横向刻槽，以下为竖向刻槽。口径41厘米，残高3.8厘米（图二四，25）。T3330③：12，黑陶。漏斗形，子母口近直，唇面有一周凹槽。器表有旋痕，其余磨光，内壁刻有竖槽。口径38.5厘米，残高14厘米（图二四，26）。

陶器座　2件。皆为束腰器座。T2831④：10，夹砂褐陶，局部为灰色。敞口，口径小于底径，圆唇加厚，喇叭状圈足，底部微外撇。器表为素面，内壁局部剥落，腰部无圆形孔。口径17.8厘米，底径19厘米，高7.6厘米（图二四，27；图版五九，1）。T3330③：10，夹细砂灰黑陶。腰部有圆孔。残存少部分。素面。口径24.5厘米，底径27.4厘米，高11.4厘米（图二四，28）。

陶器盖　共计8件，其中斜壁器盖7件、折壁器盖1件。

斜壁器盖　7件。T2830④：19，夹砂黑陶。素面。泥条盘筑，经轮修。顶径5.6厘米，残高3.8厘米（图二五，1）。T3131③：17，泥质灰陶。平顶，素面。顶部有十字形刻划纹。顶径5厘米，残高2厘米（图二五，2）。T3131③：12，泥质陶，上部红色下部灰黑色。平顶，斜方唇。素面。顶径7.2厘米，口径20厘米，高7.3厘米（图二五，3；图版五三，6）。T3131③：14，泥质黑陶。小平顶，方唇近平，沿面有浅槽。素面。顶径5厘米，口径14.5厘米，高4.6厘米（图二五，4；图版五四，1）。T3330③：4，夹细砂灰黑陶。小平顶，圆唇。素面。顶径6厘米，口径18厘米，高6.5厘米（图二五，5）。T3330③：5，夹砂灰陶。小平顶，圆唇。素面。顶径5.6厘米，口径18.6厘米，高6.6厘米（图二五，6）。T3330③：7，夹少量砂灰陶。平顶，圆唇微内勾。素面。顶径5.6厘米，口径18.6厘米，高6.5厘米（图二五，7）。

折壁器盖　1件。T3330③：18，泥质磨光黑陶，制作精致。近直口，圆唇外翻，捉手残。口径36厘米，残高6.3厘米（图二五，8）。

陶碗　1件。T3330③：6，夹细砂灰黑陶。敞口，圆唇，斜腹，小平底。素面。口径18.5厘米，底径5.4厘米，高5.5厘米（图二五，9；图版五一，5）。

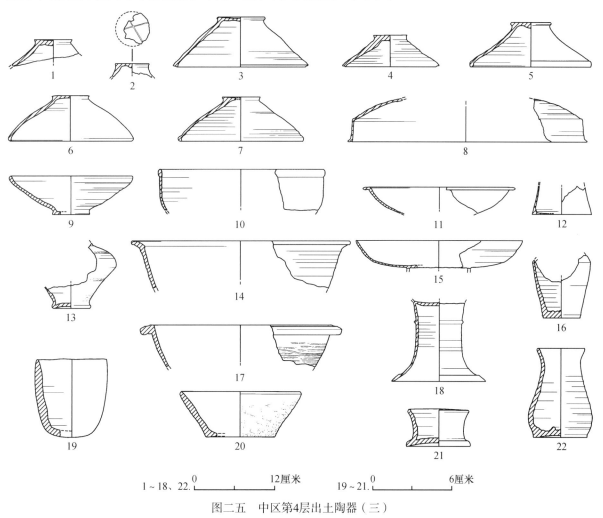

图二五　中区第4层出土陶器（三）

1～8.陶器盖（T2830④：19、T3131③：17、T3131③：12、T3131③：14、T3330③：4、T3330③：5、T3330③：7、T3330③：18）　9.陶碗（T3330③：6）　10、14、17.陶盆（T3131③：22、T3131③：23、T3131③：24）　11、15、18.陶豆（T3131③：21、T3330③：22、T3330③：13）　12、16、22.陶瓶（T3131③：27、T3330③：15、T2830④：7）　13.陶壶（T3330③：14）　19、21.陶杯（T3131③：15、T3130④：4）　20.陶盏（T3131③：13）

陶盏　1件。T3131③：13，夹砂浅褐陶。敞口，圆唇，斜腹，平底。素面。口径9厘米，底径5.2厘米，高3.3厘米（图二五，20；图版五三，3）。

陶盆　3件。均为夹砂陶。T3131③：22，夹细砂陶，器表剥落而呈灰色，局部黑色。直口，圆唇外加厚，曲弧腹，上腹近直，下腹弧收，下腹以下残。素面，内壁遗留有旋痕。口径25厘米，残高6.2厘米（图二五，10）。T3131③：23，灰黑陶。敞口，折沿，沿面数周凸棱，圆唇，斜深弧腹。中腹部以下残。饰宽浅横篮纹。口径32.6厘米，残高6.8厘米（图二五，14）。T3131③：24，褐陶。敞口，折沿，沿面数周凸棱，方唇，斜深弧腹。饰宽横篮纹。下腹及底残。口径30厘米，残高6厘米（图二五，17）。

陶豆　3件。均为泥质陶。T3131③：21，仅存豆盘。灰黑陶。敞口，平沿，尖圆唇，浅弧腹。素面。盘口径23厘米，残高3.8厘米（图二五，11）。T3330③：22，仅存豆盘。黑陶。敞口，圆唇，浅腹。素面。盘口径25厘米，残高4厘米（图二五，15）。T3330③：13，仅存豆柄。灰陶。喇叭状。素面。足径14.2厘米，残高11.7厘米（图二五，18）。

陶瓶　3件。T3131③：27，泥质灰陶，胎薄。上部残。素面。底径9厘米，高4.2厘米（图二五，12）。T3330③：15，夹砂褐陶，局部灰色。上腹部以上残，折腹，下腹斜收至底，平底，底部外周有一周凸棱。器表为素面，内壁和底面均留有旋痕。轮制。底径5.6厘米，残高9.1厘米（图二五，16）。T2830④：7，泥质灰陶。侈口，圆唇，上腹部内曲，下腹部弧收至底，平底微内凹。器表数周凹弦纹。口径7.1厘米，底径8厘米，高12.96厘米（图二五，22；图版五八，3）。

陶壶　1件。T3330③：14，泥质褐陶，局部灰色。肩部以上残，广弧肩，扁鼓腹，下腹斜收至底，平底内凹。肩、腹部饰有数周凹弦纹，其余为素面，足面和内壁留有旋痕。底径5.6厘米，残高9.2厘米（图二五，13）。

陶杯　2件。均为泥质陶。T3131③：15，深灰陶。直口，尖圆唇，弧腹。底部残。素面。口径5.2厘米，残高5.7厘米（图二五，19；图版五七，4）。T3130④：4，黑陶。微残，敞口，圆唇，束腰，平底内凹。素面，内壁有数周凸弦纹。口径4.6厘米，底径4.8厘米，残高2.7厘米（图二五，21）。

陶纺轮　4件。均为泥质陶。T2830④：5，褐色。圆饼状，中间有一圆孔。制作较精致。周边压印两周坑点纹。直径4厘米，厚0.8厘米，孔径0.6厘米（图二六，1；图版六三，4）。T3130④：3，灰黑陶。较厚，侧面尖鼓。其中一面有十字形压印点纹。直径4.1厘米，厚1.1厘米（图二六，2；图版六三，6）。T3131③：2，黄褐陶。其中一面有一道刻划痕。直径约2.9厘米，厚0.6厘米（图二六，3；图版六四，2）。T3131③：5，黄褐陶。直径约3.8厘米，厚0.6厘米（图二六，4；图版六四，3）。

圆陶片　1件。T2831④：5，泥质黑陶。壶底改制而成。底面内凹。直径5.2厘米，厚0.8厘米（图二六，5；图版六五，6）。

陶兽首　1件。T2830④：9，夹砂灰黑陶，局部褐色。残存头部和颈部，颈部为榫卯结构，形似陶狗，残存左耳。残长7厘米（图二六，6；图版五九，6）。

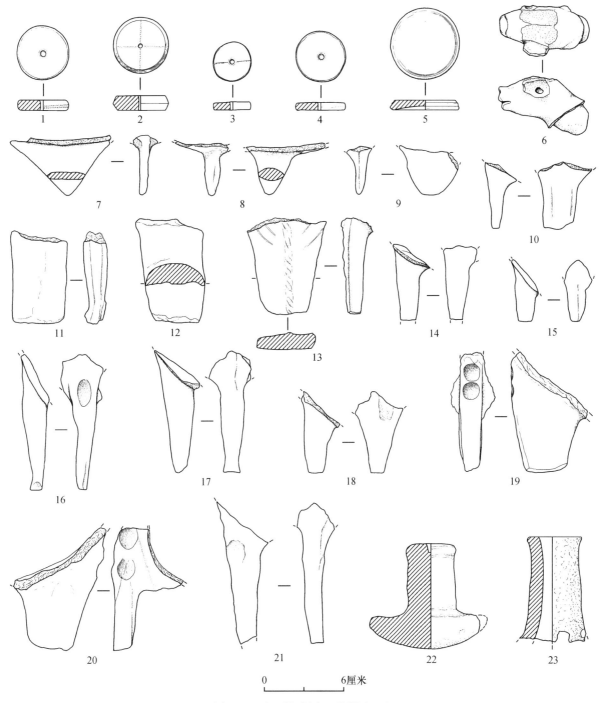

图二六 中区第4层出土陶器（四）

1～4.陶纺轮（T2830④：5、T3130④：3、T3131③：2、T3131③：5） 5.圆陶片（T2831④：5） 6.陶兽首（T2830④：9）

7～21.陶鼎足（T2830④：27、T2830④：29、T2930④：1、T2930④：2、T2830④：28、T3131③：30、T2930④：8、

T2830④：18、T2931④：2、T3330③：26、T3131③：28、T3131③：29、T2830④：17、T2830④：30、T3030④：9）

22、23.陶垫（T3330③：1、T3330③：3）

陶鼎足　15件。均为夹砂陶。其中矮扁形鼎足3件，高扁形鼎足4件，柱形鼎足5件，侧装三角形高鼎足3件。

矮扁形鼎足　3件。T2830④：27，红陶，足跟黑色。素面。高4.4厘米，宽7.5厘米（图二六，7）。T2830④：29，褐陶。高3厘米（图二六，8）。T2930④：1，红陶。高3.5厘米（图二六，9）。

高宽扁形鼎足　4件。T2930④：2，红陶。瘦长，足尖残。残高4.8厘米（图二六，10）。T2830④：28，红陶。扁平长方体状，足尖微外撇。素面。残高6.5厘米，宽4厘米（图二六，11）。T3131③：30，红胎灰黑陶，陶色不均。足外侧弧凸，内面微凹，足跟部稍残。素面。残高7.5厘米，宽5.1厘米（图二六，12）。T2930④：8，红褐陶。一侧中部有一条纵向附加堆纹。足尖残。高7厘米，宽5.9厘米（图二六，13）。

柱形鼎足　5件。T2830④：18，红陶。足尖残。残高5.4厘米（图二六，14）。T2931④：2，夹砂红陶。足尖残。残高4.4厘米（图二六，15）。T3330③：26，红褐。足尖外撇，足根部一个按窝。高9.8厘米（图二六，16）。T3131③：28，红褐陶。足尖捏成凿状。高8.8厘米（图二六，17）。T3131③：29，夹砂红陶。足尖残，足跟部一个按窝。残高5.8厘米（图二六，18）。

侧装三角形高鼎足　3件。T2830④：17，红陶，足跟部为黑色。足跟部有两个按窝。足尖残。残高8.8厘米，宽5.7厘米（图二六，19）。T2830④：30，褐陶，陶色不均，足跟灰色。根部两个按窝，足尖残。残高9厘米（图二六，20）。T3030④：9，红褐陶。瘦长，足尖残。残高10.2厘米（图二六，21）。

陶垫　2件。均为夹砂陶。T3330③：1，黑陶。柱状柄，实心，顶部有按窝。垫面弧凸。捏制。素面。垫面直径8.5厘米，高7.7厘米（图二六，22；图版六一，4）。T3330③：3，灰黑陶，表皮剥落严重，露出灰胎。柱状柄，柄下部有小圆孔。垫饼残。残高7.6厘米（图二六，23；图版六二，1）。

4. 中区第5层出土遗物

中区第5层包括T3130、T2831、T2931的⑤层和T3230、T3330、T3131的④层，有石器标本4件，陶器标本25件。

石镰　1件。T2831⑤：1，浅灰色。残存尖端，弧背，单面弧刃。残长9.7厘米，宽4.1厘米（图二七，1；图版八一，5）。

石刀　1件。T3230④：1，浅灰色。半月形，斜弧背，单面刃，刃部圆钝。残长6.4厘米，宽4.6厘米，厚0.9厘米（图二七，2；图版七五，1）。

石凿　1件。T3130⑤：1，浅灰色。长条形，顶部残，单面刃。制作粗糙。残长6.8厘米，宽1.6厘米（图二七，3；图版七九，2）。

石镞　1件。T3131④：1，深灰色。镞身前端为三棱形，后端为圆柱形，铤与身界限明显。铤残。残长4.9厘米，宽1.1厘米（图二七，4；图版七二，2）。

图二七　中区第5层出土石器

1. 石镰（T2831⑤：1）　2. 石刀（T3230④：1）　3. 石凿（T3130⑤：1）　4. 石镞（T3131④：1）

陶罐　7件。其中夹砂罐4件，泥质罐3件。

夹砂罐　4件，其中碟形口罐2件，盘形口罐1件，钵形口罐1件。

碟形口罐　2件。T3130⑤：3，红陶。碟形口，宽折沿，折痕不太明显，平方唇，深腹。下腹部及底残。饰绳纹。口径30厘米，残高13厘米（图二八，1）。T3330④：1，红褐陶。碟形口，宽折沿，折痕不太明显，沿面不平，沿面下部一周弦纹，方圆唇。上腹以下残。饰宽浅横篮纹。口径22.6厘米，残高7.3厘米（图二八，2）。

盘形口罐　1件。T3230④：5，夹细砂褐陶。盘形口，折沿，尖圆唇。上腹及以下残。饰宽浅竖篮纹。口径21.2厘米，残高3,2厘米（图二八，3）。

钵形口罐　1件。T3230④：6，灰陶。钵形口，折沿，尖圆唇，溜肩。肩部以下残。饰宽浅竖篮纹。口径15.5厘米，残高5.6厘米（图二八，4）。

泥质罐　3件。T3131④：4，灰陶。折沿明显，圆唇，圆腹。中腹部以下残。饰竖篮纹。口径16厘米，高6厘米（图二八，5）。T3330④：2，灰陶。宽折沿，方圆唇，肩部以下残。沿下一周附加堆纹。口径36厘米，残高6.5厘米（图二八，6）。T2831⑤：4，泥质灰陶，折沿内凹，斜方唇。上腹以下残。素面。口径23.3厘米，残高6.1厘米（图二八，7）。

陶甑　1件。T3130⑤：2，泥质黑陶。敞口，宽折沿，圆唇，深斜腹。上腹以下残。素面。口径24.2厘米，残高5厘米（图二八，8）。

陶刻槽盆　2件。均为泥质灰黑陶，漏斗形。T2931⑤：1，近直口，圆唇，口沿外一周凸棱，斜腹。上腹以下残。外素面，内部有竖向刻槽。口径33厘米，残高5.2厘米（图二八，9）。T2931⑤：2，折敛口，圆唇，口沿外一周凸棱，斜腹。上腹及以下残。外部素面，内部有竖向刻槽。口径33.4厘米，残高2.5厘米（图二八，10）。

陶瓮　2件。均为泥质陶。T3131④：5，褐陶。小口，高领外撇，圆唇，唇面及领、肩结合处各有一周凹槽。肩部以下残。口径12.8厘米，残高5.5厘米（图二八，11）。T3130⑤：4，灰黑陶。仅存口部。子母口，折沿，方唇，沿外一周凸棱，凸棱下有鸟喙形錾。素面。口径30厘米，残高3.3厘米（图二八，12）。

陶盆　4件。均为泥质陶。T3131④：3，灰陶。敞口，折沿，圆唇，深弧腹。下腹部及底残。素面。底径26厘米，高6.5厘米（图二八，13）。T3230④：4，黑陶。敞口，卷沿，

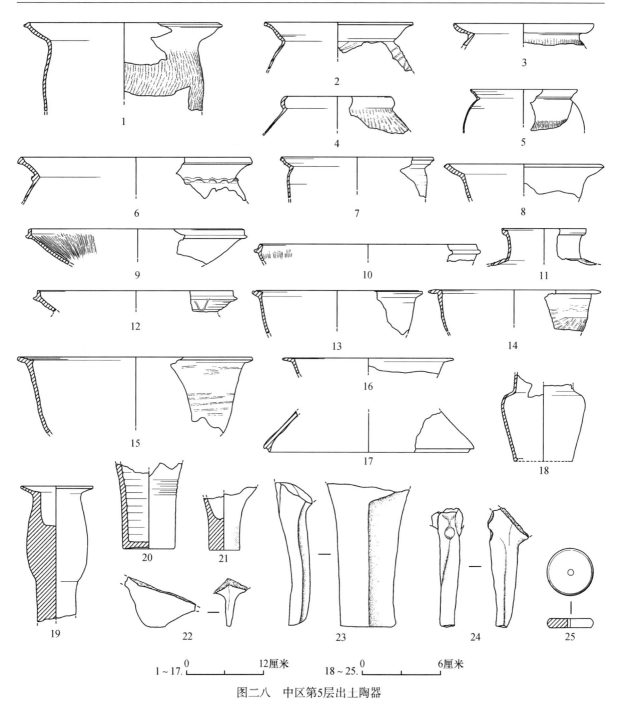

图二八　中区第5层出土陶器

1~4.夹砂陶罐（T3130⑤：3、T3330④：1、T3230④：5、T3230④：6）　5~7.泥质陶罐（T3131④：4、T3330④：2、
T2831⑤：4）　8.陶甑（T3130⑤：2）　9、10.陶刻槽盆（T2931⑤：1、T2931⑤：2）　11、12.陶瓮（T3131④：5、
T3130⑤：4）　13~16.陶盆（T3131④：3、T3230④：4、T3230④：3、T3130⑤：5）　17.陶器盖（T3131④：6）
18.陶壶（T2831⑤：2）　19~21.陶杯（T3130⑤：6、T2831⑤：3、T3230④：2）　22~24.陶鼎足（T3131④：7、
T3330④：3、T3131④：8）　25.陶纺轮（T3131④：2）

圆唇，深弧腹。中腹部以下残。饰宽斜篮纹。口径26厘米，残高6.3厘米（图二八，14）。T3230④：3，灰陶。敞口，折沿，沿面数周凸棱，圆唇，深弧腹。下腹部及底残。饰宽浅横篮纹。口径36厘米，残高11.5厘米（图二八，15）。T3130⑤：5，灰黑陶。敞口，折沿，圆唇，深弧腹。上腹以下残。素面。口径26厘米，残高2.2厘米（图二八，16）。

陶器盖　1件。T3131④：6，夹砂灰黑陶。斜壁，唇内勾。顶部残。素面。口径32厘米，残高5.9厘米（图二八，17）。

陶壶　1件。T2831⑤：2，泥质灰陶。长颈，鼓肩，斜腹，平底。颈部和底残。最大腹径6.3厘米，底径4.5厘米，残高6.5厘米（图二八，18；图版五七，1）。

陶杯　3件。均为泥质陶。T3130⑤：6，红陶。直口，折沿，圆唇，弧腹，腹腔较小，细柄，柄部以下残。素面。口径5.4厘米，残高10厘米（图二八，19）。T2831⑤：3，红陶，薄胎。器身上宽下窄。杯口残，深腹，平底，底面微内凹。腹部数周凹弦纹。底径4厘米，残高6.4厘米（图二八，20）。T3230④：2，红褐陶，薄胎。杯口残，腹腔较小，厚平底。素面。底径2.5厘米，残高4.7厘米（图二八，21）。

陶鼎足　3件。均为夹砂陶。T3131④：7，红褐陶。矮扁三角形。素面。残高3.6厘米（图二八，22）。T3330④：3，褐陶，陶色不均。高宽扁形，一侧中部有一竖向凸棱，足尖平。残高10.4厘米（图二八，23）。T3131④：8，红褐陶。侧装三角形，瘦长。足尖平，足跟部两个按窝。残高8.8厘米（图二八，24）。

陶纺轮　1件。T3131④：2，泥质红陶。直径3.5厘米，厚0.7厘米（图二八，25；图版六四，4）。

第三节　南区地层堆积及遗物

南区共发掘300平方米，包括T3326、T3327和T3328三个探方。

一、南区地层堆积

南区文化堆积共7层，分述如下（图二九至图三二）。

第1层：厚0.07～0.27米，全区分布。为灰褐色黏土，由于施工机械碾压，土质较硬，结构较致密，包含大量植物根系和零星炭粒和烧土粒。

第2层：距地表深0.07～0.27米，厚0.1～0.7米，全区分布。为黄褐色粉质黏土，土质较硬，结构较致密，包含大量褐色土粒和极少量炭粒、烧土粒。

第3层：距地表深0.4～1.56米，厚0～1.2米，主要分布于发掘区东部和南西部。为黄褐色黏土，土质较硬，结构较致密，内含较多水锈斑点和极少量的炭粒、红烧土粒。出土少量陶

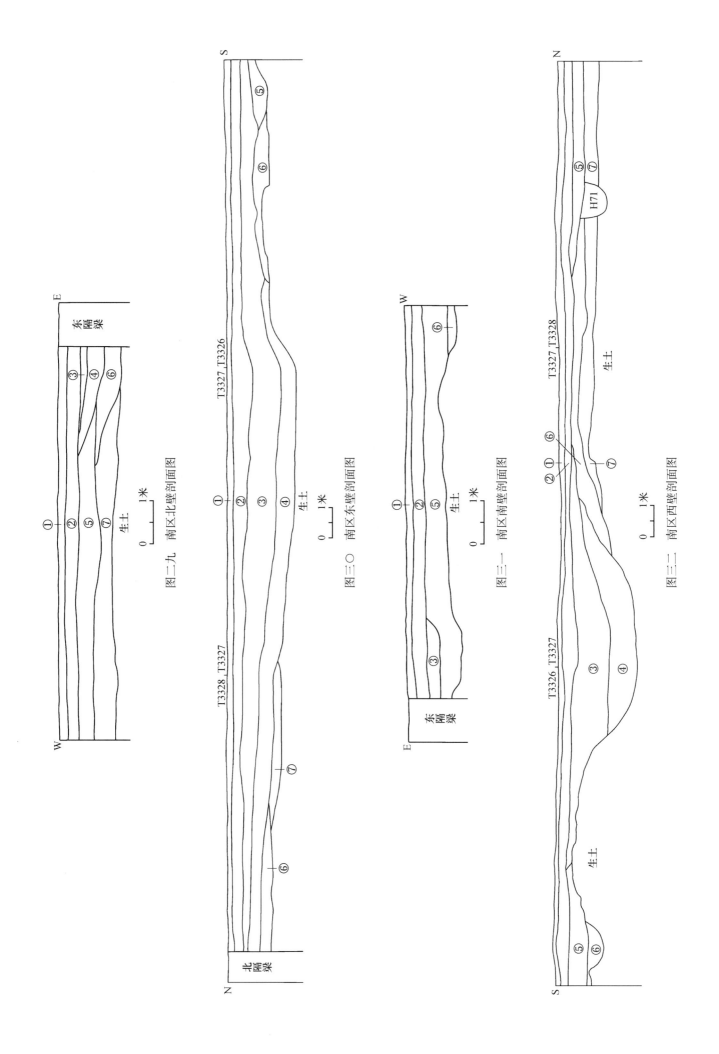

图二九 南区北壁剖面图

图三○ 南区东壁剖面图

图三一 南区南壁剖面图

图三二 南区西壁剖面图

片，以泥质灰陶、泥质黑陶、夹砂灰陶为主，夹砂灰陶、夹砂黑陶、泥质褐陶次之，夹砂褐陶和泥质红陶较少；纹饰以篮纹为主，部分有弦纹、附加堆纹。可辨器形有罐、鼎、瓮、盆、甑、豆、盘、碗等。

第4层：距地表深0.5~2.3米，厚0~0.9米，主要分布于发掘区东部和南西部。为浅灰色粉质黏土，土质较软，结构较致密，包含零星碎石块及炭粒。出土少量陶片和部分河卵石。陶片以泥质黑陶、灰陶居多，泥质褐陶和夹砂黑陶次之，夹砂灰陶、夹砂褐陶、泥质红陶、夹砂红陶较少；素面陶为主，纹饰多见篮纹，另有少量附加堆纹。可辨器形有鼎足和罐等。

第5层：距地表深0.5~1.55米，厚0.07~0.65米，分布于发掘区西北部和南部。为灰褐色粉质黏土，土质较硬，结构较致密，包含零星炭屑。出土陶片泥质黑陶居多，夹砂灰陶、褐陶次之，夹砂黑陶、泥质灰陶、泥质褐陶、泥质红陶较少；素面陶较多，纹饰多见篮纹，另有少量附加堆纹。可辨器形有罐、鼎、盆等。

第6层：距地表深0.4~2米，厚0~0.6米，分布于发掘区中部。为黄褐色黏土，土质较硬，结构较致密，包含石块和零星烧土颗粒。出土较多陶片，泥质黑陶为主，少量泥质灰陶、泥质褐陶和夹砂褐陶，夹砂黑陶、灰陶较少，另有个别夹砂红陶、泥质红陶；素面陶居多，纹饰常见篮纹。可辨器形有罐、鼎、钵、圈足盘等。

第7层：距地表深0.65~1.65米，厚0~0.62米，分布于发掘区西北部。为灰色粉质黏土，土质较硬，结构较致密，包含零星烧土粒和炭粒。出土陶片泥质和夹砂基本相当，灰陶占绝大多数，黑陶和褐陶较少；素面陶为主，纹饰常见篮纹，少量附加堆纹。可辨器形有罐、鼎、盆、缸、豆等。

第7层下为黄褐色生土。

表三　南区地层对照表

南区地层	T3326	T3327	T3328
第1层	①层	①层	①层
第2层	②层	②层	②层
第3层	③层	③层	③层
第4层		④层	④层
第5层	④层		⑤层
第6层	⑤层	⑤层	⑥层
第7层		⑥层	⑦层

二、出　土　遗　物

南区第1层、第2层和第5层无遗物标本。

1. 南区第3层出土遗物

南区第3层包括T3326、T3327和T3328的③层，有陶器标本12件。

陶罐　3件。其中夹砂罐2件，泥质罐1件。

夹砂罐　2件。T3328③：8，夹粗砂灰陶。碟形口，折沿，斜方唇。肩部以下残。饰浅篮纹。口径22.4厘米，残高4.1厘米（图三三，1）。T3328③：10，褐陶，颜色不均。盘形口，折沿，尖圆唇。饰宽浅竖篮纹。口径20.2厘米，残高5厘米（图三三，2）。

泥质罐　1件。T3328③：5，红褐胎黑皮陶，表面剥落露胎。大口，折沿，圆唇。上腹以下残。饰浅竖篮纹。残高7厘米（图三三，3）。

陶鼎　1件。T3328③：9，夹砂浅黄褐陶。碟形口，折沿明显，斜方唇。中腹部以下残。饰竖篮纹。口径16.8厘米，残高6.9厘米（图三三，4）。

陶罍　1件。T3328③：11，夹砂灰褐陶。侈口，卷沿，圆唇外侧加厚，束径，鼓肩。肩部以下残。饰横篮纹。口径22.2厘米，残高6厘米（图三三，5）。

陶瓮　3件。T3326③：1，夹砂灰黑陶。大口，唇外卷，高领微内敛，广肩。肩部以下残。素面。口径27厘米，残高4.9厘米（图三三，6）。T3328③：6，泥质灰陶。小口，圆唇，高直领，领上部外折，广肩。肩部以下残。饰篮纹。口径17.8厘米，残高6厘米（图三三，7）。T3328③：7，泥质灰黑陶。大口，唇向外翻折，高直领微内敛，鼓肩。肩部以下残。素面。口径20.5厘米，残高5.2厘米（图三三，8）。

陶豆　1件。T3328③：4，泥质灰黑陶。仅存喇叭状豆柄。素面。残高7.6厘米（图三三，9）。

陶甑　1件。T3328③：2，夹砂灰黑陶，局部褐色，胎厚。盆形，近直口，深弧腹，有箅孔。口沿和底残。饰宽浅斜篮纹。底径10厘米，残高15.5厘米（图三三，10）。

陶盆　1件。T3328③：3，夹砂灰陶。微敛口，折沿，沿面内凹，圆叠唇，深弧腹。上腹一周附加堆纹，下饰篮纹。口径49厘米，残高15.8厘米（图三三，11）。

陶转盘　1件。T3328③：1，夹砂红陶。残存少部分，敛口，唇面起脊而向内斜，壁斜直微鼓，器内底面微凸。底面饰有三周凹弦纹，唇面以及盘底与壁交界处均匀分布有三周小圆孔。轮制。口径38.6厘米，高3.6厘米（图三三，12；图版六〇，3、5）。

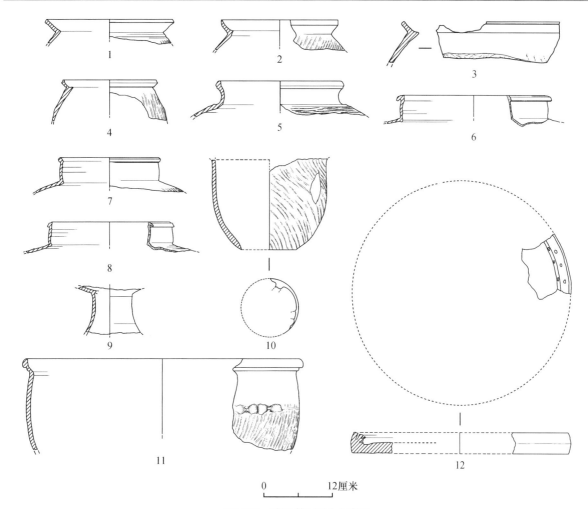

0　　　　12厘米

图三三　南区第3层出土陶器

1、2.夹砂陶罐（T3328③：8、T3328③：10）　3.泥质陶罐（T3328③：5）　4.陶鼎（T3328③：9）　5.陶罍（T3328③：11）
6~8.陶瓮（T3326③：1、T3328③：6、T3328③：7）　9.陶豆（T3328③：4）　10.陶甑（T3328③：2）
11.陶盆（T3328③：3）　12.陶转盘（T3328③：1）

2. 南区第4层出土遗物

南区第4层包括T3327和T3328的④层，有陶器标本2件。

陶鼎足　2件。T3327④：1，高宽扁形鼎足。夹砂灰黑陶。足尖平。一侧戳印四竖条指甲纹。宽7.5厘米，高13厘米（图三四，1）。T3327④：2，侧装三角形高鼎足。夹砂红褐陶。足尖残，足跟部一按窝。残高6.8厘米（图三四，2）。

3. 南区第6层出土遗物

南区第6层包括T3326、T3327的⑤层和T3328的⑥层，有陶器标本12件。

陶鼎　1件。T3326⑤：8，夹砂灰陶。碟形口，折沿明显，沿面内凹，斜方唇。素面。口径19.4厘米，残高2.5厘米（图三五，1）。

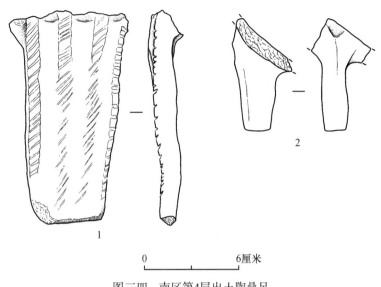

图三四　南区第4层出土陶鼎足

1~2.陶鼎足（T3327④：1、T3327④：2）

　　陶罐　1件。T3326⑤：2，泥质灰黑陶。大口，折沿，圆唇，溜肩。肩部以下残。饰竖篮纹。残高6厘米（图三五，2）。

　　陶器盖　4件。均为斜壁器盖，平顶，素面。T3326⑤：4，夹细砂黑陶。顶径5.4厘米，残高3.6厘米（图三五，3）。T3326⑤：5，夹细砂褐陶。顶径4.7厘米，残高2厘米（图三五，5）。T3326⑤：6，泥质灰黑陶。顶径5.8厘米，残高2厘米（图三五，6）。T3326⑤：7，夹砂灰黑陶。顶径8厘米，残高5厘米（图三五，4）。

　　陶鼎足　3件。均为夹砂陶。其中柱形鼎足1件，侧装三角形高鼎足2件。

　　柱形鼎足　1件。T3326⑤：9，红褐陶。柱形。残高4.8厘米（图三五，7）。

　　侧装三角形高鼎足　2件。T3326⑤：11，灰陶。瘦长。足尖平，足跟部一个按窝。残高9.5厘米（图三五，8）。T3326⑤：12，灰陶。瘦长。足尖残，足跟部一个按窝。残高7.4厘米（图三五，9）。

　　陶钵　1件。T3326⑤：10，泥质浅灰陶。近直口，圆唇，口沿外侧略加厚，斜弧腹。中腹及以下残。素面。残高3.6厘米（图三五，10）。

　　陶刻槽盆　1件。T3326⑤：3，泥质灰陶。仅残存少部分口部和腹部。盆形，近直口，卷沿，尖圆唇，弧腹。上腹部饰有斜向篮纹，其余为素面，器内壁近口部刻有几周横向刻槽。残高4.7厘米（图三五，11）。

　　陶甑　1件。T3326⑤：1，泥质黑陶，局部褐色。浅腹盘形，敞口，厚斜方唇，唇上及口沿下均有一周凹槽，弧腹斜收至底，假圈足，足面上残存有大小不一的圆形甑孔四个，并刻有两道平行的刻槽。素面。轮制。口径21厘米，底径17厘米，高4厘米（图三五，12）。

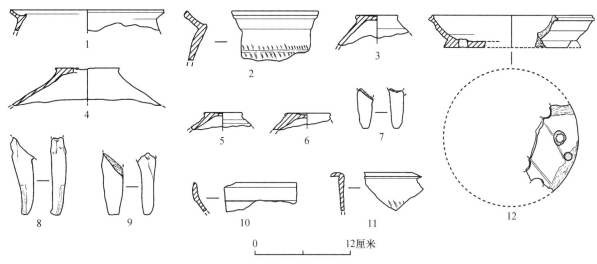

图三五　南区第6层出土陶器

1. 陶鼎（T3326⑤：8）　2. 陶罐（T3326⑤：2）　3～6. 陶器盖（T3326⑤：4、T3326⑤：7、T3326⑤：5、T3326⑤：6）
7～9. 陶鼎足（T3326⑤：9、T3326⑤：11、T3326⑤：12）　10. 陶钵（T3326⑤：10）　11. 陶刻槽盆（T3326⑤：3）
12. 陶甑（T3326⑤：1）

4. 南区第7层出土遗物

南区第7层包括T3327的⑥层和T3328的⑦层，有石器标本1件、陶器标本24件。

陶罐　7件。其中夹砂罐6件，泥质罐1件。

夹砂罐　6件，其中碟形口罐5件、盘形口罐1件。

碟形口罐　5件。T3327⑥：6，灰黑陶。碟形口，折沿明显，圆唇略加厚。素面。口径27.8厘米，残高3厘米（图三六，1）。T3328⑦：3，灰陶。碟形口，折沿，斜方唇。饰弦断斜篮纹。口径22厘米，残高7厘米（图三六，2）。T3328⑦：9，夹砂褐陶，陶色不均。碟形口，折沿，圆唇。饰宽斜篮纹。口径18厘米，残高6.2厘米（图三六，3）。T3328⑦：13，灰陶。碟形口，折沿，圆唇，溜肩。上腹以下残。饰竖篮纹。口径16.6厘米，残高6厘米（图三六，5）。T3328⑦：15，褐陶，陶色不均。碟形口，折沿，斜方唇。肩部以下残。饰竖篮纹。口径24厘米，残高4.8厘米（图三六，6）。

盘形口罐　1件。T3328⑦：10，夹少量细砂灰黑陶。盘形口，折沿不太明显，沿面微凹，尖圆唇。肩部以下残。素面。口径18厘米，残高6厘米（图三六，4）。

泥质罐　1件。T3327⑥：4，灰陶。大口，折沿，方唇加厚。肩部以下残。素面。口径52厘米，残高5.2厘米（图三六，8）。

陶鼎　2件。T3327⑥：5，夹砂灰陶。碟形口，折沿明显，斜方唇。饰竖篮纹。残高2.8厘米（图三六，7）。T3328⑦：2，夹砂红褐陶，下腹灰黑色。碟形口，折沿明显，斜方唇，圆腹。底残。饰竖篮纹。口径18厘米，腹径26厘米，残高16.6厘米（图三六，10）。

陶瓮　5件。其中子母口瓮1件，有领瓮4件。

子母口瓮　1件。T3328⑦：11，泥质红胎黑皮陶。子母口，双唇，束颈，斜肩，肩部以下

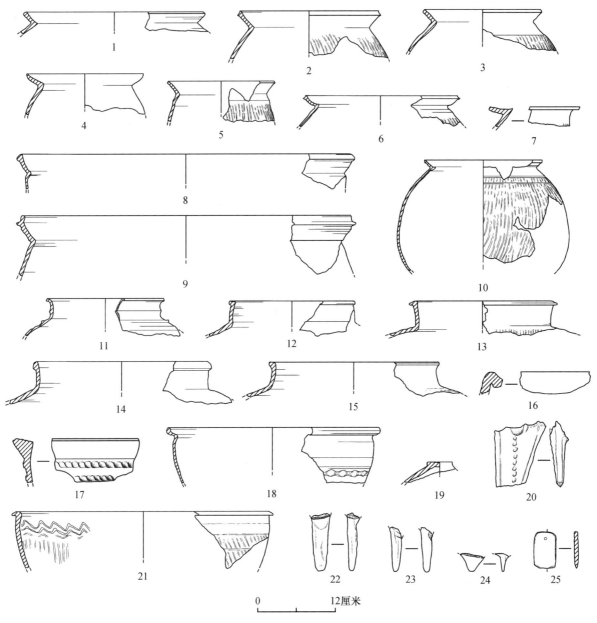

图三六　南区第7层出土陶器

1～6. 夹砂陶罐（T3327⑥：6、T3328⑦：3、T3328⑦：9、T3328⑦：10、T3328⑦：13、T3328⑦：15）　8. 泥质陶罐
（T3327⑥：4）　7、10. 陶鼎（T3327⑥：5、T3328⑦：2）　9、12～15. 陶瓮（T3328⑦：11、T3328⑦：14、T3328⑦：4、
T3328⑦：6、T3328⑦：12）　11. 陶罍（T3328⑦：7）　16. 陶转盘（T3327⑥：2）　17、18. 陶盆（T3327⑥：1、T3328⑦：5）
19. 陶器盖（T3327⑥：3）　20、22～24. 陶鼎足（T3327⑥：7、T3327⑥：8、T3328⑦：16、T3327⑥：9）　21. 陶刻槽盆
（T3328⑦：8）　25. 石凿（T3328⑦：1）

残。素面。口径51厘米，残高9.2厘米（图三六，9）。

有领瓮　4件。T3328⑦：14，泥质磨光黑陶，局部剥落而呈灰白色。小口，方唇加厚，唇面有一周凹槽，高领微敛。肩部以下残。口径19.4厘米，残高5.2厘米（图三六，12）。T3328⑦：4，夹砂黑陶。大口，方唇，唇外沿外展，领部外撇，广肩。肩部以下残。肩部饰有竖向篮纹，其余为素面。口径22.5厘米，残高5.3厘米（图三六，13）。T3328⑦：6，夹砂浅黄褐陶。大口，圆唇外加厚，领微外撇，鼓肩。肩部以下残。素面。口径27.4厘米，残高6.5厘米（图三六，14）。T3328⑦：12，夹砂灰黑陶。大口，平方唇，领近直，鼓肩。肩部以下残。素面。口径26.2厘米，残高5.5厘米（图三六，15）。

陶罍　1件。T3328⑦：7，泥质褐胎黑皮陶。侈口，圆唇，束径，鼓肩。肩部以下残。颈部饰有两周凸弦纹和弦断篮纹。轮制。口径18厘米，残高5.7厘米（图三六，11）。

陶转盘　1件。T3327⑥：2，夹砂黑陶，胎体厚重，敛口。内卷沿，沿面微凹，厚圆唇，鼓腹。上腹部以下残。素面。残高3厘米（图三六，16）。

陶盆　2件。T3327⑥：1，夹砂灰黑陶。微敛口，折沿，沿面数周凸棱，深弧腹。上腹部以下残。上腹饰两周附加堆纹。残高6厘米（图三六，17）。T3328⑦：5，夹砂灰黑陶。微敛口，折沿，沿面内凹，圆唇，深弧腹，中腹部以下残。饰弦断篮纹，上腹饰一周附加堆纹。口径33厘米，残高8.5厘米（图三六，18）。

陶器盖　1件。T3327⑥：3，泥质灰黑陶。小平顶，斜壁。素面。顶径3.8厘米，残高3厘米（图三六，19）。

陶刻槽盆　1件。T3328⑦：8，夹砂灰黑陶。盆形，微敛口，卷沿，尖圆唇，深腹。外饰弦断斜篮纹。内壁上部三周波浪形刻槽，以下为竖向刻槽。口径40厘米，残高8.5厘米（图三六，21）。

陶鼎足　4件。均为夹砂陶。其中高宽扁形鼎足1件，柱形鼎足2件，矮扁形鼎足1件。

高宽扁形鼎足　1件。T3327⑥：7，灰陶。足尖残，足跟中部有一按窝，下饰一列U形按窝，两侧各有一条竖向划纹。残高9.7厘米，宽7.8厘米（图三六，20）。

柱形鼎足　2件。T3327⑥：8，红陶。扁柱状，足尖稍残。素面。残高8.5厘米（图三六，22）。T3328⑦：16，红陶。残高6.5厘米（图三六，23）。

矮扁形鼎足　1件。T3327⑥：9，红褐陶。残高2.6厘米（图三六，24）。

石凿　1件。T3328⑦：1，浅灰色。片状，近长方形。弧顶，两面刃。两面桯钻，孔未钻通。长5.4厘米，宽3.5厘米，厚0.6厘米（图三六，25；图版七九，4）。

第四节　遗址南部壕沟剖面堆积及遗物

遗址南部仅发掘探沟TG1一条，因连日暴雨及地下水位上涨导致探沟垮塌严重，未完成发掘。遗址南部壕沟堆积情况可从一处取土断面予以了解（图三八；图版四，2）。此剖面铲刮长度15米，堆积情况如下。

第1层：现代耕土层。黄灰色粉质黏土，因机械碾压质地较硬，结构较致密。厚0.28～0.5米。

第2层：褐黄色粉质黏土，夹杂褐色颗粒，质地较硬，结构较致密。厚0.28～0.5米。

第3层：黄褐色粉质黏土，夹杂褐色颗粒，质地较硬，结构较致密。厚0～0.45米。

第3层下为黄褐色生土。

剖面上发现3处遗迹，包含灰坑2个，壕沟1条（编号为G）。

北部灰坑开口于第2层下，打破G⑥a层和生土。剖面上暴露出一部分，斜弧壁，最深处1.2米。填土为黑色，质地较硬，结构较致密。未见文化遗物。

南部灰坑开口于第3层下，打破生土。剖面上暴露出一部分，斜壁不平，底近平，深约0.84米。填土为褐黄色，质地较硬，结构较致密。未见文化遗物。

G开口于第3层下，打破生土。G内填土分为6层。

G①层：褐黑色淤土，厚0～0.38米。

G②层：灰色淤土，厚0～0.44米。出土泥质灰黑弦断篮纹陶片一片，应为小口高领瓮肩部残片（图三七，1）。

G③层：黄灰色淤土，夹杂褐色颗粒，厚0～0.75米。出土夹砂篮纹灰陶片一片（图三七，2）。

G④层：褐黄色土，夹杂褐色颗粒，质地较硬，结构较致密。厚0～0.8米。

G⑤层：灰褐色淤土，夹杂褐色颗粒、红烧土、石块，质地较硬，结构较致密。厚0～0.74米。出土夹砂灰黑篮纹陶片一片（图三七，3）。

G⑥a层：黄褐色粉质黏土，夹褐色颗粒，质地较硬，结构较致密。厚0～0.9米。

G⑥b层：灰色淤土，质地较硬，结构较致密。厚0～0.45米。

另外，在遗址南部地表采集到红陶杯1件。采：1，夹细砂红褐陶。口部残缺，杯腔浅，杯柄实心，平底。底部外侧一按窝。残高9.7厘米，柄径约4.4厘米（图三七，4；图版五七，3）。

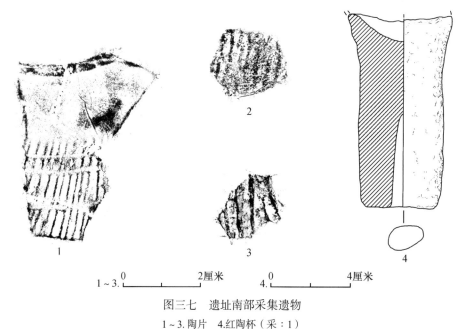

图三七　遗址南部采集遗物
1～3.陶片　4.红陶杯（采：1）

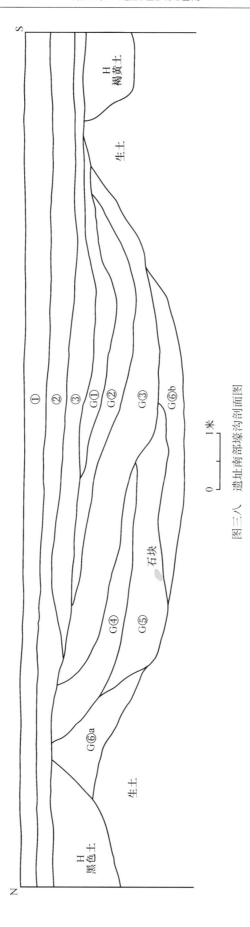

图三八　遗址南部壕沟剖面图

第四章　遗迹和遗物

第一节　灰　　坑

一、H1

1. 遗迹概况

　　H1位于T3230东部。开口于③层下，打破④层。平面形状近椭圆形，剖面形状如锅底状，坑壁无明显加工痕迹，较为粗糙，坡度较缓，坑口边缘形态明显，坑底边缘形态不明显，无加工痕迹，较粗糙。坑口距地表深0.38~0.47米，长约1.6米，宽约1.26米，坑深0.22~0.36米（图三九；图版五，1）。

　　填土为浅灰褐色黏土，结构疏松。包含物主要为灰黑色颗粒物和少量红烧土块，比例分别占5%和3%，分选度较好；堆积形状为近水平状。文化遗物有陶片和石块。陶片以夹砂灰陶和夹砂黑陶为主，泥质黑陶次之，少量夹砂褐陶、泥质褐陶、泥质灰陶，极少量夹砂红陶、泥质红陶；主要纹饰为篮纹，其次为弦断篮纹，少量锥刺纹陶片。可辨器形有觚形器、器盖、甑、鼎等。

2. 出土遗物

　　H1共有石器标本1件，陶器标本13件（图版四二，1）。

　　石斧　1件。H1：3，青色。大致呈梯形，截面为近长方形。平顶，刃残。磨制光滑。残长6.4厘米，宽4.3厘米，厚2.4厘米（图四〇，1；图版八五，2）。

　　陶器盖　3件。泥质陶。平顶微凹，斜壁，素面。H1：1，灰黑陶。斜方唇，唇面微凹。口径18.2厘米，顶径6.1厘米，高7厘米（图四一，1；图版五四，2）。H1：9，黑陶，局部褐色。残存一半。直口，方唇，唇内缘起棱，口沿下有一周凹槽。口径16.9厘米，顶径6.7厘米，高5.1厘米（图四一，2；图版五四，3）。H1：12，灰黑陶。平唇，唇面有浅凹槽。口径15.6厘米，顶径6厘米，高5厘米（图四一，3；图版五四，4）。

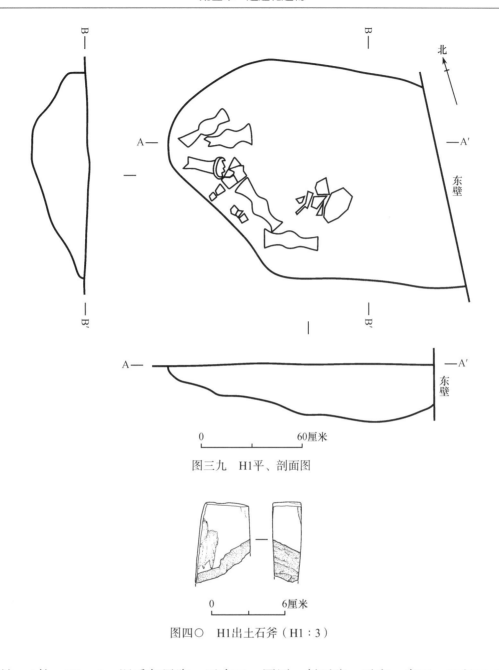

图三九 H1平、剖面图

图四〇 H1出土石斧（H1∶3）

陶钵 1件。H1∶2，泥质灰黑陶。近直口，圆唇，斜弧腹，平底。素面。口径29.6厘米，底径10.6厘米，高10厘米（图四一，4；图版五〇，4）。

陶瓿形器 5件。泥质陶，皆轮制磨光。敞口，长颈，鼓肩，鼓腹，喇叭状圈足。H1∶4，黑陶。圆唇。颈部有一周箍棱。口径8.2厘米，足径13.6厘米，高28.9厘米（图四一，5；图版五八，1）。H1∶5，灰陶。圆唇。颈部三周箍棱，圈足中部饰两周凹弦纹。口径6.3厘米，足径12.9厘米，高30.4厘米（图四一，6）。H1∶6，黑陶。圆唇。颈上部一周凸棱。口径7.4厘米，足径12.4厘米，高29.2厘米（图四一，7；图版五八，2）。H1∶8，浅灰陶。圆唇。颈上部一周凸棱。腹部以下残。口径6厘米，腹径10.8厘米，残高21.3厘米（图四一，8）。H1∶7，黑陶。口部和腹部残。颈部饰有三周凹弦纹。残高12厘米（图四一，9）。

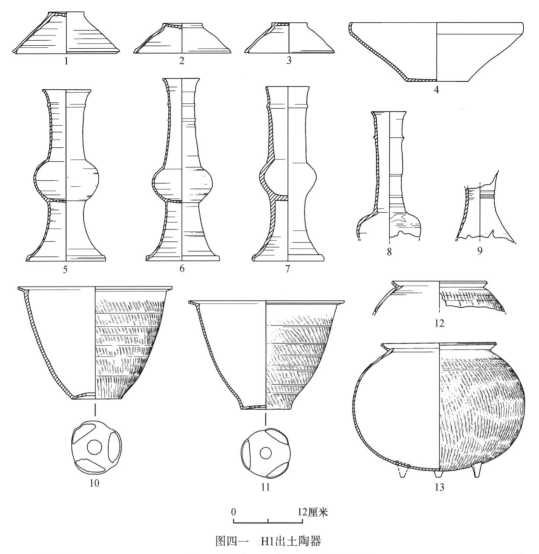

图四一　H1出土陶器

1～3. 陶器盖（H1∶1、H1∶9、H1∶12）　4. 陶钵（H1∶2）　5～9. 陶瓠形器（H1∶4～H1∶6、H1∶8、H1∶7）
10、11. 陶甑（H1∶10、H1∶11）　12、13. 陶鼎（H1∶14、H1∶13）

　　陶甑　2件。泥质灰陶。敞口，折沿，斜方唇，斜深腹，平底微内凹。底部外围平均分布3个半月形甑孔，中部1个圆形甑孔。器表饰弦断斜篮纹。H1∶10，陶色不均，局部灰黑色。折沿十分明显。口径26.8厘米，底径8.6厘米，高18.7厘米（图四一，10；图版四九，1、2）。H1∶11，近底部弧收。口径26.8厘米，底径8.6厘米，高18.3厘米（图版四九，3、4）。

　　陶鼎　2件。均为夹砂陶。H1∶13，浅褐陶。整体较矮，宽高比值较大，在1.3～1.5之间。折沿，内折棱突出，沿面微凹，方唇，唇面近平，扁鼓腹，最大腹径位于中腹部，矮扁状足。腹部饰篮纹。口径19.6厘米，腹径29.6厘米，高22.6厘米（图四一，13；图版四六，4）。H1∶14，灰陶。折沿明显，斜方唇。饰弦断斜篮纹。口径16.4厘米，残高5.1厘米（图四一，12）。

二、H2

1. 遗迹概况

H2位于T2831东南部。开口于③层下,打破H8、H13和④层。平面形状近圆形,直壁,平底,剖面形状为筒状,坑口、坑底边缘形态明显,未发现工具加工痕迹。坑口距地表深0.7米,长2.2米,宽1.86米,坑深0.6米(图四二;图版五,2)。

填土为灰褐色粉质黏土,质地较硬,结构较致密。炭粒比例占20%,分选度较好;红烧土比例占3%,分选度一般;堆积形状为近水平状。出土文化遗物有陶片、石块等。陶片以夹砂黑陶和夹砂灰陶居多,泥质灰陶和泥质黑陶次之,少量夹砂红陶、夹砂褐陶、泥质褐陶;纹饰以篮纹为主,个别有方格纹和附加堆纹。可辨器形有罐、盆、鼎等。

2. 出土遗物

陶鼎 1件。H2:1,夹砂红褐陶。折沿,斜方唇。肩以下残。素面。残高3.5厘米(图四三,1)。

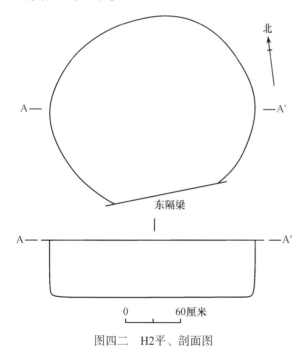

图四二 H2平、剖面图

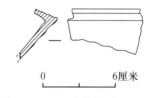

图四三 H2出土陶鼎(H2:1)

三、H3

1. 遗迹概况

H3位于T2831南部。开口于③层下，打破④层。探方内暴露部分平面形状近半椭圆形，斜壁向下内收，底部近平底，剖面近筒状，坑口边缘形态明显，坑底边缘形态不太明显，未发现工具加工痕迹。坑口距地表深0.6米，长2.4米，宽1.03米，坑深0.5米（图四四；图版六，1）。

填土为灰褐色黏土，结构较疏松。含有大量烧土块，比例占75%，分选差；炭粒比例占5%，分选度较好；石块比例占2%，分选度一般；堆积形状为近水平状。出土文化遗物有陶片和石块。陶片以泥质红陶、泥质黑陶、泥质灰陶、夹砂黑陶居多，泥质褐陶次之，夹砂红陶、夹砂灰陶较少；纹饰有篮纹、方格纹。可辨器形有罐、鼎、瓮等。

2. 出土遗物

陶瓮　1件。H3：1，泥质灰黑陶。小口，平方唇，高领外撇。肩部以下残。饰宽浅篮纹。口径16厘米，残高5厘米（图四五，1）。

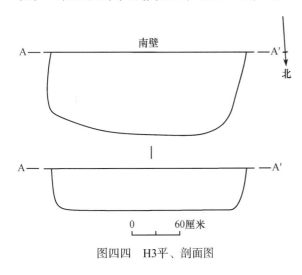

图四四　H3平、剖面图

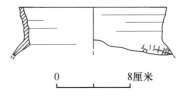

图四五　H3出土陶瓮（H3：1）

四、H4

1. 遗迹概况

H4位于T2830西南部。开口于④层下，打破生土。平面形状为椭圆形，斜壁向下内收，平底，剖面大致呈平底锅状，坑口边缘形态明显，底部边缘形态不太明显，未发现工具加工痕迹。坑口距地表深0.7米，长1.2米，宽0.62米，坑深0.4米（图四六；图版六，2）。

填土为灰褐色粉质黏土，结构较疏松。烧土比例占3%，炭粒比例占5%，分选度均较好；堆积形状为近水平状。出土文化遗物有陶片和石块。陶片以泥质黑陶居多，泥质褐陶、泥质灰陶次之；纹饰有篮纹、方格纹。可辨器形有鼎、瓮和罐等。

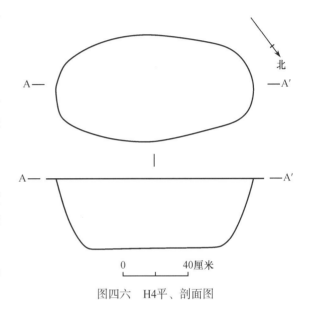

0　　　　　40厘米

图四六　H4平、剖面图

2. 出土遗物

无标本。

五、H5

1. 遗迹概况

H5位于T2830南部。开口于④层下，打破生土。平面形状为不规则椭圆形，斜壁向下内敛，平底，剖面大致呈平底锅状，坑口边缘形态较明显，坑底边缘形态不太明显，未发现工具加工痕迹。坑口距地表深0.7米，长2.55米，宽1.62米，坑深0.4米（图四七；图版七，1）。

填土为灰褐色粉质黏土，结构较为疏松。烧土比例占2%，炭粒比例占3%，分选度均一般；堆积形状为近水平状。出土文化遗物有陶片和石块。陶片以泥质褐陶、灰陶、黑陶居多，夹砂黑陶次之，夹砂褐陶较少；纹饰以篮纹为主。可辨器形有鼎、器盖、瓮等。

2. 出土遗物

陶器盖　1件。H5∶1，夹砂灰陶。平顶，斜壁。素面。顶径5.8厘米，残高3厘米（图四八，1）。

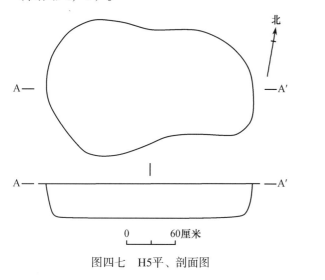

0　　　60厘米

图四七　H5平、剖面图

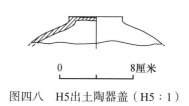

0　　　8厘米

图四八　H5出土陶器盖（H5∶1）

六、H6

1. 遗迹概况

H6位于T3130北部。开口于③层下，打破④层。平面形状呈圆形，直壁，平底，剖面形状为筒状，坑壁、坑底加工一般，坑口、坑底边缘形态明显。坑口距地表深0.4米，直径2.5米，坑深0.34米（图四九；图版七，2）。

填土为灰褐色粉质黏土，质地较硬，结构较致密。炭粒比例占1%，分选度好；红烧土粒比例2%，分选度一般；堆积形状为近水平状。出土陶片以夹砂褐陶、夹砂灰陶为主，泥质灰陶次之，另有少量的泥质黑陶、夹砂红陶；除素面外，纹饰以篮纹为主。可辨器形有罐、缸等。

2. 出土遗物

陶缸　1件。H6∶1，夹砂黑陶，内壁局部褐色，胎壁较厚。微敛口，仰折沿，尖圆唇，深弧腹，口径与腹径大体相当。中腹部以下残。上腹部饰竖篮纹。口径50厘米，残高10.2厘米（图五〇，1）。

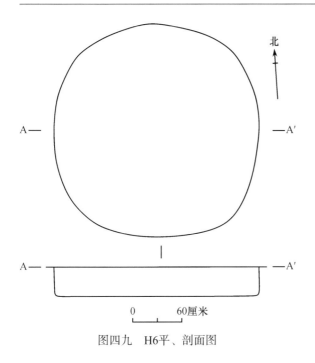

图四九 H6平、剖面图

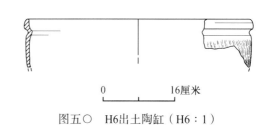

图五○ H6出土陶缸（H6∶1）

七、H7

1. 遗迹概况

H7位于T3130东部。开口于③层下，打破④层。探方内暴露部分平面形状为半椭圆形，直壁，平底，剖面呈筒状，坑壁、坑底加工一般，坑口、坑底边缘形态明显。坑口距地表深0.58米，长1.5米，宽1.4米，坑深0.46米（图五一；图版八，1）。

填土为较纯净的灰褐色粉质黏土，质地较硬，结构较致密；堆积形状为近水平状。出土有泥质灰陶片，素面。无可辨器形。

2. 出土遗物

无标本。

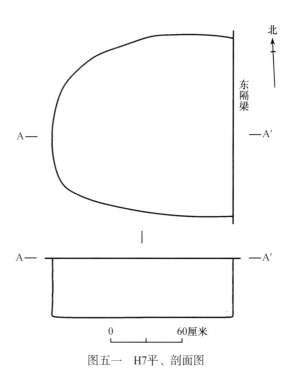

图五一 H7平、剖面图

八、H8

1. 遗迹概况

H8位于T2831东部略偏南。开口于③层下，被H2打破，打破④层。平面形状近椭圆形，直壁，平底，剖面呈筒状，坑口、坑底边缘形态明显，未发现工具加工痕迹。坑口距地表深0.7米，长2米，宽1.65米，坑深0.65米（图五二；图版八，2）。

填土为黄褐色粉质黏土，结构较疏松，呈块状。含有烧土比例占5%，分选度较好；炭粒比例占3%，分选度一般；堆积形状为近水平状。出土文化遗物有陶片和石器等。陶片以夹砂灰陶居多，泥质黑陶、泥质灰陶、夹砂褐陶次之，另有少量的夹砂黑陶和泥质褐陶；除素面外，纹饰以篮纹为主。可辨器形有纺轮、罐、瓮、鼎等。

2. 出土遗物

H8出土石器1件，陶器标本3件。

石镞　1件。H8：2，浅灰色，柳叶状。镞身截面呈菱形。铤残。残长5厘米，宽2厘米（图五三，1；图版六七，3）。

陶纺轮　2件。H8：1，泥质灰黑陶。直径3厘米，厚0.4厘米（图五四，1；图版六四，5）。H8：3，泥质红陶。其中一面剥落严重。直径3.4厘米，厚0.7厘米（图五四，2；图版六四，6）。

陶鼎　1件。H8：4，夹砂灰陶。碟形口，折沿，沿面内凹，斜方唇。饰宽浅竖篮纹。口径19.8厘米，残高4.1厘米（图五四，3）。

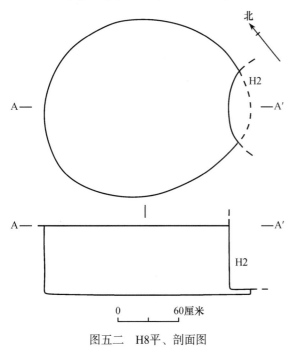

图五二　H8平、剖面图

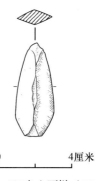

图五三　H8出土石镞（H8：2）

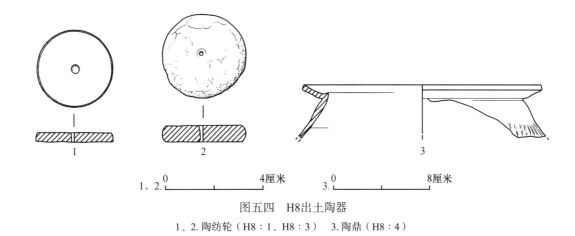

图五四 H8出土陶器

1、2.陶纺轮（H8：1、H8：3） 3.陶鼎（H8：4）

九、H9

1.遗迹概况

H9位于T2830东部略偏北。开口于④层下，打破生土。平面形状近圆形，直壁，平底，剖面呈筒状。坑口、坑底边缘形态明显，未发现工具加工痕迹。坑口距地表深0.7米，长1.9米，宽1.8米，坑深0.9米（图五五；图版九，1）。

填土为灰褐色黏土，结构较疏松。烧土比例占3%，分选度一般；炭粒比例占1%，分选度一般；堆积形状为近水平状。出土文化遗物有陶片和石器。陶片以夹砂灰陶居多，泥质灰陶次之；除素面外，纹饰以篮纹为主。可辨器形有盆、罐等。

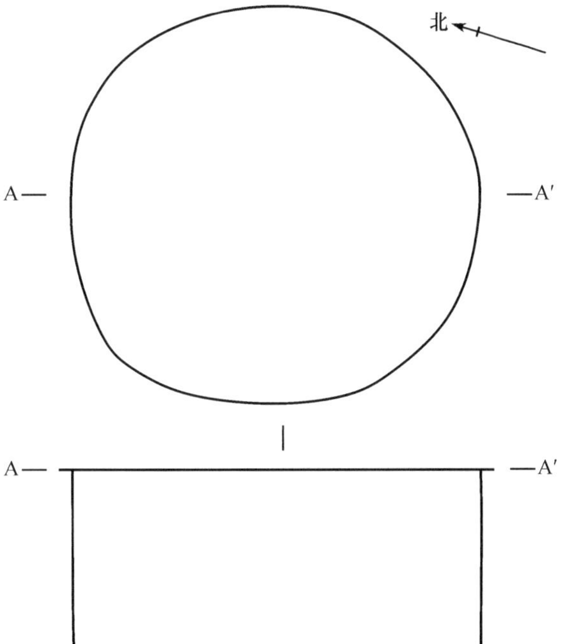

2.出土遗物

石镞 1件。H9：1，土黄色。镞身截面呈菱形，形体较宽。长7厘米，宽1.8厘米（图五六，1；图版六七，4）。

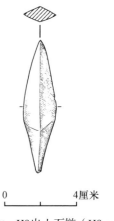

图五五 H9平、剖面图

图五六 H9出土石镞（H9：1）

一〇、H10

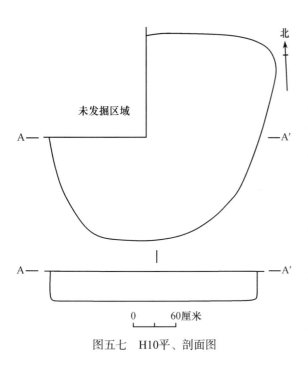

图五七　H10平、剖面图

1. 遗迹概况

H10位于T3030东北部、T3130西北部和T3131西南部。开口于T3130③层下，打破④层。平面形状近圆形，直壁，平底，剖面形状为筒状，坑口、坑底边缘形态明显。坑口距地表深0.4米，长2.9米，宽2.8米，坑深0.4米（图五七；图版九，2）。

填土为深灰色粉质黏土，质地较硬，结构较致密。炭屑比例占10%，分选度一般；红烧土粒比例占3%，分选度差；堆积形状为近水平状。出土少量的陶片，以泥质灰陶和夹砂灰陶为主，夹砂褐陶、夹砂红陶、泥质红陶、泥质黑陶次之，另有少量的泥质褐陶；纹饰以篮纹为主，绳纹、弦纹较少。可辨器形有罐、鼎、钵等。

2. 出土遗物

无标本。

一一、H11

1. 遗迹概况

H11位于T3130东北角。开口于③层下，打破④层。探方内暴露部分大致呈扇形，斜壁内敛，圜底，剖面形状为锅底状，坑口边缘形态明显，坑底边缘形态不明显。坑口距地表深0.38米，长1.5米，宽0.98米，坑深0.58米（图五八；图版一〇，1）。

填土为灰褐色粉质黏土，质地较硬，结构较致密。炭屑比例占1%，分选度好；红烧土粒占1%，分选度一般；堆积形状为凹镜状。出土少量的陶片，夹砂褐陶、黑陶较多，泥质灰陶、夹砂红陶次之，夹砂黑陶较少；除素面外，纹饰以篮纹为主。可辨器形有罐、盆、鼎等。

2. 出土遗物

无标本。

一二、H12

1. 遗迹概况

H12位于T3130东南角。开口于③层下，打破④层。探方内暴露部分平面形状为扇形，直壁，平底，剖面形状为筒状，坑壁、底加工一般，坑口、底边缘形态明显。坑口距地表深0.41米，长3米，宽0.9米，坑深0.58米（图五九）。

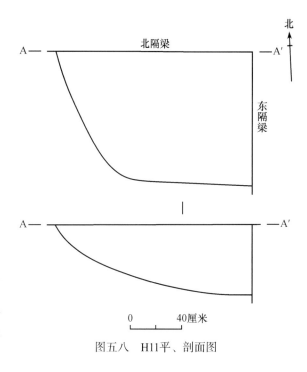

图五八 H11平、剖面图

填土为灰褐色粉质黏土，质地较硬，结构较致密。炭屑比例占5%，红烧土粒比例占3%，分选度均一般；堆积形状为近水平状。出土少量的陶片，以泥质黑陶和夹砂灰陶为主，夹砂黑陶、泥质灰陶、夹砂红陶次之，除素面外，纹饰以篮纹为主。可辨器形有鼎、罐等。

2. 出土遗物

无标本。

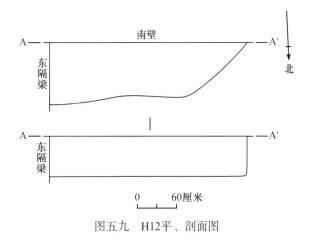

图五九 H12平、剖面图

一三、H13

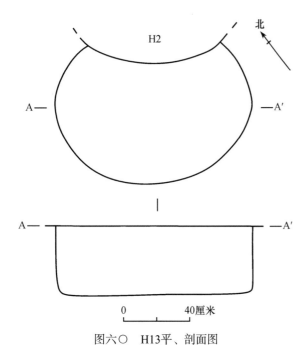

图六〇　H13平、剖面图

1. 遗迹概况

H13位于T2831东南角。开口于③层下，被H2打破，打破④层。平面形状呈椭圆形，直壁、平底，剖面呈筒状。坑口、坑底边缘形态较明显，未发现工具加工痕迹。坑口距地表深0.8米，坑口长1.2米，宽0.7米，坑深0.4米（图六〇）。

填土为灰褐色粉质黏土，结构较为疏松。烧土比例占3%，分选度较好；炭粒比例占2%，分选度一般；堆积较平。出土文化遗物有陶片和石器。陶片以泥质黑陶、夹砂红陶居多，夹砂黑陶、泥质灰陶次之，另有少量的夹砂灰陶、夹砂褐陶；除素面外，纹饰以篮纹为主。可辨器形有盆、鼎等。

2. 出土遗物

H13有石器和陶器标本各1件。

石刀　1件。H13：1，红褐色，近长方形。弧背，单面刃。残长4.3厘米，宽3.8厘米，厚0.8厘米（图六一，1；图版七七，1）。

陶鼎　1件。H13：2，夹砂红褐陶。碟形口，折沿，斜方唇。肩部以下残。口径21.8厘米，残高3厘米（图六二，1）。

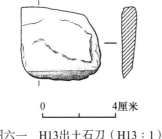

图六一　H13出土石刀（H13：1）

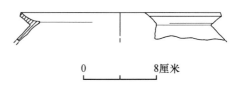

图六二　H13出土陶鼎（H13：2）

一四、H14

1. 遗迹概况

H14位于T3130西南角。开口于③层下，打破④层。探方内暴露部分平面形状为半椭圆形，斜弧壁内收，圜底，剖面形状为锅底状，坑口边缘明显，坑底边缘形态不明显。坑口距地表深0.52米，长1.9米，宽0.54米，坑深0.52米（图六三；图版一〇，2）。

填土为灰褐色粉质黏土，质地较硬，结构较致密。炭屑比例占10%，分选度好；红烧土粒比例占3%，分选度一般；堆积形状为凹镜状。出土少量的陶片，以泥质灰陶和夹砂黑陶，另有少量夹砂红陶、夹砂褐陶、夹砂灰陶、泥质黑陶；纹饰以篮纹为主，个别有附加堆纹。可辨器形有鼎、罐等。

2. 出土遗物

H14有陶器标本3件。

陶纺轮　1件。H14：1，泥质陶，红、黑色斑杂。侧面有两周压印的小点，其中一面有十字形刻划纹。直径3.8厘米，厚0.8厘米（图六四，1；图版六五，1）。

陶鼎　1件。H14：2，夹砂灰陶。碟形口，折沿，内折棱突出，沿面内凹，斜方唇。上腹以下残。素面。形体较小。口径10.4厘米，残高4.3厘米（图六四，2）。

陶罐　1件。H14：3，泥质红陶。卷沿，圆唇。肩部以下残。素面。口径18厘米，残高2.6厘米（图六四，3）。

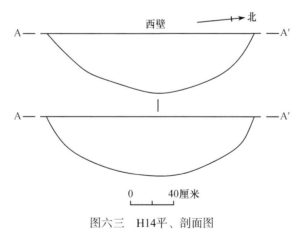

图六三　H14平、剖面图

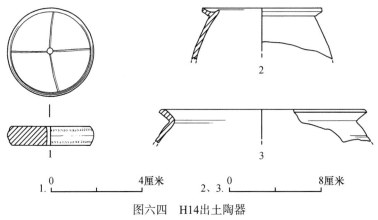

图六四　H14出土陶器

1. 陶纺轮（H14∶1）　2. 陶鼎（H14∶2）　3. 陶罐（H14∶3）

一五、H15

1. 遗迹概况

H15位于T3130北部偏东。开口于③层下，打破④层，东部被H11打破。探方内暴露部分平面形状近半椭圆形，直壁，平底，剖面形状为筒状，坑口、底边缘形态明显。坑口距地表深0.43米，长2.8米，宽0.88米，坑深0.6米（图六五；图版一一，1）。

填土为黄褐色粉质黏土，质地较硬，结构较致密。炭粒比例占5%，分选度好；红烧土粒比例占2%，分选度差；堆积形状为近水平状。出土少量的陶片和石器。陶片以夹砂褐陶、灰陶为主，泥质灰陶次之；除素面外，纹饰以篮纹为主。可辨器形有圈足盘、罐等。

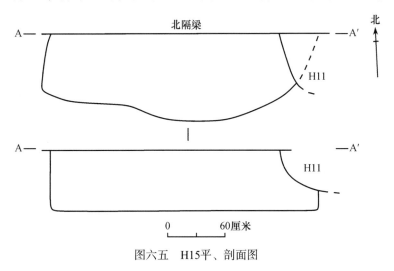

图六五　H15平、剖面图

2. 出土遗物

H15有石器标本4件。

石刀 2件。H15：1，灰色。半月形，刀身较宽，弧背，两面刃。磨制粗糙。未见穿孔。残长13.6厘米，宽6.6厘米（图六六，1；图版七三，3）。H15：2，青灰色。半月形。打制出形状，未磨制。长15.8厘米，宽7.5厘米，厚1.7厘米（图六六，3；图版七三，4）。

石镰 2件。H15：3，青灰色略泛黄。打制后未磨制。长22.3厘米，宽6.5厘米，厚0.7厘米（图六六，2；图版八一，6）。H15：4，浅灰色。半成品。尖端残。先打出镰形，再磨制加工，磨制精致，形体较大。残长23.4厘米，宽8厘米（图六六，4；图版八二，1）。

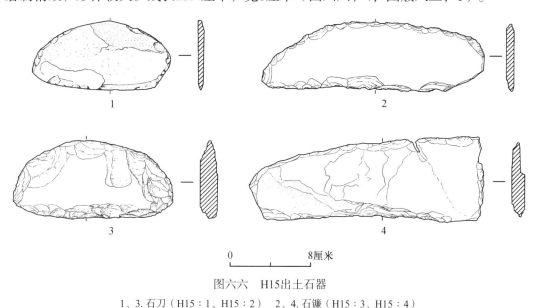

0   8厘米

图六六 H15出土石器
1、3.石刀（H15：1、H15：2） 2、4.石镰（H15：3、H15：4）

一六、H16

1. 遗迹概况

H16位于T3030南部。开口于③层下，打破④层。探方内暴露部分平面形状近半椭圆形，直壁，平底，剖面形状为筒状，坑口、坑底边缘形态明显。坑口距地表深0.5米，长1.8米，宽1.4米，坑深0.92米（图六七）。

填土为深灰色粉质黏土，质地较硬，结构较致密。炭粒比例约占50%，分选度一般；红烧土粒比例约占5%，分选度差；堆积形状为近水平状。出土少量陶片，以夹砂红陶居多，泥质灰陶和夹砂褐陶次之，夹砂灰陶、夹砂黑陶、泥质褐陶、泥质黑陶较少；篮纹较多，绳纹次之，弦纹、附加堆纹较少，另有部分素面。可辨器形有盆、瓮、壶等。

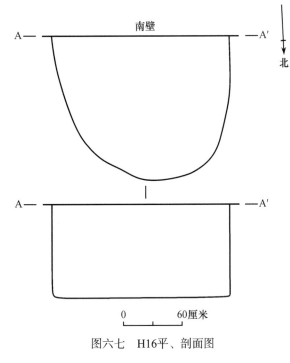

图六七 H16平、剖面图

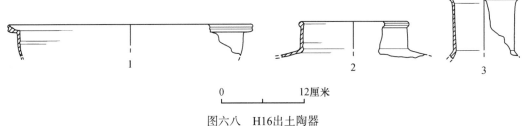

图六八 H16出土陶器

1.陶盆（H16∶1） 2.陶瓮（H16∶3） 3.陶壶（H16∶2）

2. 出土遗物

H16有陶器标本3件。

陶盆 1件。H16∶1，泥质灰黑陶。口近直，折沿，沿面内凹，斜方唇加厚，唇面微内凹，深弧腹。上腹以下残。素面。口径35.4厘米，残高4.5厘米（图六八，1）。

陶壶 1件。H16∶2，泥质红胎黑皮陶。直口微外撇，圆唇，长颈。颈部以下残。素面。口径9.9厘米，残高8.5厘米（图六八，3）。

陶瓮 1件。H16∶3，泥质灰陶，局部红褐色。小口，圆唇外侧加厚，高直领微内敛，广肩。肩部以下残。素面。口径15.7厘米，残高5.2厘米（图六八，2）。

一七、H17

1. 遗迹概况

H17位于T3130南部。开口于③层下，打破④层，东部被H12打破。探方内暴露部分平面形状为半椭圆形，斜弧壁，平底，剖面形状为平底锅状，坑口边缘形态明显。坑口距地表深0.43米，长2.98米，宽0.74米，坑深0.5米（图六九；图版一一，2）。

填土为灰褐色粉质黏土，质地较硬，结构较致密。炭屑比例占3%，分选度好；红烧土粒比例约占2%，分选度一般；堆积形状为近水平状。出土少量的陶片，以夹砂褐陶片和泥质灰陶片为主，夹砂灰陶次之，泥质黑陶、泥质红陶、夹砂红陶较少；除素面外，纹饰以篮纹为主，另有少量的弦纹和方格纹。可辨器形有瓮、鼎、罐等。

2. 出土遗物

H17有陶器标本2件。

陶罐　1件。H17：1，夹细砂褐陶。碟形口，折沿，圆唇。饰斜篮纹。残高5.9厘米（图七〇，1）。

陶瓮　1件。H17：2，泥质灰陶。小口，圆唇，高直领，广肩。肩部以下残。素面。残高5厘米（图七〇，2）。

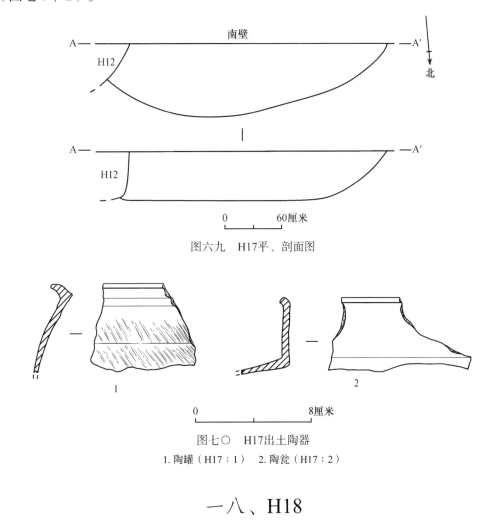

图六九　H17平、剖面图

图七〇　H17出土陶器
1.陶罐（H17：1）　2.陶瓮（H17：2）

一八、H18

1. 遗迹概况

H18位于T3230东部略偏北。开口于③层下，打破④层。平面形状近椭圆形，直壁，较粗糙，无加工痕迹，平底，无加工痕迹，较光滑，剖面形状近筒状，坑口、坑底边缘形态较明显。坑口距地表深0.62～0.72米，口部长1.72米，宽0.96米，坑深0.08～0.2米，底部长1.5米，宽0.65米（图七一）。

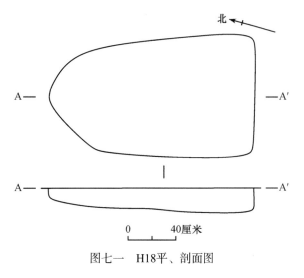

图七一　H18平、剖面图

填土为灰褐色黏土，结构较致密。包含色
红烧土块比例约占3%，分选度一般；灰黑色炭
粒比例约占4%，分选度较好；堆积近水平状。
出土少量的陶片，夹砂灰陶居多，夹砂褐陶、
夹砂黑陶、泥质灰陶、泥质褐陶次之；纹饰以
篮纹、弦断篮纹为主。可辨器形有鼎。

2. 出土遗物

无标本。

一九、H19

1. 遗迹概况

H19位于T3230东南部。开口于③层下，打
破④层。平面形状近椭圆形，坑壁倾斜较陡，较
粗糙，无加工痕迹，尖底，剖面形状近锥形，口
部边缘明显，底部边缘不明显。坑口距地表深
0.6～0.75米，长1米，宽0.92米，坑深0.4～0.5米
（图七二）。

填土为灰黑色黏土，结构较致密。包含的灰
黑色炭粒比例约占6%，分选度较好；堆积略呈凹
镜状。未见陶、石器等文化遗物。

2. 出土遗物

无标本。

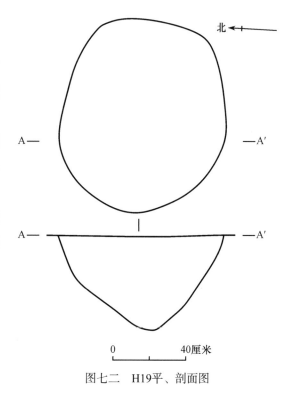

图七二　H19平、剖面图

二〇、H20

1. 遗迹概况

H20位于T3130东部偏南。开口于③层下，打破④层，南部被H12打破。探方内暴露部分平面形状为半圆形，斜弧壁，圜底近平，剖面形状为锅底状，坑口边缘形态明显，坑底边缘形态不明显。坑口距地表深0.41米，长1.14米，宽0.57米，坑深0.64米（图七三；图版一二，1）。

填土为浅灰色粉质黏土，质地较硬，结构较致密。包含的炭粒比例占30%，分选度一般；红烧土粒约占2%，分选度差；堆积形状为凹镜状。出土少量的陶片，以夹砂灰陶、夹砂黑陶、泥质黑陶为主，夹砂褐陶和泥质灰陶次之；纹饰以篮纹居多，弦断篮纹、方格纹较少。可辨器形有罐、瓮、盆、鼎等。

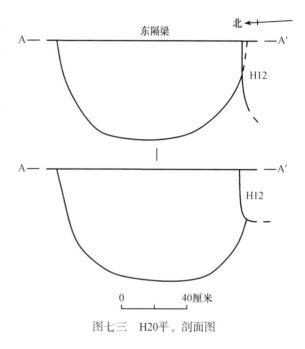

图七三　H20平、剖面图

2. 出土遗物

H20有陶器标本2件。

陶罐　1件。H20：1，夹砂黑陶。盘形口，折沿，尖圆唇。饰宽竖篮纹。残高3.6厘米（图七四，1）。

陶瓮　1件。H20：2，夹砂红褐陶。小口，尖圆唇，高领外撇，鼓肩。饰方格纹。残高4.8厘米（图七四，2）。

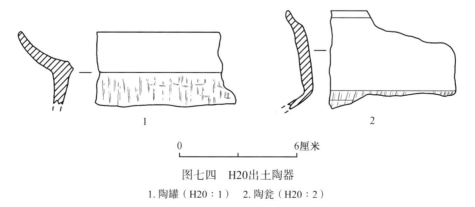

图七四　H20出土陶器

1. 陶罐（H20：1）　2. 陶瓮（H20：2）

二一、H21

1. 遗迹概况

　　H21位于T3130南部。开口于③层下，打破④层，南部被H17打破。平面形状为长条形，斜弧壁，平底，剖面形状为平底锅状，坑口边缘形态明显，坑底边缘形态不明显。坑口距地表深0.43米，长2.7米，宽0.8米，坑深0.74米（图七五；图版一二，2）。

　　填土为深灰色粉质黏土，质地较硬，结构较致密。炭屑比例占5%，分选度好；红烧土粒比例占1%，分选度一般；堆积形状为凹镜状。出土少量的陶片，以夹砂灰陶和泥质灰陶为主，夹砂褐陶和夹砂红陶次之，泥质褐陶和泥质黑陶较少；纹饰以篮纹为主，绳纹次之，另有少量方格纹。可辨器形有罐、鼎、器盖、豆、壶等。

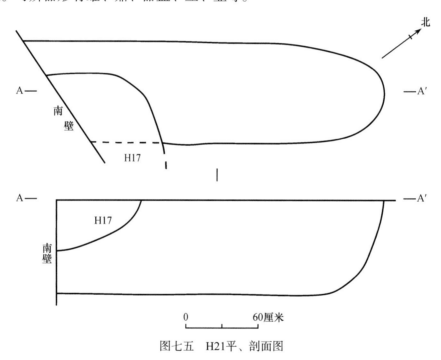

图七五　H21平、剖面图

2. 出土遗物

　　H21有陶器标本5件。

　　陶瓶　1件。H21：1，泥质褐胎黑皮陶，局部灰色。形体较小，细颈，筒腹，下腹斜收至底。颈部与底部残。素面。底径7.1厘米，残高8.7厘米（图七六，1）。

　　陶豆盘　1件。H21：2，泥质磨光黑陶。敞口，方唇加厚，弧腹。盘腹饰数周凹弦纹。轮制。盘径26厘米，残高3.5厘米（图七六，3）。

　　陶甑　1件。H21：3，夹细砂灰陶。敞口，折沿明显，沿面内凹，斜方唇，深斜腹。饰竖篮纹，印痕清晰。口径30厘米，残高4厘米（图七六，4）。

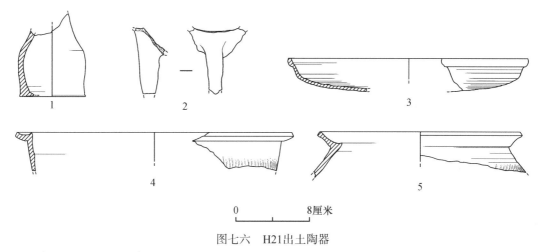

图七六　H21出土陶器

1.陶瓶（H21：1）　2.陶鼎足（H21：5）　3.陶豆盘（H21：2）　4.陶甑（H21：3）　5.陶鼎（H21：4）

陶鼎　1件。H21：4，夹砂灰陶。碟形口，折沿明显，斜方唇。上腹以下残。饰竖篮纹，印痕清晰。口径22厘米，残高4.2厘米（图七六，5）。

陶鼎足　1件。H21：5，夹砂红褐陶。柱形，足尖残。残高6.8厘米（图七六，2）。

二二、H22

1. 遗迹概况

　　H22位于T2830北部偏东。开口于④层下，打破生土。探方内暴露部分平面形状近半圆形，斜壁，平底，剖面呈筒状。坑口边缘形态明显，坑底边缘形态不太明显，未发现工具加工痕迹。坑口距地表深0.6米，长1.4米，宽1.04米，坑深0.4米（图七七）。

　　填土为灰褐色粉质黏土，结构疏松。包含的炭粒比例占1%，分选度一般；烧土粒比例占2%，分选度一般；堆积较平。出土文化遗物有陶片和石块，陶片以泥质灰陶居多，夹砂灰陶、夹砂黑陶、泥质黑陶次之，夹砂褐陶和泥质褐陶较少；纹饰以篮纹为主，另有极少量方格纹。可辨器形有罐、鼎等。

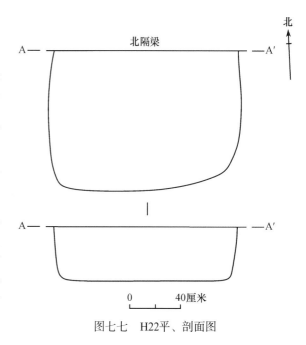

图七七　H22平、剖面图

2. 出土遗物

　　无标本。

二三、H23

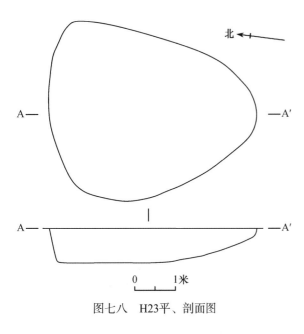

北 ←

图七八　H23平、剖面图

1. 遗迹概况

H23位于T2830东南角。开口于④层下，打破生土。平面形状为不规则椭圆形，斜壁，坑底不平，剖面形状不规则。坑口边缘形态明显，坑底边缘形态不明显，未发现工具加工痕迹。坑口距地表深0.7米，长5米，宽4.04米，坑深0.8米（图七八；图版一三，1）。

填土为灰褐色粉质黏土，结构疏松。烧土粒比例占1%，分选度一般；炭粒比例占3%，分选度一般；堆积较平。出土文化遗物有陶片和石器。陶片以泥质灰陶和泥质黑陶居多，夹砂灰陶、夹砂褐陶、夹砂黑陶次之，泥质褐陶、夹砂红陶、泥质红陶较少；纹饰以篮纹为主，弦断篮纹次之，方格纹、绳纹、凹弦纹较少，部分陶片磨光。可辨器形有罐、鼎、盆等。

2. 出土遗物

H23共有石器标本4件，陶器标本25件（图版四二，2）。

石凿　1件。H23：1，灰色。坯料磨制成近长梯形，未见刃。长6.2厘米，宽2.6厘米，厚1厘米（图七九，1；图版七九，3）。

石镞　2件。H23：2，深灰色。柳叶状，镞身截面呈菱形。残长3厘米，宽1.4厘米（图七九，2；图版六八，1）。H23：4，浅灰色。柳叶状，尖部平钝，镞身与铤部界限不明显。镞身截面呈菱形。残长6厘米，宽1.7厘米（图七九，3；图版六八，2）。

石刀　1件。H23：7，灰白色。半月形，背部有圆形穿孔，双面桯钻。先打制后磨制，刃部未磨成。残长8厘米，宽7.3厘米，厚0.9厘米（图七九，4；图版七五，2）。

陶纺轮　1件。H23：3，泥质灰黑陶。侧面有三周压印的小点。直径3.8厘米，厚0.7厘米（图八〇，1；图版六五，2）。

圆陶片　1件。H23：6，用陶片磨制而成。泥质磨光黑陶。长径3.7厘米，短径3.4厘米，厚0.5厘米（图八〇，2；图版六五，5）。

陶垫　1件。H23：5，夹少量细砂黑陶。柱状柄，中空，垫面弧凸。捏制，柄部凹凸不平。垫面直径6.5厘米，高7厘米（图八〇，3；图版六二，2）。

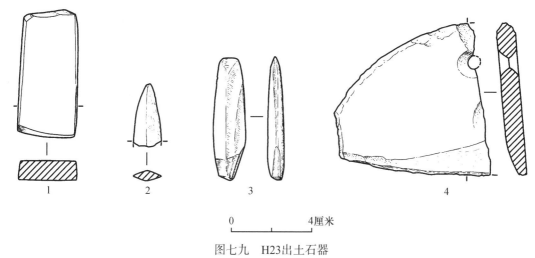

图七九　H23出土石器

1.石凿坯料（H23：1）　2、3.石镞（H23：2、H23：4）　4.石刀（H23：7）

陶碗　2件。H23：10，泥质黑陶。直口，方唇，腹部外弧，平底微内凹。素面。口径13.4厘米，高5.8厘米（图八〇，4）。H23：011，夹砂灰陶。微敛口，圆唇，曲弧腹，平底。素面（图八〇，5）。

陶钵　1件。H23：11，泥质磨光黑陶。敛口微折，尖圆唇，唇外加厚，斜腹，底残。下腹部饰有两周凹弦纹。口径28.4厘米，底径9.6厘米，深13.3厘米（图八〇，6）。

陶圈足盘　1件。H23：12，泥质黑陶，陶土不净，含少量细砂。敞口，斜方唇，浅弧腹，圜底。圈足已残。口径34厘米，残高6.7厘米（图八〇，7）。

陶器盖　3件。斜壁，素面。H23：15，夹砂灰黑陶。斜方唇内勾，唇面内凹。顶部残。口径16.8厘米，残高6.3厘米（图八〇，8）。H23：20，夹砂浅灰陶。平顶微内凹，平方唇，唇面微内凹。口径20.8厘米，顶径6.8厘米，高7.9厘米（图八〇，9）。H23：23，泥质灰黑陶。方唇，唇面微凸。顶残。口径19.8厘米，残高4.6厘米（图八〇，10）。

陶罐　3件。其中夹砂罐2件，泥质罐1件。

夹砂罐　2件。H23：25，红褐陶。碟形口，折沿明显，沿面内凹，斜方唇加厚，唇面有浅凹槽，上腹以下残。饰竖篮纹。残高9.6厘米（图八〇，11）。H23：27，夹细砂灰陶。碟形口，折沿，沿面微凹，斜方唇，唇面有宽浅凹槽。上腹以下残。饰斜篮纹。残高7.2厘米（图八〇，12）。

泥质罐　1件。H23：26，灰陶。大口，折沿，沿面内凹较甚，唇面有凹槽。下腹残。上腹部饰弦断篮纹。口径52厘米，残高6厘米（图八〇，13）。

陶鼎　4件。均为夹砂陶。折沿明显，沿面内凹。H23：19，夹细砂黑陶。斜方唇，唇面有浅凹槽。饰斜篮纹，印痕清晰。口径19.8厘米，残高5.8厘米（图八〇，14）。H23：21，灰黑陶。斜方唇。饰斜篮纹，印痕清晰。口径17.6厘米，残高4厘米。（图八〇，15）。H23：22，夹细砂灰陶。口部变形比较严重，斜方唇。饰斜篮纹，印痕清晰。残高4.4厘米（图八〇，16）。H23：16，褐陶。形体小，圆唇。下腹部及底残。表面粗糙，有刮抹痕迹。

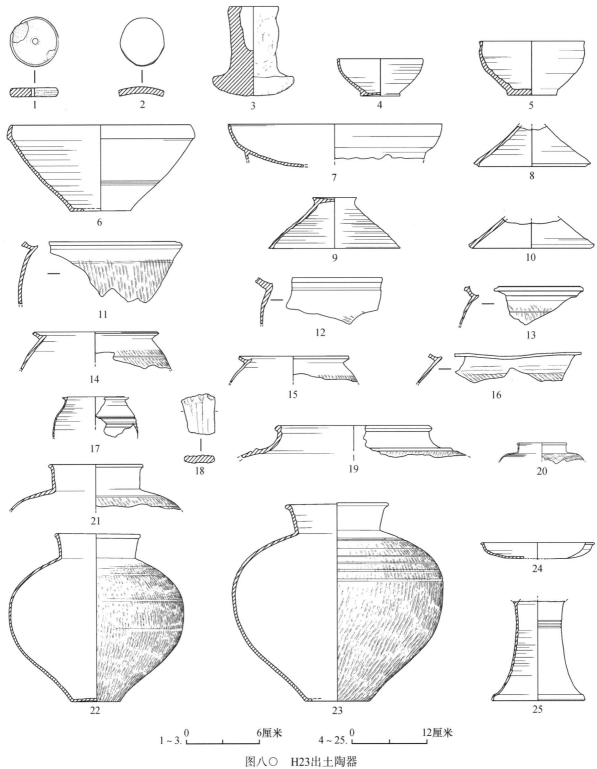

图八〇　H23出土陶器

1. 陶纺轮（H23∶3）　2. 圆陶片（H23∶6）　3. 陶垫（H23∶5）　4、5. 陶碗（H23∶10、H23∶011）　6. 陶钵（H23∶11）

7. 陶圈足盘（H23∶12）　8～10. 陶器盖（H23∶15、H23∶20、H23∶23）　11、12. 陶夹砂罐（H23∶25、H23∶27）

13. 陶泥质罐（H23∶26）　14～17. 陶鼎（H23∶19、H23∶21、H23∶22、H23∶16）　18. 陶鼎足（H23∶28）

19. 陶甗（H23∶18）　20～23. 陶瓮（H23∶17、H23∶14、H23∶9、H23∶8）　24、25. 陶豆（H23∶24、H23∶13）

口径10.6厘米，残高6.2厘米（图八○，17）。

陶鼎足 1件。H23：28，夹砂红褐陶。宽扁状。一面有四条竖向凸棱，足跟部有四个按窝。足尖残。残高6.9厘米（图八○，18）。

陶罍 1件。H23：18，夹砂黑陶。卷沿，圆唇外加厚，束颈。肩部以下残。颈下一周凸棱，以下饰竖篮纹，印痕清晰。口径25厘米，残高5.4厘米（图八○，19）。

陶瓮 4件。均为泥质陶，小口，圆唇，高领。H23：17，磨光黑陶，胎薄。形体较小，直领，广肩。腹部残。肩部饰有竖向篮纹和两周凹弦纹。口径7.8厘米，肩宽12厘米，残深3.2厘米（图八○，20）。H23：14，灰陶。圆唇略外翻，直领微外撇，广肩。肩部以下残。肩部饰弦断篮纹。口径15厘米，残高6.9厘米（图八○，21）。H23：9，磨光黑陶。圆唇外翻，唇面上有一周凹槽，斜直领，鼓肩，鼓腹。底部残。腹部饰竖篮纹，上腹和肩部数周凹弦纹。口径16.3厘米，底径10.1厘米，高30.7厘米（图八○，22）。H23：8，浅灰陶，含少量细砂。圆唇微外翻，斜直领，鼓肩，鼓腹，平底微内凹。上腹部以上饰弦断篮纹，其下为竖篮纹。口径13.6厘米，腹径27.7厘米，底径7.8厘米，高26厘米（图八○，23）。

陶豆 2件。均为泥质黑陶。H23：24，仅存豆盘，敞口，圆唇，浅盘。底部残。外侧近底部饰篮纹。盘口径18厘米，残高2.5厘米（图八○，24）。H23：13，仅存豆柄，喇叭状。上部饰三周浅凹槽，余素面。裙径15厘米，残高15.5厘米（图八○，25）。

二四、H24

销号

二五、H25

1. 遗迹概况

H25位于T3030北部偏东。开口于③层下，打破④层。探方内暴露部分平面形状不规则，斜弧壁，斜底不平，坑口边缘形态明显，坑底边缘形态不明显。坑口距地表深0.44米，长3.16米，宽1.74米，坑口至坑底深0.5～0.74米（图八一）。

填土为浅灰色粉质黏土，质地较硬，结构较致密。炭粒比例占10%，分选度好；堆积形

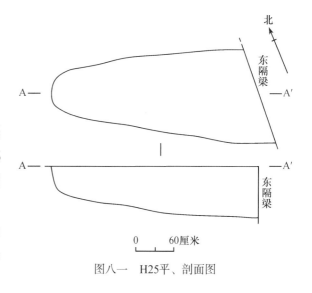

图八一 H25平、剖面图

状为缓坡状。出土少量陶片，以夹砂褐陶为主，泥质灰陶次之，泥质黑陶较少；除素面外，篮纹较多，弦断篮纹、方格纹较少。可辨器形有罐、鼎等。

2. 出土遗物

H25有陶器标本3件。

陶纺轮　2件。皆为泥质红陶，捏制而成。H25：1，直径3.7厘米，厚0.7厘米（图八二，1；图版六五，3）。H25：2，直径3.8厘米，厚0.6厘米（图八二，2；图版六五，4）。

陶罐　1件。H25：3，夹砂褐陶。碟形口，折沿，沿面上部有凹槽，溜肩。肩部以下残。素面。口径19.8厘米，残高5厘米（图八二，3）。

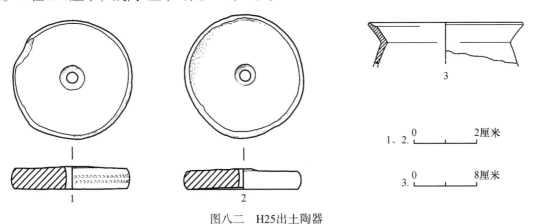

图八二　H25出土陶器
1、2.陶纺轮（H25：1、H25：2）　3.陶罐（H25：3）

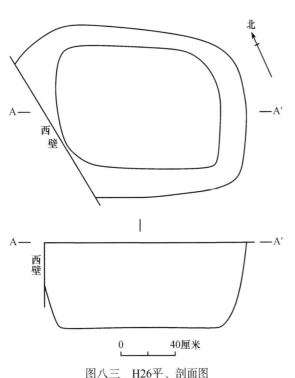

图八三　H26平、剖面图

二六、H26

1. 遗迹概况

H26位于T3130西部偏南。开口于③层下，打破④层。平面形状近椭圆形，斜弧壁，平底，剖面大致呈平底锅状。坑口、坑底边缘形态明显。坑口距地表深0.43米，口部长1.5米，宽1.2米，坑深0.6米，底部长1.2米，宽0.86米（图八三；图版一三，2）。

填土为浅灰色粉质黏土，质地较硬，结构较致密。炭屑比例占5%，分选度好；堆积形状为水平状。出土少量陶片，以夹砂灰陶和夹砂黑陶为主，泥质黑陶、泥质灰陶、夹砂褐陶次之，夹砂红陶较少；以篮纹为主、弦断篮纹、绳纹较少。可辨器形有罐、瓮、器盖等。

2. 出土遗物

H26有陶器标本2件。

陶鼎　1件。H26：1，夹砂灰黑陶。碟形口，折沿，折棱十分突出，沿面上部有浅凹槽，斜方唇，溜肩。肩部以下残。饰竖篮纹。口径19.6厘米，残高5.1厘米（图八四，1）。

陶瓮　1件。H26：2，夹砂黑陶，胎厚。大口，叠唇，矮领上部外撇，广肩。肩部以下残。素面。口径27.4厘米，残高5.3厘米（图八四，2）。

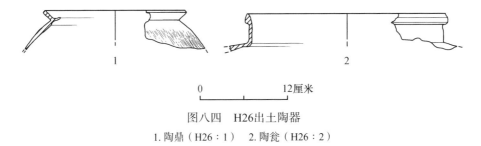

图八四　H26出土陶器

1. 陶鼎（H26：1）　2. 陶瓮（H26：2）

二七、H27

1. 遗迹概况

H27位于T3130西南部。开口于③层下，打破④层。平面形状近长方形，斜壁，顶部不平，剖面形状近筒状。坑口、坑底边缘形态较明显。坑口距地表深0.43米，坑口长2.14米，宽1.06米，坑深0.5～0.66米（图八五）。

填土为深灰色粉质黏土，质地较硬，结构较致密。炭粒比例占2%，分选度一般；堆积形状近坡状。出土少量陶片，以夹砂黑陶居多，夹砂褐陶次之，夹砂灰陶、泥质灰陶、泥质黑陶较少；纹饰以篮纹为主，另有极少量弦纹。可辨器形有罐、器盖、鼎等。

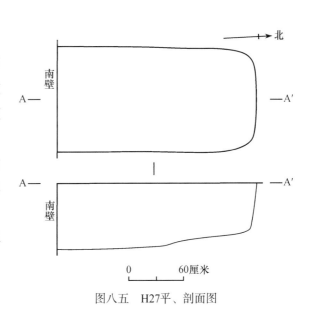

图八五　H27平、剖面图

2. 出土遗物

陶鼎　1件。H27：1，夹细砂褐陶。碟形口，折沿，斜方唇，溜肩。肩部以下残。饰竖篮纹。口径22厘米，残高3.6厘米（图八六，1）。

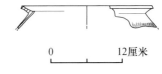

图八六　H27出土陶鼎（H27：1）

二八、H28

1. 遗迹概况

H28位于T2836北部略偏西。开口于⑤层下，打破H30、G4和⑥层。平面形状不规则，弧壁粗糙，底斜平，剖面近平底锅状。坑口边缘形态明显，坑底边缘形态不明显。坑口距地表深0.6米，长3.6米，宽2.88米，坑深0.32米（图八七；图版一四，1）。

填土为灰褐色黏土，结构致密。炭粒比例占1%，烧土粒比例占2%，分选度均一般；堆积大致呈水平状。出土陶片以泥质黑陶、褐陶为主，次之为泥质灰陶、夹砂黑陶、夹砂褐陶、夹砂红陶；除素面外，以篮纹为主。可辨器形有圈足盘、垫等。

2. 出土遗物

H28有陶器标本2件。

陶垫　1件。H28：1，泥质褐胎黑皮陶。柱状，中空，上部残。器表磨光。轮制，制作精致。垫面径5.7厘米，残高9.3厘米（图八八，1；图版六二，3）。

陶圈足盘　1件。H28：2，泥质浅灰陶。敞口，圆唇，弧形腹，浅盘。圈足下部残。轮制。圈足上饰一周凸弦纹。盘径31.6厘米，残高8.4厘米（图八八，2）。

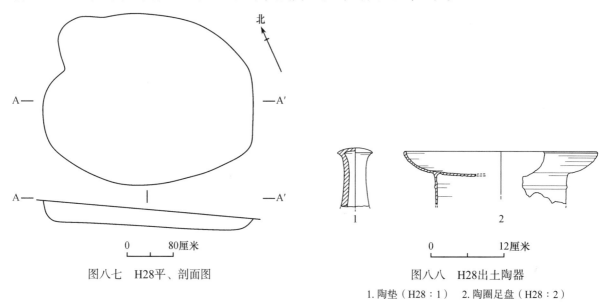

图八七　H28平、剖面图　　　　　　　　图八八　H28出土陶器
　　　　　　　　　　　　　　　　　　　1.陶垫（H28：1）　2.陶圈足盘（H28：2）

二九、H29

1. 遗迹概况

H29位于T2836南部略偏西。开口于⑤层下，打破⑥层。平面形状近圆形，弧壁粗糙，近平底，剖面近筒状。坑口边缘形态明显，坑底边缘形态不太明显。坑口距地表深0.8米，长1.74米，宽1.6米，坑深0.5米（图八九；图版一四，2）。

坑内填土为灰褐色黏土，结构较致密。炭粒和烧土比例均占约1%，分选度较好；堆积略呈坡状。出土陶片以泥质灰陶和泥质黑陶居多，夹砂黑陶和夹砂灰陶次之，泥质褐陶、夹砂红陶、夹砂褐陶较少；纹饰以篮纹为主，个别饰有绳纹和方格纹。可辨器形有罐、器盖等。

2. 出土遗物

无标本。

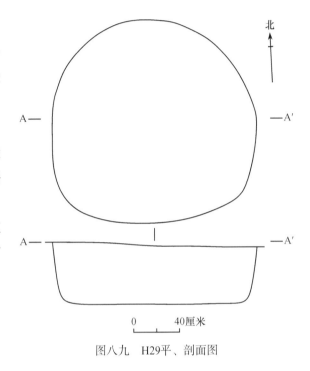

图八九　H29平、剖面图

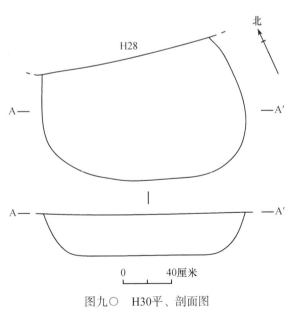

图九〇　H30平、剖面图

三〇、H30

1. 遗迹概况

H30位于T2836中部略偏西。开口于⑤层下，打破⑥层，北部被H28打破。平面形状近半椭圆形，弧壁粗糙，平底，剖面呈平底锅状。坑口边缘形态明显，坑底边缘形态不明显。坑口距地表深0.6米，长1.6米，宽1.04米，坑深0.34米（图九〇；图版一五，1）。

填土为灰褐色黏土，结构较致密。炭粒比例1%，烧土粒比例3%，分选度均一般；堆积大致呈缓坡状。出土陶片数量不多，以泥质黑陶为主，夹砂灰陶、夹砂红陶次之，夹砂灰陶较少；除素面外，纹饰以篮纹为主。可辨器形有豆。

2. 出土遗物

无标本。

三一、H31

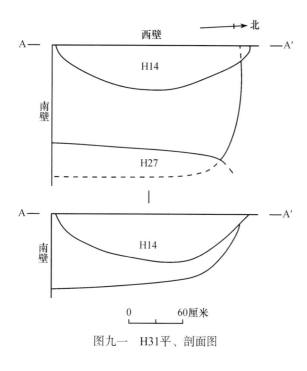

图九一　H31平、剖面图

1. 遗迹概况

H31位于T3130西南角。开口于③层下，打破④层，东部被H27打破，西部被H14打破。探方内暴露部分平面近扇形，斜弧壁，斜平底，剖面近平底锅状。坑口边缘形态明显，坑底边缘形态不明显。坑口距地表深0.43米，长2.1米，宽1.4米，坑深0.7~0.8米（图九一；图版一五，2）。

填土为浅灰色粉质黏土，质地较硬，结构较致密。包含的烧土粒和炭粒比例均占约5%，分选度一般；堆积形状近平。出土陶片以夹砂红陶和泥质灰陶为主，次之为夹砂灰陶和夹砂褐陶，泥质黑陶和泥质红陶较少；纹饰以篮纹为主，少量弦纹、绳纹、方格纹、附加堆纹。可辨器形有罐、鼎、盆、缸、钵、甑等。

2. 出土遗物

H31有陶器标本10件。

陶鼎足　3件。均为夹砂陶。其中侧装三角形高鼎足2件，高宽扁形鼎足1件。

侧装三角形高鼎足　2件。II31：1，红褐陶。瘦高。足跟部两个按窝。足尖残。残高7厘米（图九二，1）。H31：9，红陶。宽扁。足跟部两个按窝。足尖残。残高6.5厘米（图九二，3）。

高宽扁形鼎足　1件。H31：10，红褐陶。一侧有四条竖向刻槽，足根部有三个按窝。足尖残。宽径5厘米，残高7.5厘米（图九二，2）。

陶甑　1件。H31：2，泥质灰陶，局部褐色。残存少部分腹部和底部。下腹斜收至底，平底，底部周边起凸棱，底部有7个圆形孔。素面。底径9.3厘米，残高4.3厘米（图九二，4）。

陶鼎　1件。H31：3，夹砂灰陶。碟形口，折沿，斜方唇。饰斜篮纹。口径20.2厘米，残高5.8厘米（图九二，5）。

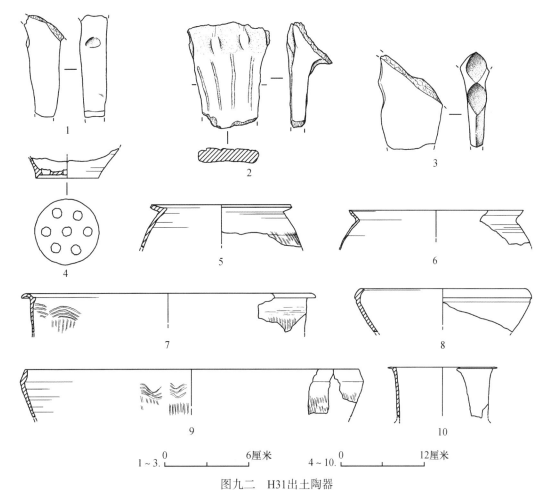

图九二 H31出土陶器

1~3.陶鼎足（H31：1、H31：10、H31：9） 4.陶甑（H31：2） 5.陶鼎（H31：3） 6.陶罐（H31：4） 7、9.陶刻槽盆
（H31：7、H31：8） 8.陶钵（H31：5） 10.陶壶（H31：6）

陶罐 1件。H31：4，夹砂灰黑陶。碟形口，折沿，沿面上部一周浅凹槽，圆唇。肩部以下残。素面。口径25.2厘米，残高5厘米（图九二，6）。

陶刻槽盆 2件。均为泥质陶。H31：7，浅灰陶。盆形，口近直，折沿，沿面上弧，尖唇，深腹。上腹以下残。内壁上部饰波浪形刻槽，以下饰竖向刻槽。外饰竖篮纹。口径42厘米，残高5.5厘米（图九二，7）。H31：8，灰陶。折敛口，圆唇。上腹以下残。内壁上部有四周波浪形刻槽，以下为竖向刻槽。外饰竖篮纹。口径48厘米，残高6.6厘米（图九二，9）。

陶钵 1件。H31：5，泥质灰黑陶。敛口，圆唇外加厚，弧腹。中腹部以下残。素面。口径24厘米，残高6厘米（图九二，8）。

陶壶 1件。H31：6，泥质灰黑陶。窄平折沿，尖唇，长颈。颈部以下残。素面。口径16厘米，残高7.1厘米（图九二，10）。

三二、H32

1. 遗迹概况

　　H32位于T3030东南部。开口于③层下，打破④层，南部被H16打破。探方内暴露部分平面形状大致呈椭圆形，斜弧壁，圜底，剖面形状呈锅底状，坑口边缘形态明显，坑底边缘形态不明显，坑壁、坑底加工一般。坑口距地表深0.46米，长5.44米，宽2.54米，坑深1.32米（图九三；图版一三，3）。

　　填土分3层。①层为浅灰色粉质黏土，质地较硬，结构较致密。炭粒比例约占10%，分选度好；红烧土比例占1%，分选度一般；堆积形状为凹镜状。②层为深灰色粉质黏土，质地坚硬，结构较致密。炭粒比例占50%，分选度较好；红烧土比例约占3%，分选度一般；堆积形状为凹镜状。③层为灰褐色粉质黏土，质地较硬，结构较致密。炭粒比例约占65%，分选度好；红烧土比例占1%，分选度一般；堆积形状为凹镜状。出土大量陶片和少量石器。陶片以泥质灰陶、夹砂褐陶较多，泥质黑陶、泥质褐陶、夹砂灰陶较少，个别有泥质红陶和夹砂红陶；除素面外，纹饰以弦断篮纹为主，另有附加堆纹、绳纹、凸弦纹、方格纹、锥刺纹。可辨器形有罐、瓮、缸、盆、鼎、钵、盘、杯、碗、粗柄豆等。

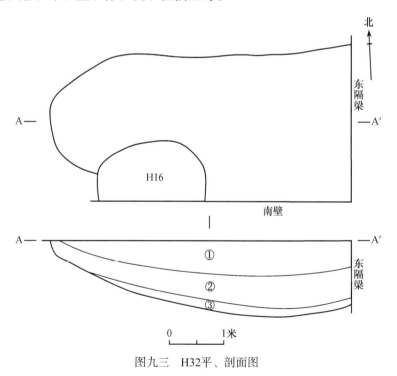

图九三　H32平、剖面图

2. 出土遗物

H32有石器2件，陶器标本21件。

石镞 1件。H32：1，浅灰色。镞身通体为三棱形，铤与身界限不明显。长8厘米，宽1.1厘米（图九四，1；图版七〇，2）。

石钻 1件。H32：2，浅灰色。圆柱体，形体较细长，前有锥状钻头。磨制精致。残长9.8厘米（图九四，2；图版八四，3）。

陶瓶 1件。H32：3，泥质褐胎黑皮陶。喇叭状口，圆唇，上腹内曲，下腹部弧收至底，平底微内凹。素面。口径6.8厘米，底径8厘米，高10.3厘米（图九五，1；图版五八，4）。

陶圈足盘 2件。均为泥质陶。H32：4，灰陶，局部黑色。敞口，圆唇，盘略深，圈足底部一周加厚。口径32.2厘米，圈足径22.5厘米，高12.1厘米（图九五，2；图版五九，5）。H32：12灰黑陶。敞口，圆唇，浅弧腹，圈足残。素面。口径28.2厘米，残高4.7厘米（图九五，3）。

陶豆 4件。均为泥质陶。H32：13，灰陶。仅存豆盘，敞口，圆唇，弧腹。素面。残高4.7厘米（图九五，4）。H32：18，灰黑陶。仅存豆盘，敞口，平折沿，圆唇，浅弧腹。素面。口径22厘米，残高4厘米（图九五，5）。H32：20，灰黑陶，局部红褐色。仅存豆盘，敞口，圆唇，浅弧腹。素面。口径21.8厘米，残高5.2厘米（图九五，6）。H32：19，黑陶，抹光。仅存豆柄，上部为一周横长方形镂孔，以下为一周竖长方形镂孔。残高7厘米（图九五，8）。

陶器盖 1件。H32：17，泥质灰黑陶。斜壁，平唇内勾。素面。口径20.8厘米，残高5.3厘米（图九五，7）。

陶鼎 5件。均为夹砂陶。碟形口，折沿明显，斜方唇。H32：14，灰陶，沿面微凹。饰弦断宽篮纹，印痕清晰。口径19.2厘米，残高4.3厘米（图九五，9）。H32：15，夹细砂黑陶。沿面微凹。饰斜篮纹。口径18.4厘米，残高3厘米（图九五，10）。H32：16，灰陶。形体较小，沿面内凹。上腹以下残。素面。口径11.6厘米，残高4厘米（图九五，11）。H32：22，夹细砂灰黑陶。饰斜篮纹。口径14厘米，残高3.2厘米（图九五，12）。H32：23，灰陶。饰弦断斜篮纹。口径26.2厘米，残高6.4厘米（图九五，13）。

陶缸 1件。H32：21，泥质褐陶。侈口，卷沿，方唇，唇面有一周凹槽，弧腹，口径小于腹径。下腹残。上腹部饰弦断斜篮纹。口径37厘米，残高10厘米（图一二，14）。

陶瓮 7件。H32：9，夹细砂灰黑陶。小口，斜方唇，唇面有宽浅凹槽，高领外撇，圆肩。肩部以下残。饰竖篮纹。口径14.5厘米，残高6.3厘米（图九五，15）。H32：6，泥质灰黑陶，表皮剥落露出浅灰色胎。小口，圆唇外翻，高领近直，圆肩。肩部以下残。饰弦断斜篮纹。口径16厘米，残高8.5厘米（图九五，16）。H32：11，泥质灰黑陶。小口，圆唇外翻，高

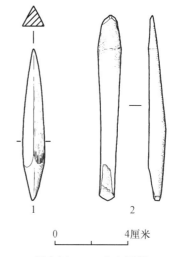

图九四 H32出土石器
1. 石镞（H32：1） 2. 石钻（H32：2）

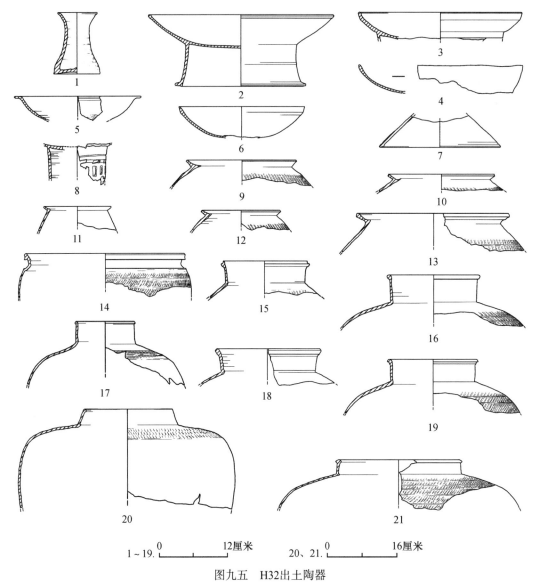

图九五　H32出土陶器

1.陶瓶（H32：3）　2、3.陶圈足盘（H32：4、H32：12）　4~6、8.陶豆（H32：13、H32：18、H32：20、H32：19）
7.陶器盖（H32：17）　9~13.陶鼎（H32：14、H32：15、H32：16、H32：22、H32：23）　14.陶缸（H32：21）
15~21.陶瓮（H32：9、H32：6、H32：11、H32：10、H32：7、H32：5、H32：8）

直领，鼓肩。上腹以下残。肩部饰弦断篮纹。口径10.2厘米，残高10.5厘米（图九五，17）。H32：10，夹细砂灰黑陶。小口，圆唇外加厚，高领外撇，鼓肩。肩部以下残。素面。口径18.4厘米，残高6.2厘米（图九五，18）。H32：7，泥质浅灰陶。小口，圆唇外翻，高直领，鼓肩。肩部以下残。饰弦断篮纹。口径15.6厘米，残高9厘米（图九五，19）。H32：5，泥质灰黑陶。大口，圆唇，矮领内敛，广肩，深腹。中腹部以下残。肩部有条带状交错划纹。口径20.5厘米，腹径50厘米，残高22.5厘米（图九五，20）。H32：8，泥质黑陶。大口，方唇，唇面起脊，唇内沿、外沿以及领肩结合处内侧起棱，矮领微敛，鼓肩。肩部以下残。肩部饰弦断斜篮纹。口径29厘米，残高11厘米（图九五，21）。

三三、H33

1. 遗迹概况

H33位于T2931西南部。开口于④层下，打破生土。探方内暴露部分平面形状大致呈长方形，斜壁，平底，剖面为筒状。坑口、坑底边缘形态较明显，坑壁未发现工具加工痕迹。距地表深0.7米，长1.95米，宽1.2米；坑底长1.82米，宽1.12米；坑深0.6米（图九六；图版一六，1）。

填土为灰褐色粉质黏土，质地较硬，含有细砂，结构较致密，呈块状。烧土比例占1%，分选度一般；炭粒比例占2%，分选度一般；堆积较平。出土文化遗物有陶片，以泥质黑陶居多，泥质褐陶、夹砂褐陶、泥质灰陶、夹砂灰陶次之，夹砂红陶、黑陶较少；除素面外，纹饰主要为篮纹。可辨器形有瓮、刻槽盆、鼎、杯等。

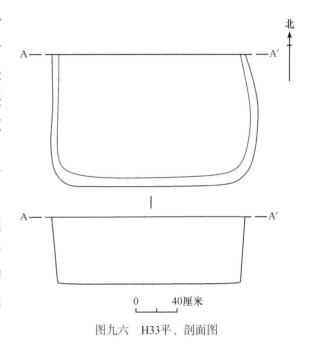

图九六 H33平、剖面图

2. 出土遗物

H33有陶器标本3件。

陶杯 1件。H33：1，夹砂灰陶。敛口，圆唇，斜弧壁，矮柄上部有一周箍棱，下部中空，圈足。素面。口径8.8厘米，底径5.3厘米，高15厘米（图九七，1）。

陶瓮 1件。H33：2，泥质灰黑陶。大口，方唇外加厚，唇外一周窄凹槽，矮领微内敛。领部以下残。素面。口径23厘米，残高4.1厘米（图九七，2）。

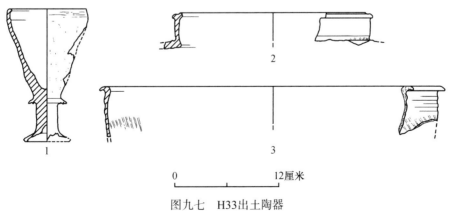

图九七 H33出土陶器

1.陶杯（H33：1） 2.陶瓮（H33：2） 3.陶刻槽盆（H33：3）

陶刻槽盆　1件。H33：3，泥质褐陶，陶土不净，含少量石英。盆形，口微敛，卷沿，尖圆唇，微弧腹。下腹部及底残。上腹部饰斜篮纹，内壁近口处刻有数周竖槽。口径40厘米，残高5.5厘米（图九七，3）。

三四、H34

1. 遗迹概况

H34位于T2835东部。开口于⑤层下，打破生土。探方内暴露部分平面近半圆形，斜壁，底近平，剖面大致为斜壁筒状。坑口、坑底边缘形态明显，底面垫有草木灰。坑口距地表深1.4～1.58米，长2.45米，宽1.46米；坑底长2.1米，宽1.3米；坑深0.5～0.6米（图九八）。

填土为灰褐色黏土，结构致密。炭灰和烧土粒比例均占约2%，分选度较好。出土文化遗物有陶片和石器。陶片以泥质黑陶、灰陶为主，泥质褐陶、夹砂褐陶、夹砂黑陶次之，夹砂红陶较少；除素面外，纹饰主要为篮纹。可辨器形有罐、盆、器盖等。

2. 出土遗物

H34有石器和陶器标本各1件。

石镞　1件。　H34：1，灰色。镞身前端为三棱形，后端为圆柱形，圆锥形铤与身界限不明显。残长8.2厘米，宽1厘米（图九九，1；图版七二，3）。

陶罐　1件。H34：2，泥质灰黑陶。口径较大，折沿明显，沿面内凹，平方唇，唇面一周浅凹槽。沿部以下残。素面。残高2.2厘米（图九九，2）。

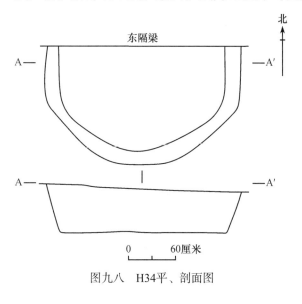

0　　　60厘米

图九八　H34平、剖面图

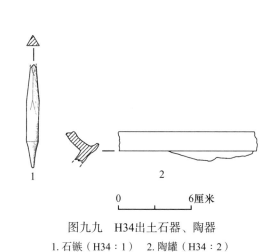

0　　　6厘米

图九九　H34出土石器、陶器
1. 石镞（H34：1）　　2. 陶罐（H34：2）

三五、H35

1. 遗迹概况

　　H35位于T2835东北部。开口于⑤层下，打破生土。探方内暴露部分平面形状近半圆形，坑口边缘形态明显，上半部弧壁粗糙，下半部近直壁，较规整光滑。剖面大致呈漏斗状。坑口距地表深1.15米，长2.55米，宽1.48米，发掘至距坑口深2.6米处因地下水涌出未发掘至底（图一〇〇；图版一六，2）。

　　发掘部分填土分2层。①层为黑灰色黏土，结构较致密。炭灰比例50%，烧土粒比例5%，分选度均一般；堆积大致呈凹镜状。②层为褐黄色黏土，结构较致密，含2%的炭灰及烧土粒，分选度均一般；堆积大致呈凹镜状。H35出土遗物以泥质黑陶和夹砂黑陶为主，夹砂褐陶和泥质灰陶次之，泥质褐陶较少，个别有夹砂灰陶和夹砂红陶；除素面外，纹饰以篮纹为主，个别有弦纹、附加堆纹。可辨器形有罐、鼎、盆、瓮、粗柄豆、觚形器等。

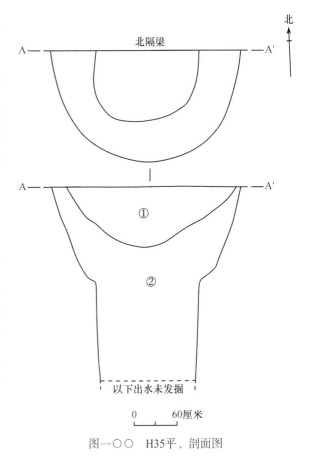

图一〇〇　H35平、剖面图

2. 出土遗物

　　H35有陶器标本11件。

　　陶罍　1件。H35①：1，泥质灰黑陶，局部灰色。侈口，圆唇外加厚，束颈，圆肩。肩部以下残。饰宽横篮纹。口径24厘米，残高6.7厘米（图一〇一，1）。

　　陶钵　1件。H35①：2，泥质红褐陶。敛口，圆唇，斜弧腹。下腹及底残。肩部一周凹弦纹，腹部饰篮纹。残高9.7厘米（图一〇一，2）。

　　陶鼎足　2件。均为夹砂陶。柱形。H35①：3，红褐陶。足跟部一个按窝。足尖残。残高5厘米（图一〇一，3）。H35②：5，褐陶。足跟部一个圆形按窝。足尖残。残高8.8厘米（图一〇一，6）。

　　陶盆　2件。均为泥质陶。H35②：2，黑陶。敞口，折沿，沿面微凹，圆唇，深弧腹。底部残。上腹部饰数周凹弦纹，下腹部饰斜篮纹。口径32.4厘米，残高15厘米（图一〇一，4）。H35②：3，浅灰陶。侈口，卷沿，圆唇，短束颈，深弧腹。下腹部及底残。素面。口径

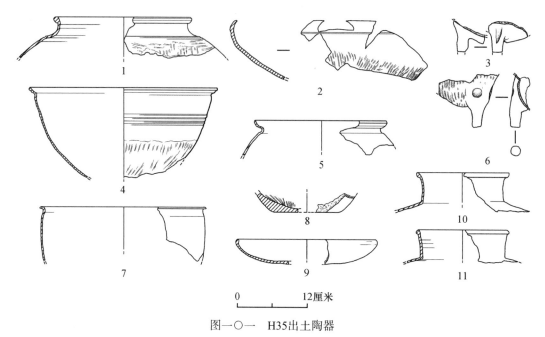

图一〇一　H35出土陶器

1. 陶罍（H35①：1）　2. 陶钵（H35①：2）　3、6. 陶鼎足（H35①：3、H35②：5）　4、7. 陶盆（H35②：2、H35②：3）
5. 陶罐（H35①：5）　8. 陶刻槽盆（H35①：6）　9. 陶豆（H35①：4）　10、11. 陶瓮（H35①：7、H35②：4）

28.7厘米，残高9.1厘米（图一〇一，7）。

陶罐　1件。H35①：5，夹砂浅灰陶。盘形口，卷沿，沿面内凹，尖圆唇。肩部以下残。素面。口径23厘米，残高5.8厘米（图一〇一，5）。

陶刻槽盆　1件。H35①：6，夹细砂灰陶。盆形，平底。外壁素面，内壁为竖向刻槽。底径12厘米，残高3厘米（图一〇一，8）。

陶豆　1件。H35①：4，泥质灰黑陶。仅存豆盘。微敛口，圆唇，浅弧腹。口径24厘米，残高4.3厘米（图一〇一，9）。

陶瓮　2件，皆为小口，高领。H35①：7，泥质黑陶。圆唇外加厚，领上部外撇，鼓肩。肩部以下残。素面。口径15.6厘米，残高6.5厘米（图一〇一，10）。H35②：4，夹细砂灰黑陶。圆唇外加厚，领部外撇。领部以下残。素面。口径16厘米，残高5.7厘米（图一〇一，11）。

三六、H36

1. 遗迹概况

H36位于T3030西南角。开口于③层下，打破④层，西部被G2打破。探方内暴露部分平面形状近半圆形，斜弧壁，圜底，剖面形状为锅底状，坑口边缘形态明显，坑底边缘形态不明显。坑口距地表深0.54米，长1.94米，宽1.3米，坑深0.76米（图一〇二；图版一七，1）。

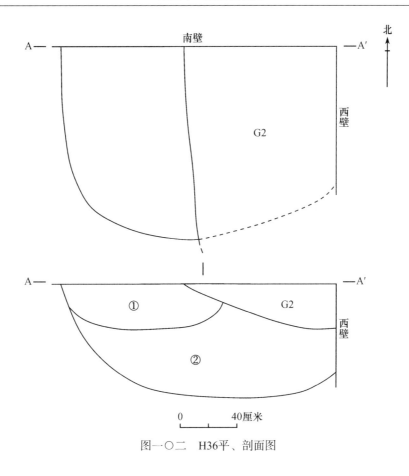

图一〇二　H36平、剖面图

　　填土分2层。①层为深灰色粉质黏土，质地较硬，结构较致密。炭屑比例12%，分选度一般；红烧土粒比例约占3%，分选度差；堆积近平。②层为灰褐色粉质黏土，质地较硬，结构较致密。炭屑比例2%，分选度好；堆积大致呈凹镜状。H36出土陶片为夹砂陶和泥质陶，有灰陶、褐陶、黑陶等；有篮纹和素面。无可辨器形。

2. 出土遗物

　　无标本。

三七、H37

1. 遗迹概况

　　H37位于T3031南部。开口于③层下，打破④层至生土。探方内暴露部分平面形状为半椭圆形，弧壁、圜底，剖面形状为锅底状。坑口边缘形态明显，坑底边缘形态不明显。坑口距地表深0.55米，长2.9米，宽0.9米，坑深0.9米（图一〇三；图版一七，2）。

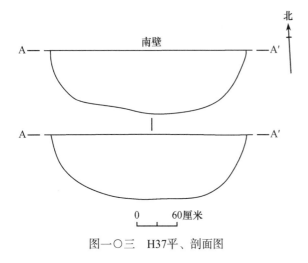

北

图一〇三　H37平、剖面图

填土为深灰色粉质黏土，质地较硬，结构较致密。炭屑比例3%，分选度好；红烧土粒比例1%，分选度一般；堆积大致为缓底凹镜状。出土陶片以泥质灰陶为主，夹砂褐陶次之，夹砂灰陶、黑陶较少，个别有夹砂红陶；纹饰以篮纹为主，少量有凸弦纹、方格纹、附加堆纹。可辨器形有罐、豆、鼎、瓮等。

2. 出土遗物

H37有陶器标本12件。

陶器盖　1件。H37：1，夹砂褐陶。平顶，斜壁，平唇内勾。素面。顶径7.6厘米，口径13.2厘米，高5.5厘米（图一〇四，1；图版五四，6）。

陶罐　6件。均为夹砂陶。其中碟形口罐3件，盘形口罐3件。

碟形口罐　3件。H37：2，夹细砂灰黑陶。形体较小，折沿不太明显，沿面宽，圆唇，弧腹。下腹部及底残。素面。口径17.6厘米，残高5.6厘米（图一〇四，2）。H37：3，夹细砂灰黑陶。碟形口，折沿，斜方唇加厚，溜肩。上腹以下残。饰菱形纹。口径26厘米，残高10厘米（图一〇四，3）。H37：9，夹细砂褐陶。碟形口，折沿，沿面上部内、外各有一周浅槽，斜方唇。肩部以下残。素面。口径22厘米，残高3厘米（图一〇四，6）。

盘形口罐　3件。H37：5，红褐陶。盘形口，折沿，尖圆唇。饰宽浅篮纹。口径18厘米，残高6厘米（图一〇四，4）。H37：6，夹细砂灰陶。盘形口，折沿，沿面内凹，尖圆唇。饰浅竖篮纹。口径20.2厘米，残高4.6厘米（图一〇四，5）。H37：8，灰黑陶。盘形口，折沿，沿面内凹，尖圆唇。肩部以下残。饰浅斜篮纹。口径13厘米，残高4.7厘米（图一〇四，7）。

陶豆　1件。H37：12，泥质灰陶。仅存豆柄局部，见有一个圆形镂孔，素面。残高4.5厘米（图一〇四，8）。

陶鼎足　2件。均为夹砂红褐陶。H37：7，形体小，矮扁形。残高2.6厘米（图一〇四，9）。H37：11，夹细砂陶。侧装三角形，足尖平，有捏痕。宽5.2厘米，残高8.8厘米（图一〇四，10）。

陶瓮　2件。均为泥质灰陶。H37：4，敛口，方唇。领部以下残。饰弦断篮纹。口径43厘米，残高6厘米（图一〇四，11）。H37：10，小口，圆唇略外翻，高直领，广肩。肩部以下残。素面。口径18厘米，残高4.2厘米（图一〇四，12）。

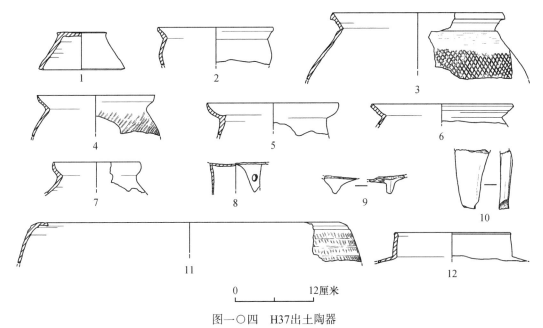

图一〇四　H37出土陶器

1. 陶器盖（H37:1）　2~7.陶罐（H37:2、H37:3、H37:5、H37:6、H37:9、H37:8）　8.陶豆（H37:12）
9、10.陶鼎足（H37:7、H37:11）　11、12.陶瓮（H37:4、H37:10）

三八、H38

1. 遗迹概况

　　H38位于T2831西部偏南。开口于④层下，打破⑤层。坑口平面形状大致为椭圆形，直壁，底部呈南高北低斜坡状，剖面形状为筒状，坑口、坑底边缘形态明显，未发现工具加工痕迹。坑口距地表深0.9米，长2.92米，宽2.3米，坑深0.6米（图一〇五；图版一八，1）。

　　填土为灰褐色粉质黏土，质地稍硬，结构较致密。炭粒比例3%，分选度较好；红烧土粒比例2%，分选度一般；堆积近平。出土文化遗物有陶片和石器。陶片以泥质黑陶居多，夹砂褐陶、泥质灰陶次之，夹砂红陶、灰陶较少；除素面外，纹饰主要为篮纹。可辨器形有罐、盆、盘等。

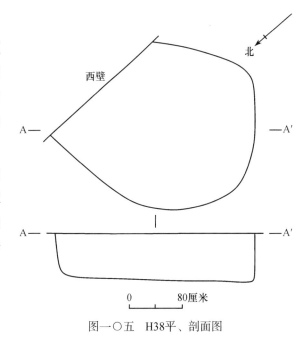

图一〇五　H38平、剖面图

2. 出土遗物

H38有石器和陶器标本各1件。

石刀　1件。H38：1，青灰色。半月形，形体较大，半成品。打制后未磨制。残长12.7厘米，宽6.2厘米，厚1.3厘米（图一〇六，1；图版七三，5）。

陶罐　1件。H38：3，泥质黑陶。卷沿，圆唇，深腹。上腹以下残。素面。口径24.8厘米，残高4.4厘米（图一〇六，2）。

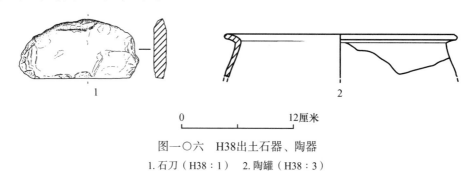

0　　　　　　　　12厘米

图一〇六　H38出土石器、陶器
1. 石刀（H38：1）　2. 陶罐（H38：3）

三九、H39

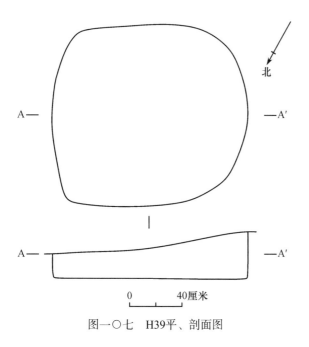

北

0　　40厘米

图一〇七　H39平、剖面图

1. 遗迹概况

H39位于T2835北部偏西。开口于⑤层下，打破⑥层。坑口平面形状近圆形，直壁粗糙，平底，剖面呈筒状。坑口、坑底边缘形态明显。坑口距地表深0.85米，长1.46米，宽1.32米，坑深0.18～0.34米（图一〇七；图版一八，2）。

坑内填土为灰色黏土，结构较致密。炭灰和烧土粒比例约占1%，分选度一般；堆积近平。出土少量陶片，陶片以泥质黑陶为主，泥质灰陶次之，夹砂灰陶、褐陶较少；纹饰多为篮纹。无可辨器形。

2. 出土遗物

无标本。

四〇、H40

1. 遗迹概况

H40位于T3031南部。开口于③层下，打破
④层至生土。坑口平面形状为长条形，斜壁内
收，平底，剖面近筒状。坑口边缘形态明显，坑
底边缘形态不太明显。坑口距地表深0.62米，长
2.5米，宽0.62米，坑深0.36米（图一〇八）。

填土呈灰褐色，质地较硬，结构较致密，
包含陶片以及少量红烧土粒和炭粒。出土少量
夹砂和泥质陶片，为灰陶和褐陶；有篮纹和素
面。可辨器形有罐、鼎等。

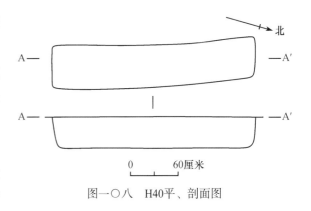

图一〇八　H40平、剖面图

2. 出土遗物

无标本。

四一、H41

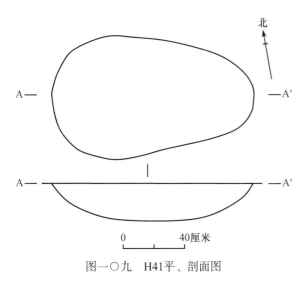

图一〇九　H41平、剖面图

1. 遗迹概况

H41位于T3031中部。开口于③层下，打破
④至生土。平面形状近椭圆形，弧壁、圜底，
剖面为锅底状。坑口距地表深0.48米，长1.3
米，宽0.76米，坑深0.24米（图一〇九）。

填土为深灰色黏土，质地较硬，结构较致
密。包含的红烧土粒和炭粒比例均占约2%，分
选度一般；堆积大致呈凹镜状。出土少量夹砂
褐色篮纹陶片。可辨器形有罐。

2. 出土遗物

无标本。

四二、H42

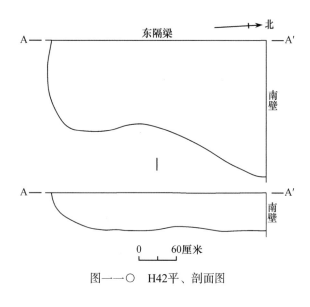

东隔梁　　　→ 北

A —　　　　　　　　— A'
　　　　　　　　　　　南壁

A —　　　　　　　　— A'
　　　　　　　　　　　南壁

0　　60厘米

图一一〇　H42平、剖面图

1. 遗迹概况

H42位于T3131东南角。开口于④层下，打破生土。探方内暴露部分平面形状不规则，弧壁，底部高低起伏不平，剖面近似锅底状。坑口距地表深1.03米，长3.89米，宽2.3米，坑深0.64米（图一一〇；图版一九，1）。

填土为浅灰色粉质黏土，质地较硬，结构较致密。包含的红烧土粒和炭粒比例均占约3%，分选度一般；堆积大致呈水平状。出土陶片以夹砂灰陶和夹砂红陶为主，夹砂褐陶、泥质灰陶、泥质褐陶、泥质黑陶较少；纹饰以篮纹为主，少量有附加堆纹、凸弦纹。可辨器形有罐、盆、瓮等。

2. 出土遗物

H42有陶器标本5件。

陶盆　2件。均为夹砂褐陶。H42∶4，近直口微内敛，折沿，沿面数周凸棱，圆唇，曲腹。上腹以下残。饰横篮纹。口径32厘米，残高7.7厘米（图一一一，1）。H42∶2，胎体厚重。直口，折沿，沿面近平，沿面上有两周凹槽，斜方唇，深弧腹。下腹残。上腹部饰横篮纹。口径38厘米，残高8.2厘米（图一一一，4）。

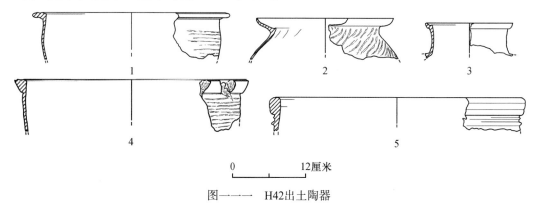

1

2

3

4

5

0　　　　12厘米

图一一一　H42出土陶器

1、4. 陶盆（H42∶4、H42∶2）　2. 陶罐（H42∶1）　3. 陶瓮（H42∶5）　5. 陶缸（H42∶3）

陶缸　1件。H42：3，泥质浅红褐陶，厚胎。直口，叠唇。口下两周凸棱。口沿下残。素面。口径41厘米，残高5.3厘米（图一一一，5）。

陶罐　1件。H42：1，夹砂褐陶。盘形口，沿面微凹，鼓腹。上腹部以下残。腹部饰斜篮纹。口径22厘米，残高6.4厘米（图一一一，2）。

陶瓮　1件。H42：5，夹砂红褐陶。小口，尖圆唇，高领外撇，领上部起台有宽浅槽。领部以下残。素面。口径14厘米，残高5.6厘米（图一一一，3）。

四三、H43

1. 遗迹概况

H43位于T2835西北部。开口于⑤层下，打破⑥层。探方内暴露部分平面形状近半椭圆形，弧壁，平底，剖面近似平底锅状。坑口距地表深0.85米，长1.3米，宽0.45米，坑深0.34米（图一一二）。

填土为浅灰色粉质黏土，质地较硬，结构较致密。包含的红烧土粒比例占2%，分选度一般；炭粒比例占3%，分选度较好；堆积大致呈坡状。出土文化遗物有少量陶片和石器。陶片为夹砂篮纹灰陶、泥质素面灰陶，另有一片磨光黑陶。可辨器形有罐。

2. 出土遗物

H43有石器标本1件。

石刀　1件。H43：1，浅褐色。半月形，弧背，背有一两面对钻圆孔，单面刃。两端残。残长7.7厘米，宽4.0厘米，厚0.55厘米（图一一三，1；图版七五，3）。

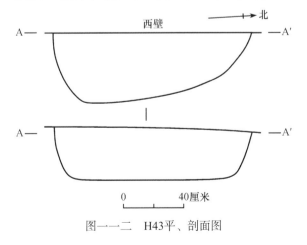

图一一二　H43平、剖面图

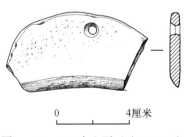

图一一三　H43出土石刀（H43：1）

四四、H44

1. 遗迹概况

H44位于T2835西南部。开口于⑤层下，打破H47、H48、W9、⑥层至生土。坑口平面形状呈椭圆形，斜弧壁，平底。剖面呈筒状。坑口距地表深0.85米，长2.4米，宽2.04米，坑深0.54米（图一一四）。

填土为灰色黏土，质地较硬，结构较致密。包含的红烧土粒和炭粒比例均占约2%，分选度较好；堆积近水平状。出土的陶片以泥质黑陶居多，泥质灰陶和夹砂灰陶次之，夹砂褐陶、夹砂黑陶、夹砂红陶和泥质褐陶较少；除素面外，纹饰以篮纹为主，个别饰有方格纹。可辨器形有罐、鼎、粗柄豆等。

2. 出土遗物

陶豆　1件。H44：1，泥质灰黑陶。仅存豆盘，微敛口，圆唇，浅弧腹。柄残。盘口径23厘米，残高5厘米（图一一五，1）。

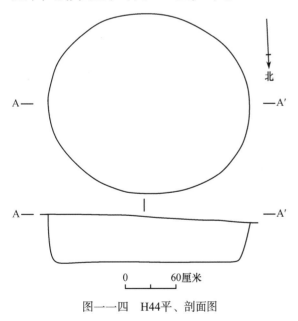

图一一四　H44平、剖面图

图一一五　H44出土陶豆（H44：1）

四五、H45

1. 遗迹概况

H45位于T3230北部、T3330西北角和T3231南部。开口于T3230③层下，被H18和H49打破，打破④层至生土。坑口平面形状不规则，斜弧壁，底部高低不平有起伏，剖面近似平底锅状。坑口距地表深0.63米，长11.76米，宽约5.12米，坑深0.75米（图一一六；图版一九，2）。

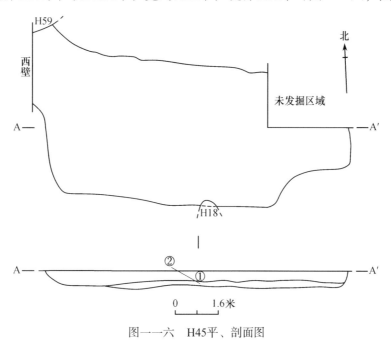

图一一六　H45平、剖面图

填土分2层。①层为灰褐色粉质黏土，质地较硬，结构较致密。包含的红烧土粒和炭粒比例均占约2%，分选度一般；堆积近平。②层为深灰色粉质黏土，质地较硬，结构较致密。包含的红烧土粒和炭粒比例分别占3%和10%，分选度均一般；堆积大致呈缓坡状。H45出土有大量陶片和部分石器。陶片以泥质黑陶和夹砂灰陶居多，夹砂褐陶、泥质灰陶、夹砂黑陶次之，夹砂红陶、泥质褐陶、泥质红陶较少；纹饰以篮纹为主，另有绳纹、附加堆纹、弦纹。可辨器形有罐、鼎、盆、缸、瓮、甑、豆、杯和刻槽盆等。

2. 出土遗物

H45有石器标本4件，陶器标本71件（图版四三，1）。

石镞　1件。H45：1，灰色。柳叶状，镞身截面为三棱形，铤与身界限不明显。尖残。残长6.3厘米，宽1厘米（图一一七，1；图版七〇，3）。

石刀　2件。H45：2，灰色。半月形，两面管钻孔，两面刃。残长6.8厘米，宽5.4厘米，厚0.7厘米（图一一七，2；图版七五，4）。H45：4，青灰色略泛黄。近长方形，单面刃。两端残。残长6.8厘米，宽4.5厘米，厚0.8厘米（图一一七，3；图版七七，2）。

石镰　1件。H45：3，浅灰色。残存尖端，弧背，两面刃。残长10.3厘米，宽5.8厘米，厚0.8厘米（图一一七，4；图版八二，2）。

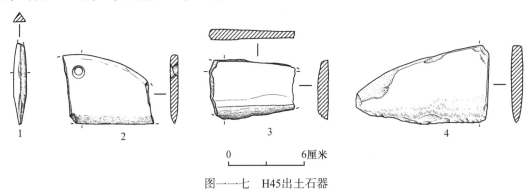

图一一七　H45出土石器

1. 石镞（H45：1）　　2、3. 石刀（H45：2、H45：4）　　4. 石镰（H45：3）

陶垫　1件。H45：5，夹砂灰陶。柄部稍残，呈蘑菇状，细柄中空。柄上有5个圆形小孔，其余为素面。垫面直径5.5厘米，残高8.1厘米（图一一八，1；图版六二，4）。

陶器盖　9件。其中斜壁器盖7件、折壁器盖1件、喇叭状器盖1件。

斜壁器盖　7件。H45：7，夹砂灰陶。平顶，口部残。素面，顶部有"十"字划纹。顶径5.5厘米，残高3.5厘米（图一一八，2；图版五五，1）。H45：10。泥质灰黑陶，局部红色。平顶，斜方唇微内勾。顶径7.4厘米，口径21厘米，高6.9厘米（图一一八，3；图版五五，2）。H45：11，夹砂褐陶，局部灰色。平顶，尖圆唇。顶径5.3厘米，口径19.8厘米，高5.4厘米（图一一八，4；图版五五，3）。H45：12，夹砂灰陶。小平顶，圆唇。素面。顶径4.7厘米，口径16厘米，高4.9厘米（图一一八，5；图版五五，4）。H45：13，泥质灰黑陶。平顶，斜方唇外加厚。素面。顶径5.7厘米，口径15.8厘米，高5厘米（图一一八，7；图版五五，5）。H45：14，泥质灰黑陶。小平顶，斜壁内弧，斜方唇。素面。顶径3厘米，口径10厘米，高3.6厘米（图一一八，8；图版五五，6）。H45：15，泥质褐陶。平顶，平唇，唇面有浅槽。素面。顶径6厘米，口径16厘米，高5.5厘米（图一一八，9；图版五六，1）。

折壁器盖　1件。H45：55，泥质磨光黑陶。顶残。素面。口径21厘米，残高4.5厘米（图一一八，10）。

喇叭状器盖　1件。H45：71，泥质磨光黑陶。高钮，喇叭形。仅存钮部。素面，有凸棱箍。残高5.2厘米（图一一八，6）。

陶瓶　1件。H45：39，泥质黑陶。上部残。斜筒状深腹，平底。素面。底径3.2厘米，残高7厘米（图一一八，11）。

陶碗　3件。H45：16，泥质黑陶。尖圆唇敞口，斜腹，平底微内凹。口径12.4厘米，底径5.6厘米，高3.4厘米（图一一八，12；图版五二，1）。H45：60，泥质黑陶。敞口，斜方唇外加厚，斜弧腹。素面。残高4.8厘米（图一一八，13）。H45：62，夹砂灰黑陶，局部灰色。敞口，圆唇加厚，斜弧腹。素面。口径17厘米，残高5.2厘米（图一一八，14）。

陶豆　6件。其中豆柄2件、豆盘4件。H45：37，泥质磨光黑陶。粗柄近直，底部内勾。柄上饰有两周箍棱和数周凹弦纹。足径12厘米，残高8.5厘米（图一一八，15）。H45：38，泥质磨光黑陶。柄部有五道凸起的箍棱。残高9.5厘米（图一一八，16）。H45：63，夹砂灰褐陶。豆盘敞口，平方唇。素面。口径21厘米，残高4.2厘米（图一一八，17）。H45：67，泥质黑陶。豆盘敞口，圆唇。素面。口径21.7厘米，残高4.9厘米（图一一八，18）。H45：68，泥质灰黑陶。豆盘敞口，圆唇。素面。口径21.7厘米，残高3.8厘米（图一一八，19）。H45：69，泥质灰黑陶。豆盘敞口，圆唇。素面。口径20厘米，残高4厘米（图一一八，20）。

陶钵　2件。均为泥质陶。H45：65，灰陶。敛口内折，尖唇，沿外加厚，斜弧腹。下腹部及底残。上腹部有数周细弦纹。口径29厘米，残高6.5厘米（图一一八，21）。H45：66，磨光黑陶。敛口，叠唇，溜肩，弧腹。肩部以下残。唇面上有一周凹弦纹，口沿下有一周轻微折痕，余素面。口径29厘米，残高4.8厘米（图一一八，22）。

陶罐　16件。其中夹砂罐13件，泥质罐3件。

夹砂罐　13件。其中碟形口罐11件，盘形口罐1件，另有小型夹砂罐1件。

碟形口罐　11件。H45：34，灰陶。碟形口，折沿，沿面内凹，斜方唇。饰浅横篮纹，残高7.7厘米（图一一八，23）。H45：35，灰陶。碟形口，折沿不明显，斜方唇加厚。素面。残高4.5厘米（图一一八，24）。H45：43，灰黑陶。碟形口，折沿不明显，沿面微凹，斜方唇。肩部以下残。素面。口径22厘米，残高5.4厘米（图一一八，27）。H45：44，灰黑陶。碟形口，折沿不明显，圆唇加厚。上腹以下残。饰竖篮纹。口径17厘米，残高5.4厘米（图一一八，28）。H45：45，灰黑陶。碟形口，折沿不明显，圆唇。饰浅横篮纹。口径20厘米，残高4.6厘米（图一一八，29）。H45：46，灰黑陶。碟形口，折沿不明显，圆角方唇。饰浅篮纹。口径18厘米，残高4.3厘米（图一一八，30）。H45：47，夹细砂灰陶。碟形口，折沿，斜方唇。饰竖篮纹。口径20.8厘米，残高4.5厘米（图一一八，31）。H45：48，黑陶。碟形口，宽折沿，斜方唇加厚。饰竖篮纹。残高5.1厘米（图一一八，32）。H45：49，灰陶。碟形口，宽折沿，斜方唇，唇面有凹槽。上腹以下残。饰弦断竖篮纹。口径22厘米，残高7厘米（图一一八，33）。H45：50，夹细砂灰黑陶。碟形口，折沿，平方唇，唇面有凹槽。上腹以下残。饰竖篮纹。口径21.8厘米，残高6厘米（图一一八，34）。H45：51，夹细砂灰黑陶。碟形口，折沿不明显，圆唇。上腹以下残。饰竖篮纹，印痕清晰。口径18厘米，残高5.8厘米（图一一八，35）。

盘形口罐　1件。H45：30，灰陶。盘形口，卷沿，尖圆唇外加厚，深腹。下腹部及底残。饰浅竖篮纹。口径16.6厘米，残高18厘米（图一一八，26）。

小型夹砂罐　1件。H45：6，褐陶，局部黑色。形体明显较小，敛口，斜方唇，弧腹，平底。素面。口径2.7厘米，腹径3.4厘米，底径2.4厘米，高3.4厘米（图一一八，41；图版四七，5）。

泥质罐　3件。H45：32，灰黑陶。卷沿，圆唇加厚，唇面有宽浅凹槽，圆肩。肩部以下残。素面。口径20厘米，残高8厘米（图一一八，36）。H45：58，黑陶。大口，卷沿，

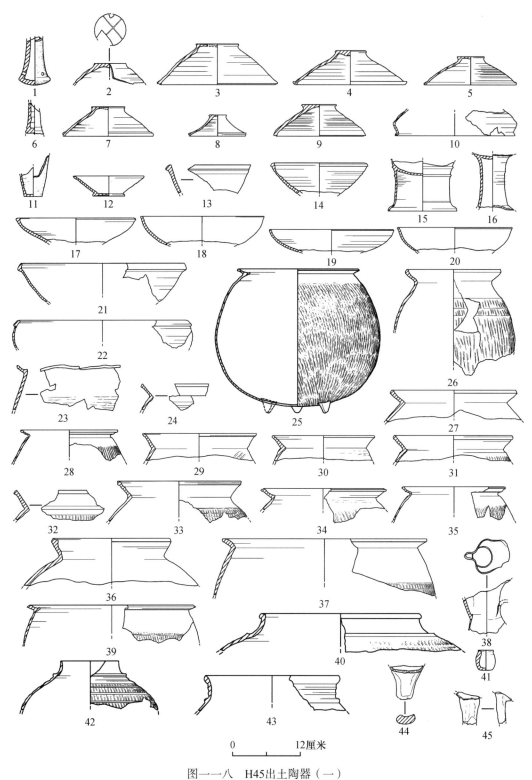

图一一八　H45出土陶器（一）

1.陶垫（H45：5）　2~10.陶器盖（H45：7、H45：10、H45：11、H45：12、H45：71、H45：13、H45：14、H45：15、H45：55）
11.陶瓶（H45：39）　12~14.陶碗（H45：16、H45：60、H45：62）　15~20.陶豆（H45：37、H45：38、H45：63、H45：67、
H45：68、H45：69）　21、22.陶钵（H45：65、H45：66）　23、24、26~35、41.夹砂陶罐（H45：34、H45：35、H45：30、
H45：43、H45：44、H45：45、H45：46、H45：47、H45：48、H45：49、H45：50、H45：51、H45：6）　25.陶鼎（H45：9）
36、37、39.泥质陶罐（H45：32、H45：58、H45：64）　38.陶鬶（H45：36）　40、42、43.陶盨（H45：33、H45：31、
H45：52）　44、45.陶鼎足（H45：72、H45：73）

圆唇，深腹。上腹以下残。饰弦断竖篮纹。口径35.8厘米，残高9.6厘米（图一一八，37）。H45：64，灰黑陶。大口，折沿，沿面内凹，尖圆唇。上腹部以下残。饰竖篮纹。口径30厘米，残高6.5厘米（图一一八，39）。

陶鬶　1件。H45：36，泥质红陶。椭圆形口，窄流，长颈，束腰，宽带状鋬残。口部和足部残。器表磨光。残高9.3厘米（图一一八，38）。

陶罍　3件。均为泥质陶。H45：33，红胎黑皮陶。敛口，平方唇外加厚，短颈，圆肩。肩部以下残。肩部一周宽凸棱，以下饰篮纹。口径28厘米，残高6.7厘米（图一一八，40）。H45：31，红胎黑皮陶。直口，圆唇，溜肩。肩部以下残。肩上部有一周凸弦纹，肩部饰弦断篮纹。口径10.2厘米，残高8.3厘米（图一一八，42）。H45：52，浅灰陶。侈口，卷沿，圆唇外加厚束径。颈下一周凸棱。口径23.6厘米，残高6.1厘米（图一一八，43）。

陶鼎　1件。H45：9，夹砂褐陶。碟形口，折沿，沿面内凹，沿下角小，内折棱明显，方唇，唇面有一周凹槽，鼓腹，最大腹径在中腹部，矮扁足。腹部饰斜篮纹。口径21.4厘米，腹径28.6厘米，高24.6厘米（图一一八，25；图版四五，2）。

陶鼎足　2件。均为夹砂陶。H45：72，红褐陶。高宽扁形，一侧内凹。残高5.8厘米（图一一八，44）。H45：73，灰陶。扁柱形。残高5.5厘米（图一一八，45）。

陶刻槽盆　12件。其中漏斗形刻槽盆5件、盆形刻槽盆7件。

漏斗形刻槽盆　5件。H45：18，泥质灰陶。折敛口，斜腹。上腹以下残。素面，内侧有竖向刻槽。口径38厘米，残高7.5厘米（图一一九，1）。H45：21，夹砂褐陶。敛口，叠唇。器表有旋痕，其余素面，内壁刻有竖槽。口径34厘米，残高12.3厘米（图一一九，2）。H45：23，泥质黑陶。敛口，圆唇，上腹斜直。下腹残。素面，内壁有竖向刻槽。口径38厘米，残高7.3厘米（图一一九，6）。H45：28，泥质灰黑陶，含少量细砂。近直口，平方唇，沿外加厚成一周凸棱。外壁素面，内壁为竖向刻槽。口径34厘米，残高6厘米（图一一九，7）。H45：29，褐胎黑皮陶。筒腹斜收至底，平底，底部外周有一周凸棱，底面有一周凹槽。残存腹部和底部。筒腹饰有四周凹弦纹，余素面，内壁刻有竖向刻槽。残体腹径为13.7厘米，底径11.1厘米，残高10.6厘米（图一一九，10）。

盆形刻槽盆　7件。H45：19，泥质褐陶。敛口，卷沿，尖圆唇，深弧腹。下腹及底残。口沿下饰有两周宽凹弦纹，其下饰弦断篮纹，内壁刻有竖槽。口径42.2厘米，残高20.4厘米（图一一九，3）。H45：24，泥质灰黑陶。近直口，卷沿，尖圆唇，深腹。中腹以下残。外壁素面，内壁有横向刻槽。口径33厘米，残高5.5厘米（图一一九，4）。H45：25，泥质褐陶。敞口，叠唇，斜弧腹。下腹及底残。上腹部饰一周宽凹弦纹和斜篮纹，内壁有斜向交错刻槽。口径24.5厘米，残高8厘米（图一一九，5）。H45：20，夹细砂灰黑陶。微敞口，卷沿，尖圆唇，深腹。外饰竖篮纹，内壁有竖向刻槽。口径44.4厘米，高20.2厘米，底径12.4厘米（图一一九，8；图版五一，2）。H45：27，泥质灰陶。微敛口，叠唇，深腹。上腹以下残。外壁素面，内壁为竖向刻槽。口径29.8厘米，残高5厘米（图一一九，9）。H45：22，泥质黑陶。敞口，折沿，尖圆唇。外饰竖篮纹，印痕清晰。内壁为竖向刻槽，近口部复划横向刻槽。

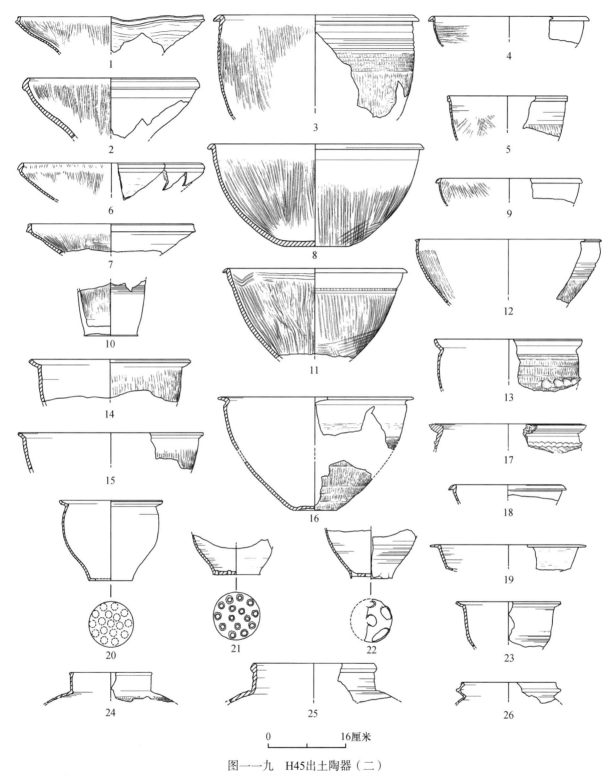

图一一九　H45出土陶器（二）

1~12.刻槽盆（H45：18、H45：21、H45：19、H45：24、H45：25、H45：23、H45：28、H45：20、H45：27、H45：29、
H45：22、H45：26）　13、16~19.陶盆（H45：57、H45：17、H45：70、H45：61、H45：56）　14、15、20~23.陶甑
（H45：41、H45：59、H45：8、H45：74、H45：75、H45：40）　24~26.陶瓮（H45：42、H45：53、H45：54）

口径37.8厘米，残高18.2厘米（图一一九，11）。H45：26，泥质灰陶。敛口，折平沿，尖圆唇，深腹。下腹部及底残。外壁上腹有五周浅凹槽，以下为竖篮纹，内壁为竖向刻槽。口径38厘米，残高12.7厘米（图一一九，12）。

陶盆　5件。其中深弧腹盆4件、折腹盆1件。

深弧腹盆　4件。H45：57，泥质灰黑陶，陶土不净，含少量细砂。敛口，折沿不明显，沿面内凹，圆唇。中腹及以下残。饰弦断竖篮纹，上腹有附加堆纹鋬。口径30厘米，残高10.4厘米（图一一九，13）。H45：17，泥质黑陶。敛口，卷沿，圆唇，平底内凹。腹部稍残。下腹部饰有竖向篮纹和数周凹弦纹，其余素面。口径40厘米，残高22.8厘米（图一一九，16）。H45：70，夹砂灰黑陶，厚胎。敛口，折沿，沿面数周凸棱，尖圆唇。肩部以下残。肩部一周附加堆纹，以下饰斜篮纹。口径32厘米，残高6厘米（图一一九，17）。H45：61，泥质灰黑陶。近直口，卷沿，尖圆唇。素面。口径24厘米，残高3.2厘米（图一一九，18）。

折腹盆　1件。H45：56，泥质磨光黑陶。敞口，平折沿，圆唇，上腹斜直。下腹残。口径31.7厘米，残高5.2厘米（图一一九，19）。

陶甑　6件。其中斜腹罐形甑2件、深腹盆形甑4件。H45：41，泥质黑陶，夹少量细砂。近直口，折沿，沿面内凹，方唇，深腹。饰竖篮纹。口径33.2厘米，残高8.7厘米（图一一九，14）。H45：59，夹细砂灰黑陶。敞口，斜折沿，圆唇，深腹。饰竖篮纹。口径38厘米，残高7.3厘米（图一一九，15）。深腹盆形甑　4件。H45：8，泥质黑陶。折沿，沿面微凹，方唇，弧腹曲收至底，底部残存数个圆形孔。素面。口径21.2厘米，底径9厘米，高16厘米（图一一九，20；图版四九，5、6）。H45：74，泥质灰黑陶，陶土不净，含少量细砂。下腹曲收，平底。底部有圆形小孔。底径9.6厘米，高8厘米（图一一九，21）。H45：75，夹砂黑陶。上腹部及以上残，下腹曲收至底，平底，残存4个椭圆形孔。下腹部饰有数周宽凹弦纹，其余为素面。底径8.5厘米，残高9.5厘米（图一一九，22）。H45：40，夹砂灰陶。敞口，折沿不明显，沿面微凹，斜方唇，深腹。上腹有数周凹弦纹。口径21.4厘米，残高8.8厘米（图一一九，23）。

陶瓮　3件。其中有领瓮2件，子母口瓮1件。

有领瓮　2件。H45：42，泥质灰陶。小口，圆唇加厚，直领，鼓肩。肩部以下残。饰弦断斜篮纹。口径17厘米，残高6厘米（图一一九，24）。H45：53，夹细砂灰黑陶，厚胎。大口，圆唇外加厚，直领，圆肩。肩部以下残。饰竖篮纹。口径25厘米，残高8厘米（图一一九，25）。

子母口瓮　1件。H45：54，泥质黑陶。子母口，双圆唇，束颈，斜肩。肩部以下残。素面。口径19.2厘米，残高4.3厘米（图一一九，26）。

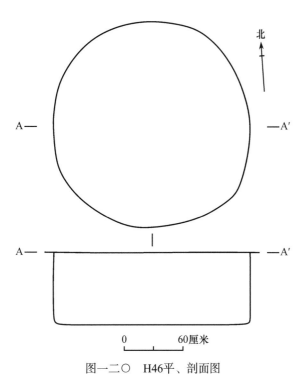

图一二〇　H46平、剖面图

四六、H46

1. 遗迹概况

H46位于T3230东部。开口于③层下，打破④至生土。坑口平面形状近圆形，直壁，平底，剖面为筒状。坑口距地表深0.54米，直径2米，坑深0.7米（图一二〇；图版二〇，1）。

填土为灰褐色粉质黏土，质地较硬，结构较致密。包含的红烧土粒和炭粒比例均占约2%，分选度一般，堆积大致呈水平状。出土少量陶片，以夹砂褐陶和泥质灰陶居多，夹砂灰陶和夹砂黑陶次之，泥质灰陶和泥质黑陶较少；除素面外，纹饰主要为篮纹和弦纹。可辨器形有罐、鼎、瓮、器盖等。

2. 出土遗物

H46有陶器标本3件。

陶瓮　1件。H46：1，泥质灰陶。大口，圆唇外翻，近唇面内沿处有一周凹槽，矮领内敛。肩以下残。肩部饰竖篮纹。口径32厘米，残高6.2厘米（图一二一，1）。

陶罐　1件。H46：2，夹细砂浅灰陶。盘形口，折沿，沿面微凹，尖圆唇。素面。口径22厘米，残高4.2厘米（图一二一，2）。

陶鼎　1件。H46：3，夹细砂黑陶。碟形口，折沿明显，斜方唇。饰斜篮纹，印痕清晰。残高2厘米（图一二一，3）。

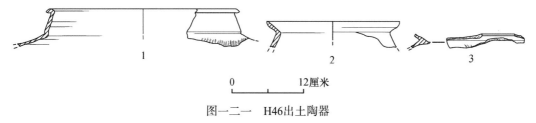

图一二一　H46出土陶器

1.陶瓮（H46：1）　2.陶罐（H46：2）　3.陶鼎（H46：3）

四七、H47

1. 遗迹概况

H47位于T2835西部。开口于⑤层下，南部被H44打破，打破⑥层。坑口平面形状不规则，斜弧壁，圜底，剖面大致为锅底状。坑口距地表深0.85米，长1.42米，宽1.2米，坑深0.38米（图一二二；图版一九，3）。

填土为灰褐色黏土，质地较硬，结构较致密。包含的红烧土粒和炭粒比例均占约3%，分选度一般；堆积大致呈缓坡状。出土少量陶片和石器。陶片以夹砂灰陶居多，泥质黑陶、泥质灰陶、夹砂褐陶、夹砂黑陶次之，极少量的泥质褐陶和泥质红陶；除素面外，纹饰以篮纹为主。可辨器形有罐、鼎、觚形器、盏等。

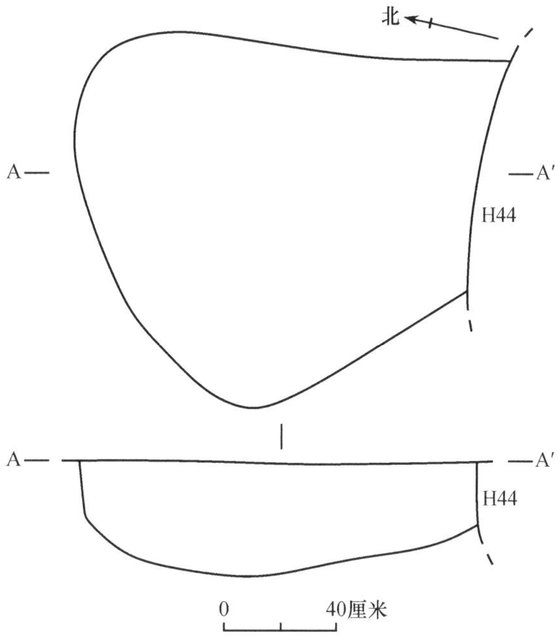

图一二二　H47平、剖面图

2. 出土遗物

H47有石器标本1件、陶器标本4件。

石锛　1件。H47：1，深灰色。长方形，单面刃近直。顶部和刃部稍残。磨制略显粗糙。残长6.7厘米，宽3.9厘米（图一二三，1；图版八六，3）。

陶钵　1件。H47：2，泥质黑陶。折敛口，圆唇，斜弧腹。上腹以下残。饰弦断篮纹，印痕清晰。残高8.8厘米（图一二三，2）。

陶碗　1件。H47：3，夹砂灰陶。敞口，平方唇，斜腹，平底。素面。口径10厘米，底径6厘米，高3.5厘米（图一二三，3）。

陶罐　1件。H47：5，夹细砂灰黑陶，表面剥落露出灰色胎。碟形口，折沿明显，斜方唇。上腹以下残。饰竖篮纹。口径20厘米，残高6.5厘米（图一二三，4）。

陶觚形器　1件。H47：4，褐胎黑皮陶。仅剩柄部，喇叭状。柄部有一周凸棱，器身饰有数周凹弦纹。制作非常精致。残高22厘米（图一二三，5）。

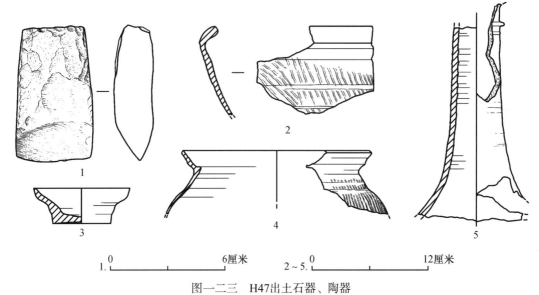

0   1. 6厘米
1.   2～5. 0   12厘米

图一二三　H47出土石器、陶器
1. 石锛（H47：1）　2. 陶钵（H47：2）　3. 陶碗（H47：3）　4. 陶罐（H47：5）　5. 陶觚形器（H47：4）

四八、H48

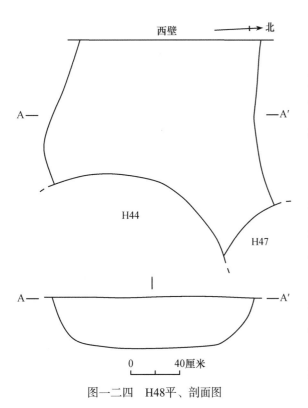

图一二四　H48平、剖面图

1. 遗迹概况

H48位于T2835西南部。开口于⑤层下，东部被H44和H47打破，打破⑥层。坑口平面形状不规则，弧壁，剖面为平底锅状。坑口距地表深0.8米，长1.7米，宽1.7米，坑深0.4米（图一二四）。

填土为黄褐色黏土，质地较硬，结构较致密。包含的红烧土粒比例均占约1%，分选度一般；炭粒比例约占5%，分选度较好；堆积近平。出土少量陶片，以夹砂黑陶为主，泥质褐陶、黑陶，泥质灰陶和夹砂褐陶次之，极少量泥质红陶；除素面外，纹饰以篮纹为主，个别饰有方格纹、弦纹。可辨器形有罐。

2. 出土遗物

无标本。

四九、H49

1. 遗迹概况

H49位于T3230东南部。开口于③层下，东北部被H19和H46打破，打破④层。坑口平面形状近椭圆形，斜弧壁，平底，剖面为平底锅状。坑口距地表深0.55米，长2.5米，宽1.86米；坑底长2.06米，宽1.58米；坑深0.38米（图一二五；图版二〇，2）。

填土为深灰色粉质黏土，质地较硬，结构较致密。包含的红烧土粒占比例3%，分选度一般；炭粒比例占2%，分选度较好；堆积近平。出土文化遗物有少量陶片和石器。陶片以泥质黑陶、泥质灰陶为主，夹砂黑陶、灰陶次之，泥质褐陶和夹砂褐陶较少；除素面外，纹饰以篮纹为主，个别饰有弦纹。可辨器形有罐、盆等。

2. 出土遗物

石斧　1件。H49：1，浅褐色，局部黑色。近长方形，弧顶，双面斜直刃。刃部稍残。残长8.8厘米，宽3.8厘米（图一二六，1；图版八五，3）。

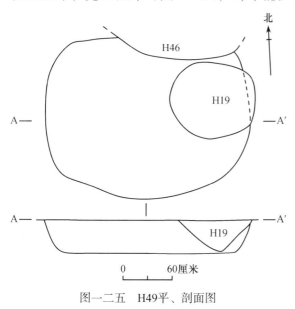

图一二五　H49平、剖面图

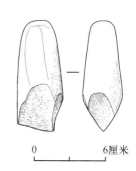

图一二六　H49出土石斧（H49：1）

五〇、H50

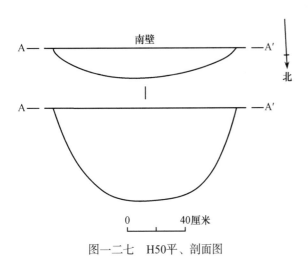

图一二七　H50平、剖面图

1. 遗迹概况

H50位于T3230南部偏东。开口于②层下，打破③层。探方内暴露部分平面形状近半椭圆形，斜弧壁，圜底，剖面为锅底状。坑口距地表深0.4米，长1.26米，宽0.2米，坑深0.6米（图一二七）。

填土为灰褐色粉质黏土，质地较硬，结构较致密。包含的红烧土粒和炭粒比例均占约2%，分选度较好；堆积大致呈凹镜状。出土少量夹砂篮纹陶片。可辨器形有罐和鼎。

2. 出土遗物

无标本。

五一、H51

1. 遗迹概况

H51位于T3230南部偏西。开口于②层下，打破③层。探方内暴露部分平面形状近半椭圆形，斜弧壁，圜底，剖面为锅底状。坑口距地表深0.44米，长2.2米，宽0.24米，坑深0.74米（图一二八）。

填土为灰褐色粉质黏土，质地较硬，结构较致密。包含的红烧土粒和炭粒比例均占约2%，分选度较好；堆积呈凹镜状。出土少量泥质篮纹陶片。可辨器形有罐。

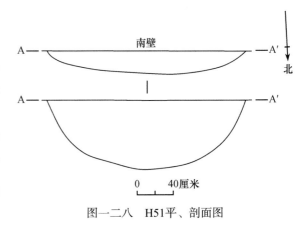

图一二八　H51平、剖面图

2. 出土遗物

无标本。

五二、H52

1. 遗迹概况

　　H52位于T3230南部。开口于③层下，西部被②层下H51打破，打破④层。探方内暴露部分平面形状近半椭圆形，斜弧壁，圜底，剖面为锅底状。坑口距地表深0.75米，长1.2米，宽0.21米，坑深0.7米（图一二九）。

　　填土为灰褐色粉质黏土，质地较硬，结构较致密。包含的红烧土粒比例约占2%，分选度差；炭粒比例约占1%，均分选度较好；堆积近平。出土少量夹砂灰陶片，有篮纹和素面。可辨器形有罐和鼎。

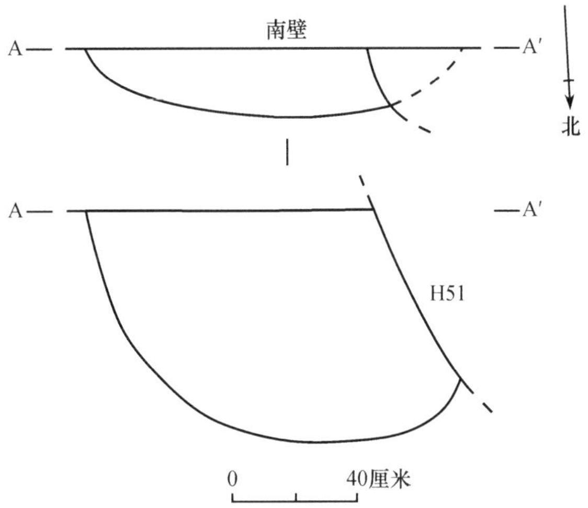

2. 出土遗物

无标本。

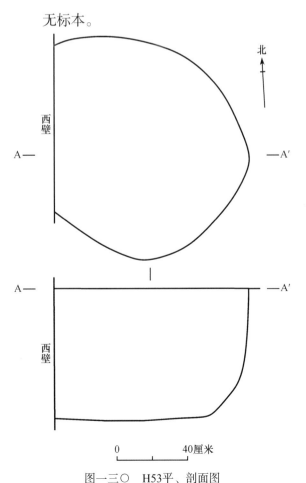

图一二九　H52平、剖面图

五三、H53

1. 遗迹概况

　　H53位于T2936西部偏北。开口于⑤层下，打破⑥层。探方内暴露部分平面形状近半椭圆形，斜弧壁，平底，剖面呈平底锅状。坑口距地表1.45米，长1.2米，宽1.1米，坑深0.7米（图一三〇；图版二一，1）。

　　填土为浅黄色黏土，质地较软，结构较疏松。包含的红烧土粒比例约占约2%，分选度较好；炭粒比例约占8%，均分选度一般；堆积大致呈坡状。出土少量陶片，以泥质褐陶为主，泥质灰陶次之，夹砂黑陶较少，极少量夹砂灰陶；除素面外，纹饰主要为篮纹。可辨器形有罐。

图一三〇　H53平、剖面图

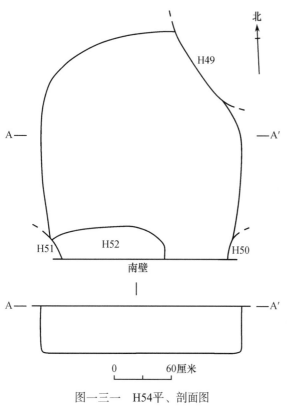

图一三一　H54平、剖面图

2. 出土遗物

无标本。

五四、H54

1. 遗迹概况

H54位于T3230南部。开口于③层下，被②层下H50、H51、③层下H49、H52打破，打破④层。平面形状近椭圆形，直壁，平底，剖面为筒状。坑口距地表深0.75米，长2.3米，宽2.1米，坑深0.48米（图一三一；图版二一，2）。

填土为浅灰色粉质黏土，质地较硬，结构较致密。包含的红烧土粒和炭粒比例均占约2%，分选度较好；堆积近平。出土少量夹砂灰陶和褐陶片，有篮纹和素面。可辨器形有盆和鼎。

2. 出土遗物

无标本。

五五、H55

1. 遗迹概况

H55位于T3231东部。开口于③层下，北部被②层下G2打破，打破生土。坑口平面形状不规则，斜弧壁，底部高低不平，剖面形状不规则。坑口距地表深0.75米，长1.7米，宽0.78米，坑深0.3米（图一三二；图版二二，1）。

填土为青灰色粉质黏土，质地较硬，结构较致密，较纯净。出土少量陶片，以夹砂灰陶为主，泥质灰陶、泥质黑陶、夹砂褐陶次之；以素面为主，少量篮纹。可辨器形有罐。

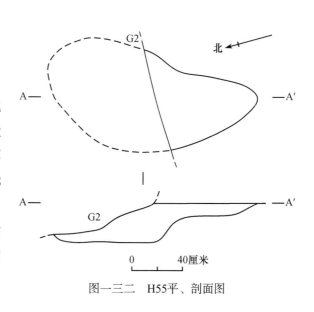

图一三二　H55平、剖面图

2. 出土遗物

无标本。

五六、H56

1. 遗迹概况

H56位于T3031东南部。开口于③层下，北部被G2打破，打破④层。探方内暴露部分平面形状近半椭圆形，斜弧壁，近平底，剖面为平底锅状。坑口距地表深0.6米，长4.6米，宽0.7米，坑深1.1米（图一三三）。

填土分②层。①层为灰褐色粉质黏土，质地较硬，结构较致密。包含的炭粒和红烧土粒比例占约1%，分选度好；堆积近平。②层为浅灰色粉质黏土，质地较硬，结构较致密，较纯净。包含的炭粒比例约占20%，分选度一般；烧土粒比例约占3%，分选度一般；堆积近波浪状。出土少量陶片，以泥质为主，夹砂陶次之；陶色以黑陶、灰陶为主，少量褐陶；有素面和篮纹。可辨器形有罐和鼎。

2. 出土遗物

无标本。

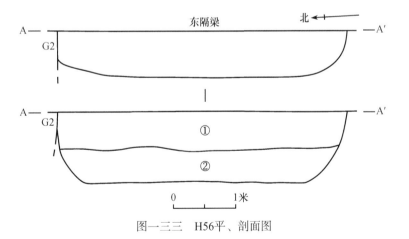

图一三三 H56平、剖面图

五七、H57

1. 遗迹概况

H57位于T2930西北部。开口于④层下，打破生土。坑口平面形状为长条形，直壁，底部南高北低，剖面为筒状。坑口距地表深0.92米，长6.25米，宽0.2～0.32米，坑深0.33～0.46米（图一三四；图版二二，2）。

填土为灰褐色粉质黏土，质地较软，结构较疏松。包含的炭粒比例占2%，分选度较好；烧土粒比例占3%，分选度较好；堆积呈水平状。出土陶片以夹砂黑陶、泥质黑陶为主，泥质褐陶、泥质黑陶、夹砂灰陶次之，夹砂褐陶较少；除素面外，纹饰主要为篮纹。可辨器形有罐和器盖。

2. 出土遗物

陶器盖　1件。H57：2，夹砂红胎黑皮陶。宽唇面内缘起棱似折沿，斜壁，口部下有一周凹槽。顶残。腹部有一周凹弦纹，其余素面。口径32.3厘米，残高7厘米（图一三五）。

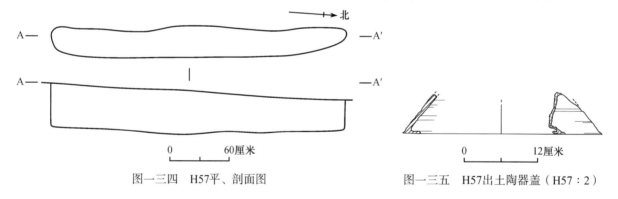

图一三四　H57平、剖面图　　　　　　　　图一三五　H57出土陶器盖（H57：2）

五八、H58

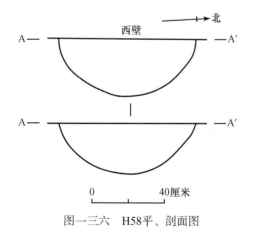

图一三六　H58平、剖面图

1. 遗迹概况

H58位于T2930西北角。开口于④层下，打破生土。探方内暴露部分平面形状为半圆形，斜弧壁，圜底，剖面为锅底状。坑口距地表深0.72米，长0.75米，宽0.35米，坑深0.27米（图一三六）。

填土为黄褐色粉质黏土，质地较硬，结构较致密。包含的红烧土粒和炭粒比例均占约1%，分选度较好；堆积大致呈凹镜状。未见文化遗物。

2. 出土遗物

无标本。

五九、H59

1. 遗迹概况

H59位于T3231西部。开口于③层下，被②层下的G2、③层下W12打破，打破生土。口部平面形状近长条形，斜弧壁，底部东北高、西南低，整体高低不平，剖面形状不规则。坑口距地表深0.6米，长2.58米，宽0.62米，坑深0.6米（图一三七）。

填土为青灰色粉质黏土，质地较软，结构较疏松。包含的红烧土粒和炭粒比例均占约2%，分选度较好；堆积近平。出土遗物有少量陶片和鹅卵石。陶片以夹砂褐陶为主，泥质灰陶次之，夹砂黑陶较少；除素面外，纹饰主要为篮纹。可辨器形有盆。

2. 出土遗物

无标本。

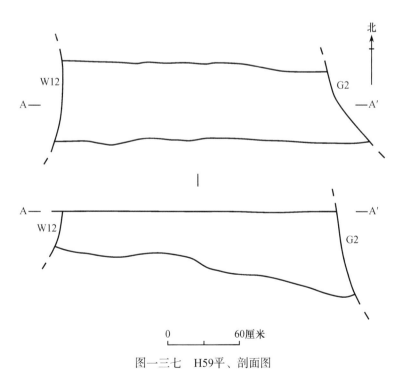

图一三七 H59平、剖面图

六〇、H60

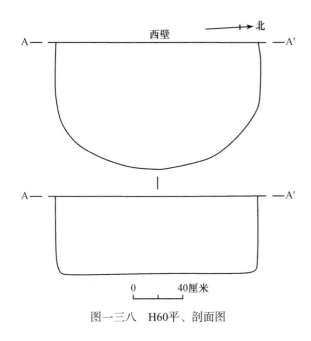

图一三八　H60平、剖面图

1. 遗迹概况

　　H60位于T3330西部偏南。开口于③层下，打破④层。探方内暴露部分平面形状为半圆形，直壁，平底，剖面为筒状。坑口距地表深0.65米，长1.6米，宽0.98米，坑深0.6米（图一三八；图版二三，1）。

　　填土为灰黄色粉质黏土，质地较软，结构较疏松。包含的炭粒和烧土粒比例占2%左右，分选度较好；堆积近水平状。出土少量陶片，以夹砂灰陶为主，泥质黑陶、夹砂褐陶、夹砂黑陶次之，泥质褐陶、泥质灰陶、夹砂红陶较少；纹饰以篮纹为主，少量附加堆纹、凸弦纹。可辨器形有罐、鼎、瓮、盘、器座、器盖等。

2. 出土遗物

　　H60有陶器标本5件。

　　陶器座　　1件。H60：1，夹砂灰胎黑皮陶。亚腰形，敞口。斜方唇，底部内勾。中部残存3个圆形镂孔。素面。轮制。口径21.1厘米，底径25厘米，高11.4厘米（图一三九，1；图版五九，4）。

　　陶瓮　　1件。H60：3，泥质灰陶。大口，唇外翻折，高直领微内敛，鼓肩。肩部以下残。饰弦断篮纹。口径21.1厘米，残高7厘米（图一三九，2）。

　　陶鼎　　2件。均为夹砂陶。碟形口，折沿明显，斜方唇。H60：4，灰陶。饰篮纹。口径23厘米，残高5.1厘米（图一三九，3）。H60：5，黑陶。饰弦断竖篮纹。口径20厘米，残高4.6厘米（图一三九，4）。

　　陶转盘　　1件。H60：2，夹砂灰陶。口内勾，方唇。口部有凸棱，直腹。底部残缺不全。素面，口部有一周小圆孔。口径41厘米，腹径42厘米，底径42厘米，高4.3厘米（图一三九，5；图版六〇，4）。

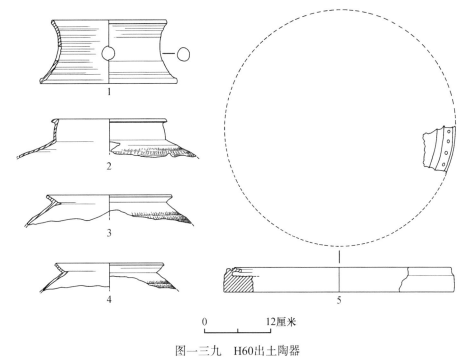

图一三九 H60出土陶器

1. 陶器座（H60∶1） 2. 陶瓮（H60∶3） 3、4. 陶鼎（H60∶4、H60∶5） 5. 陶转盘（H60∶2）

六一、H61

1. 遗迹概况

H61位于T3330西南部。开口于②层下，打破③层。坑口平面形状近椭圆形，直壁，平底，剖面近筒状。坑口距地表深0.5米，长2.06米，宽1.5米，坑深0.6米（图一四○）。

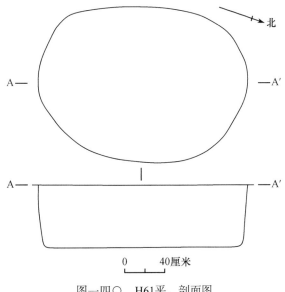

图一四○ H61平、剖面图

填土为灰褐色粉质黏土，质地较硬，结构较致密。包含的炭粒比例约占2%，分选度较好；烧土粒比例占2%，分选度一般；堆积近水平状。出土遗物有陶片和石器。陶片以泥质黑陶、夹砂黑陶、泥质灰陶为主，夹砂灰陶、红陶次之，夹砂褐陶、夹砂黑陶、泥质红陶、泥质褐陶较少；除素面外，纹饰以篮纹为主，个别饰有绳纹、弦纹。可辨器形有罐、鼎、豆、盆、甑、器盖等。

2. 出土遗物

H61有石器标本2件，陶器标本4件。

石钻　1件。H61：1，土黄色，局部黑色。圆柱形。钻头残。磨制略显粗糙。残长8.2厘米（图一四一，1；图版八四，4）。

石刀　1件。H61：3，浅灰色。半月形，弧背，单面刃。残长5.7厘米，宽4.9厘米，厚0.6厘米（图一四一，2；图版七五，5）。

陶鼎　11件。H61：5，夹砂褐陶。碟形口，折沿明显，斜方唇。饰弦断竖篮纹。残高7.4厘米（图一四一，3）。

陶豆　2件。皆为泥质灰陶。仅存柄部。素面。H61：6，足径20厘米，残高9.5厘米（图一四一，4）。H61：2，细柄，残长10.4厘米，宽5.6厘米（图一四一，5）。

陶盆　1件。H61：4，夹细砂黑陶。微敛口，圆唇，深弧腹。中腹以下残。外侧唇下有四周凹槽，以下饰竖篮纹。口径48厘米，残高13厘米（图一四一，6）。

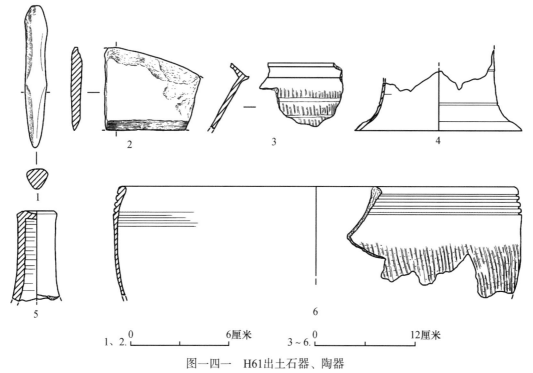

图一四一　H61出土石器、陶器

1. 石钻（H61：1）　2. 石刀（H61：3）　3. 陶鼎（H61：5）　4、5. 陶豆柄（H61：6、H61：2）　6. 陶盆（H61：4）

六二、H62

1. 遗迹概况

H62位于T3330东南部。开口于②层下，打破③层。坑口平面形状近椭圆形，斜直壁，平底，剖面呈筒状。坑口距地表深0.5米，长1.54米，宽1.3米；坑底长1.44米，宽1.16米；坑深0.5米（图一四二）。

填土为灰黄色粉质黏土，质地较硬，结构较致密。包含的炭粒和烧土粒比例均占约2%，分选度一般；堆积近水平状。出土陶片以泥质黑陶、泥质灰陶、夹砂灰陶为主，夹砂黑陶次之，夹砂红陶、夹砂褐陶、泥质褐陶较少；纹饰主要为篮纹，个别饰有绳纹、方格纹。可辨器形有罐、鼎、器盖、豆、碗等。

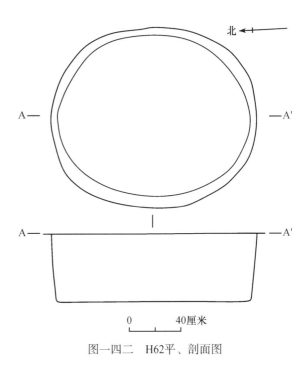

图一四二　H62平、剖面图

2. 出土遗物

H62有陶器标本8件（图版四三，2）。

陶器盖　2件。H62：1，泥质黑陶。平顶，斜壁较深，方唇，唇面有一周凹槽，近顶处刻有十字形刻符。口径19.8厘米，顶径6.4厘米，高7.5厘米（图一四三，1；图版五六，2）。H62：2，夹砂灰陶。平顶微凹，斜壁，斜方唇加厚，唇面微凹。素面。口径16.4厘米，顶径5.3厘米，高6厘米（图一四三，4；图版五六，3）。

陶碗　2件。均为夹砂陶。H62：3，红陶，局部黑色。敞口，斜方唇，斜腹，大平底。底残。素面。口径12.2厘米，底径6.9厘米，高3.2厘米（图一四三，2；图版五二，2）。H62：4，夹细砂黑陶。敞口，圆方唇，斜腹，平底。素面。口径12厘米，底径4.4厘米，高3.8厘米（图一四三，5；图版五一，6）。

陶盂形器　1件。H62：5，泥质黑陶。口部残。弧腹，平底内凹，下装三扁形足。底径10厘米，残高4.7厘米（图一四三，3）。

陶鼎足　1件。H62：8，夹砂红陶。柱形。足尖残。残高6.4厘米（图一四三，8）。

陶鬶鋬　1件。H62：6，泥质黑陶。残存带状一边外卷，磨光。高5.8厘米，宽2厘米（图一四三，6）。

陶罐　1件。H62：7，夹细砂灰陶。盘形口，折沿，沿面内凹，尖圆唇。上腹以下残。饰宽竖篮纹。口径24厘米，残高8厘米（图一四三，7）。

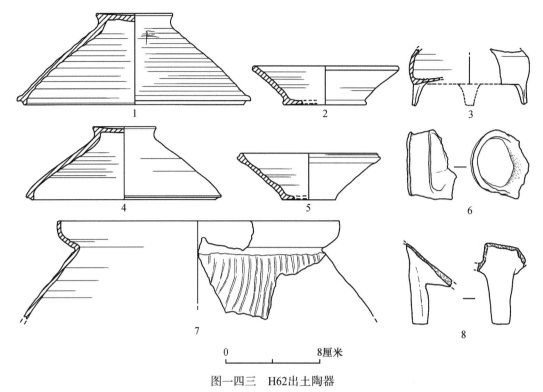

图一四三　H62出土陶器

1、4.陶器盖（H62∶1、H62∶2）　2、5.陶碗（H62∶3、H62∶4）　3.陶盉形器（H62∶5）　6.陶鬶鋬（H62∶6）

7.陶罐（H62∶7）　8.陶鼎足（H62∶8）

六三、H63

1. 遗迹概况

H63位于T3327西北部。开口于②层下，打破⑤层。探方内暴露部分平面形状近半椭圆形，弧壁，圜底，剖面为锅底状。坑口距地表深0.25米，长2.6米，宽1.2米，坑深0.84米（图一四四）。

填土为灰褐色，质地较硬，结构较致密。包含极少量炭粒，烧土粒；堆积近平。出土陶片以泥质灰陶、黑陶为主，次之为夹砂黑陶、褐陶，夹砂灰陶、泥质红陶较少；有素面和篮纹。可辨器形有罐、瓮、盆、碗、粗柄豆等。

2. 出土遗物

陶瓮　1件。H63∶1，泥质灰陶。敛口，圆唇。肩部以下残。饰弦断斜窄篮纹。口径14厘米，残高3厘米（图一四五）。

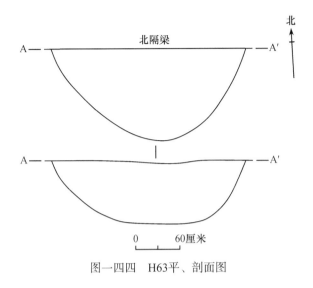

图一四四 H63平、剖面图

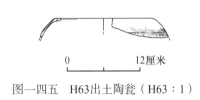

图一四五 H63出土陶瓮（H63∶1）

六四、H64

1. 遗迹概况

H64位于T3330西部。开口于③层下，西部被H60打破，打破④层。坑口平面形状近椭圆形，直壁，平底，剖面为筒状。坑口距地表深1米，长2.3米，宽1.86米，坑深0.5米（图一四六；图版二三，2）。

填土为灰褐色粉质黏土，质地较硬，结构较致密。包含的炭粒和烧土粒比例分别占3%和2%，分选度均一般；堆积近水平状。出土遗物有陶片和石器。陶片以泥质灰陶、夹砂灰陶为主，少量泥质黑陶、泥质褐陶、夹砂红陶；除素面外，主要为篮纹，个别饰锥刺纹。可辨器形有罐、鼎、盆、器盖等。

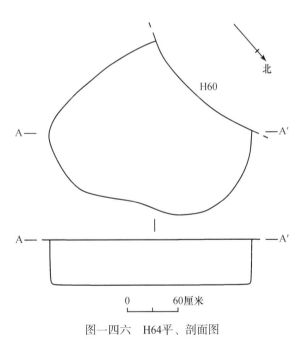

图一四六 H64平、剖面图

2. 出土遗物

H64有石器和陶器标本各3件。

石镞 2件。H64∶1，青灰色。镞身前端为三棱形，后端为圆柱形，铤与身界限明显，长7.2厘米（图一四七，1；图版七二，4）。H64∶2，青灰色。柳叶状。尖残。残长4.8厘米，残宽1.5厘米（图一四七，2；图版六八，3）。

石刀 1件。H64∶3，浅灰色。磬形，斜背，单面刃近直。表面较粗糙。残长10.7厘米，

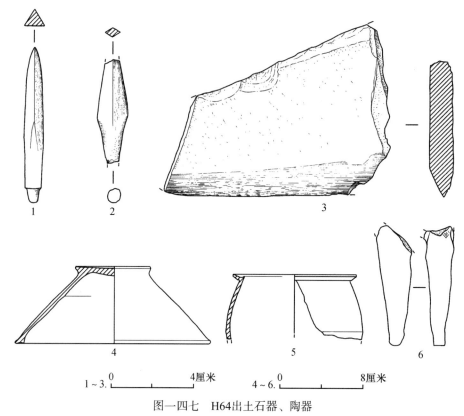

图一四七　H64出土石器、陶器

1、2.石镞（H64∶1、H64∶2）　3.石刀（H64∶3）　4.陶器盖（H64∶4）　5.陶鼎（H64∶5）　6.陶鼎足（H64∶6）

宽7.5厘米（图一四七，3；图版七七，5）。

　　陶器盖　1件。H64∶4，泥质灰陶。小平顶，斜壁，平唇内凹。素面。口径18.6厘米，高7.3厘米，顶径7.2厘米（图一四七，4；图版五六，4）。

　　陶鼎　1件。H64∶5，夹砂灰陶。形体小，碟形口，折沿明显，窄方唇。下腹及底残。素面。口径11.8厘米，残高6厘米（图一四七，5）。

　　陶鼎足　1件H64∶6，夹砂红褐陶。柱形。残高11厘米（图一四七，6）。

六五、H65

1. 遗迹概况

　　H65位于T3330中南部。开口于③层下，打破④层。坑口平面形状为椭圆形，直壁，平底，剖面为筒状。坑口距地表深1米，长1.94米，宽1.36米，坑深0.3米（图一四八；图版二四，1）。

　　填土为灰褐色粉质黏土，质地较软，结构较疏松。包含的炭粒和烧土粒比例均占约2%，分选度较好，堆积近水平状。出土陶片以泥质黑陶、灰陶为主，夹砂灰陶、黑陶次之，夹砂红陶、泥质红陶、泥质褐陶较少；纹饰以篮纹最多，此外还有弦纹、锥刺纹。可辨器形有罐、鼎、盆、豆、钵等。

2. 出土遗物

H65有陶器标本3件。

陶钵　1件。H65：1，夹砂红褐陶。折敛口，圆唇，沿外有两周凹弦纹，斜腹，平底。素面。口径25厘米，底径12.4厘米，高9.7厘米（图一四九，1；图版五〇，6）。

陶器盖　1件。H65：2，泥质灰陶。平顶，斜壁，平唇内勾，唇外起台。素面。口径20.5厘米，顶径7.9厘米，高7.4厘米（图一四九，2；图版五六，5）。

陶豆　1件。H65：3，泥质磨光黑陶。仅存柄部，圈足斜直，底部外撇，折痕明显。器身上残存3个镂孔，内壁刻有数条刻痕。轮制，制作精致。足径14厘米，残高12厘米（图一四九，3）。

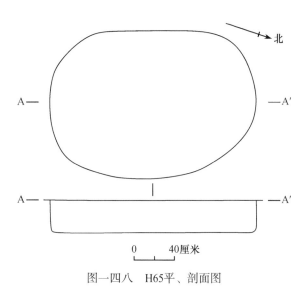

图一四八　H65平、剖面图

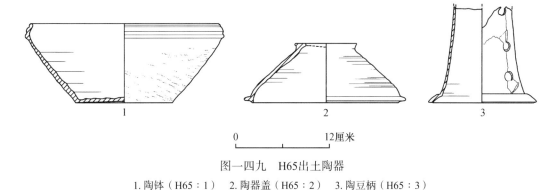

图一四九　H65出土陶器

1.陶钵（H65：1）　2.陶器盖（H65：2）　3.陶豆柄（H65：3）

六六、H66

1. 遗迹概况

H66位于T3330东南部。开口于③层下，西北部被②层下H62打破，打破④层。平面形状近椭圆形，直壁，平底，剖面为筒状。坑口距地表深0.8米，长3.2米，宽2.84米，坑深0.4米（图一五〇）。

填土为灰褐色粉质黏土，质地较软，结构较疏松。包含的炭粒和烧土粒比例分别占3%和2%，分选度均一般；堆积近水平状。出土陶片以泥质灰陶为主，泥质黑陶和夹砂黑陶次之，夹砂灰陶、夹砂褐陶、夹砂红陶、泥质褐陶较少；纹饰以篮纹为主，此外还有弦纹、方格纹。可辨器形有盆、壶和器盖等。

2. 出土遗物

陶壶　1件。H66：1，褐胎黑皮陶。长颈较直，上部外撇，圆唇，溜肩，颈肩结合处有一周浅凹槽，圆腹，平底微内凹。器表磨光。口径10.6厘米，腹径12.4厘米，底径7.3厘米，高16.7厘米（图一五一；图版五七，1）。

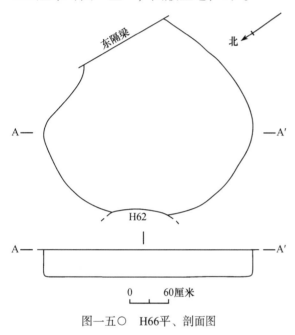

图一五〇　H66平、剖面图

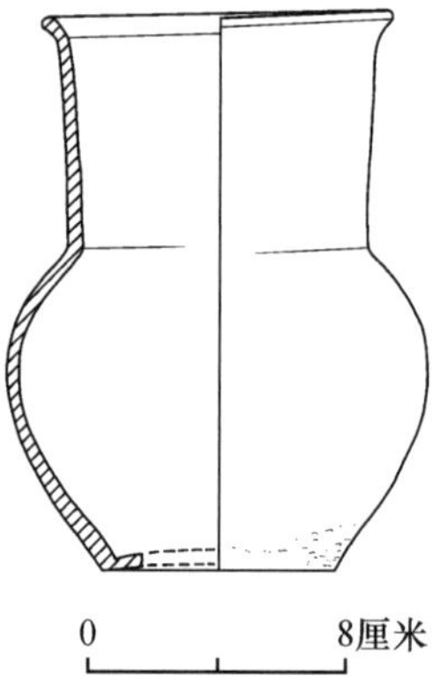

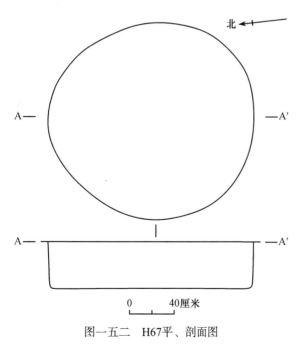

图一五一　H66出土陶壶（H66：1）

六七、H67

1. 遗迹概况

H67位于T3330中东部。开口于③层下，打破④层。坑口平面形状为椭圆形，直壁，平底，剖面为筒状。坑口距地表深1米，长1.8米，宽1.7米，坑深0.4米（图一五二；图版二四，2）。

填土为灰黄色粉质黏土，质地较软，结构较疏松。包含的炭粒和烧土粒比例均占约2%，分选度一般；堆积近水平状。出土少量陶片，以夹砂黑陶为主，泥质灰陶、泥质黑陶、夹砂灰陶次之，夹砂红陶、夹砂褐陶、泥质褐陶较少；除素面外，以篮纹为主，个别饰有弦纹。可辨器形有罐、盆、器盖等。

图一五二　H67平、剖面图

2. 出土遗物

无标本。

六八、H68

1. 遗迹概况

H68位于T3330北部偏东。开口于③层下，打破④层。口部平面形状为长条形，直壁，平底，剖面为筒状。坑口距地表深1米，长6.4米，宽0.5~0.8米，坑深0.5米（图一五三；图版二二，3）。

填土为灰褐色粉质黏土，质地较软，结构较疏松。包含的炭粒和烧土粒比例均占约3%，分选度一般；堆积近水平状。出土少量陶片和石器。陶片以泥质灰陶、黑陶为主，夹砂灰陶、黑陶次之；纹饰以篮纹为主，少量附加堆纹、弦纹等。可辨器形有鼎、罐、盆、豆、器盖等。

2. 出土遗物

H68有石器和陶器标本各1件。

石刀　1件。H68：1，青灰色。半月形，弧背，平刃，单面刃。双面桯钻圆形孔。磨制精细。残长6.3厘米，宽4厘米，厚0.7厘米（图一五四，1；图版七五，6）。

陶豆　1件。H68：2，泥质灰黑陶。仅存柄部，喇叭状。素面。足径15.8厘米，残高10厘米（图一五四，2）。

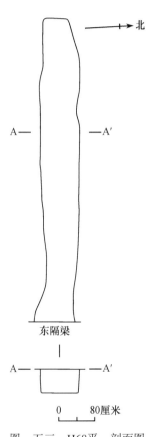

图一五三　H68平、剖面图

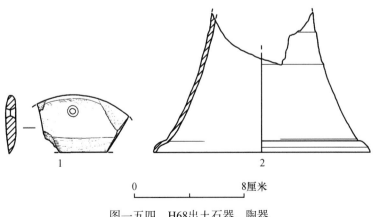

图一五四　H68出土石器、陶器

1. 石刀（H68：1）　2. 陶豆（H68：2）

六九、H69

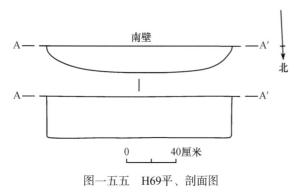

南壁

0 　　　40厘米

图一五五　H69平、剖面图

1. 遗迹概况

H69位于T3328南部偏西。开口于②层下，打破⑤层。探方内暴露部分平面形状近半椭圆形，直壁，平底，剖面为筒状。坑口距地表深0.34米，长1.5米，宽0.2米，坑深0.32米（图一五五）。

填土为灰褐色粉质黏土，质地较硬，结构较致密。包含的炭粒和烧土粒比例均占约1%，分选度较好；堆积近水平状。出土少量夹砂篮纹灰陶片。可辨器形有罐。

2. 出土遗物

无标本。

七〇、H70

1. 遗迹概况

H70位于T3328中部偏北。开口于⑤层下，打破⑥层。坑口平面形状近圆形，直壁，剖面为筒状。坑口距地表深0.83米，长3米，宽2.96米，因积水清理至距口部深0.74米处停止，未到底（图一五六；图版二五，1）。

填土为浅黄土粉质黏土，质地较硬，结构较致密。包含的炭粒和烧土粒比例分别占2%和1%，分选度均一般；堆积近水平状。出土少量陶片，以泥质灰陶、黑陶为主，夹砂灰陶和泥质红陶次之，少量夹砂红陶、褐陶；除素面外，纹饰主要为篮纹，少量饰弦断篮纹。可辨器形有鼎、罐、瓮、盨、器盖等。

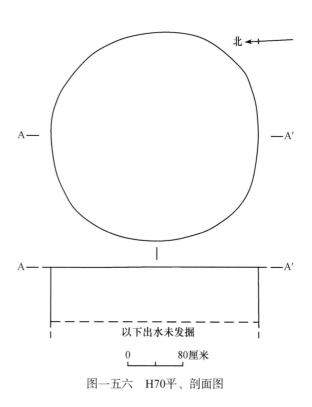

北

以下出水未发掘

0 　　　80厘米

图一五六　H70平、剖面图

2. 出土遗物

H70有陶器标本3件。

陶瓮　1件。H70：1，夹细砂灰黑陶。小口，高领外撇，圆唇外加厚，唇面有浅凹槽，圆肩。肩部以下残。饰竖篮纹。口径14厘米，残高5.6厘米（图一五七，1）。

陶鼎足　2件。均为夹砂陶。H70：2，褐陶。侧装三角形，足内面凹。足尖残。素面。残高9.8厘米，宽6厘米（图一五七，2）。H70：3，夹砂灰陶，局部黑色。柱形，足尖外撇。素面。高8.8厘米（图一五七，3）。

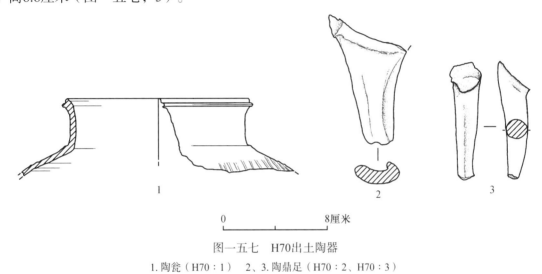

0　　　　　　　8厘米

图一五七　H70出土陶器
1.陶瓮（H70：1）　2、3.陶鼎足（H70：2、H70：3）

七一、H71

1. 遗迹概况

H71位于T3328西部。开口于⑤层下，打破⑥层。探方内暴露部分平面形状近半椭圆形，斜弧壁，近平底，剖面为锅底状。坑口距地表深0.8米，长1.14米，宽0.16米，坑深0.52米（图一五八）。

填土为黄褐色粉质黏土，质地较硬，结构较致密。包含极少量的炭粒和烧土粒，分选度一般；堆积近平。未见文化遗物。

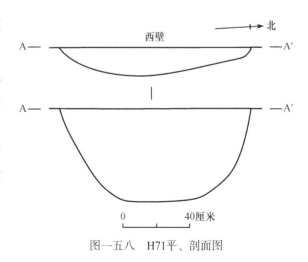

西壁　　　　　　　　　　　　　→ 北

0　　　　40厘米

图一五八　H71平、剖面图

2. 出土遗物

无。

第二节　瓮　棺　墓

一、W1

1. 遗迹概况

W1位于T2836中南部。开口于②层下，打破⑤层。坑口平面形状近圆形，直壁，平底，剖面为筒状。坑口距地表深约0.4米，直径0.68米，坑深0.24米。填土为灰黑色黏土，质地较硬，结构较致密。夹杂的炭粒和烧土比例约占3%，分选度一般。

葬具为陶鼎。瓮棺内未发现明显人骨及腐朽痕迹（图一五九；图版二五，2）。

2. 出土遗物

陶鼎　1件。W1：1，夹砂灰黑陶。口部残。扁鼓腹，圜底，矮扁形鼎足。饰竖篮纹。最大腹径34.4厘米，残高20.5厘米（图一六〇）。

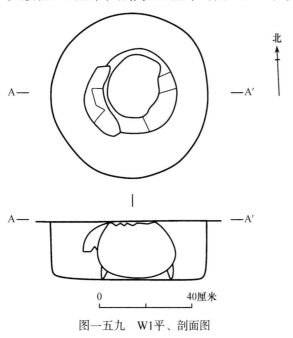

图一五九　W1平、剖面图

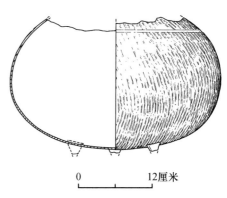

图一六〇　W1出土陶鼎（W1：1）

二、W2

1. 遗迹概况

W2位于T2836西南部。开口于②层下，打破⑤层。坑口平面形状近圆形，弧壁，平底，剖面为平底锅状。坑口距地表深约0.38米，直径0.6米，坑深0.25米。填土为黑色黏土，质地较硬，结构较致密。夹杂的炭粒和烧土比例约占2%，分选度一般。

葬具为陶鼎。瓮棺内未发现明显人骨及腐朽痕迹（图一六一；图版二六，1）。

2. 出土遗物

陶鼎 1件。W2：1，夹砂灰陶。碟形口，折沿，内折棱突出，窄斜方唇，沿下角小，扁鼓腹，圜底，矮扁形鼎足。饰竖篮纹。口径22厘米，最大腹径32.9厘米，高25.3厘米（图一六二；图版四六，5）。

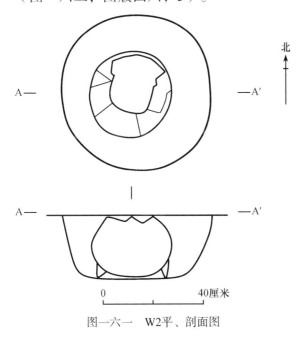

0   40厘米

图一六一 W2平、剖面图

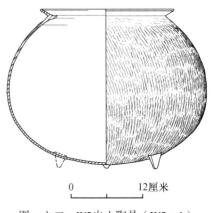

0   12厘米

图一六二 W2出土陶鼎（W2：1）

三、W3

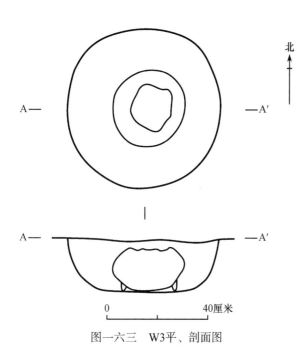

北

图一六三　W3平、剖面图

1. 遗迹概况

　　W3位于T2836西北部。开口于②层下，打破⑤层。坑口平面形状近圆形，弧壁，平底，剖面为平底锅状。坑口距地表深约0.38米，直径0.6米，坑深0.2米。填土为黑色黏土，质地较硬，结构较致密。夹杂的炭粒和烧土比例约占2%，分选度一般。

　　葬具为陶鼎。瓮棺内未发现明显人骨及腐朽痕迹（图一六三；图版二六，2）。

2. 出土遗物

　　陶鼎　1件。W3:1，夹砂红褐陶。折沿，鼓腹，矮扁形鼎足。器表饰篮纹。破碎严重未能修复。尺寸不详。

四、W4

1. 遗迹概况

　　W4位于T3231西南部。开口于③层下，打破④层。坑口平面形状近圆形，直壁，平底，剖面近筒状。坑口距地表深约0.75米，长0.68~0.7米，宽0.63~0.64米，坑深0.15米。填土为青黑色黏土，质地较软，结构较疏松。夹杂的炭粒和烧土比例约占1%，分选度一般。

　　葬具为陶鼎。瓮棺内未发现明显人骨及腐朽痕迹（图一六四；图版二七，1）。

2. 出土遗物

　　陶鼎　1件。W4:1，夹砂灰陶。碟形口，折沿明显，平方唇，沿下角小，鼓腹，圜底，矮扁状鼎足。饰斜篮纹。口径17.8厘米，最大腹径27.6厘米，高24.2厘米（图一六五；图版四五，3）。

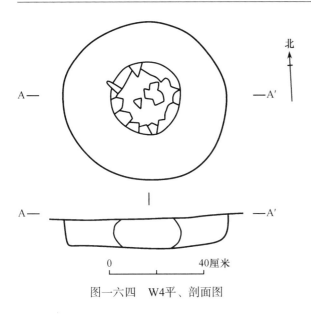

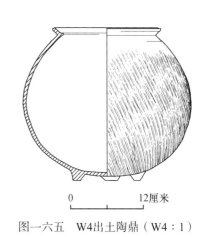

图一六四　W4平、剖面图

图一六五　W4出土陶鼎（W4：1）

五、W5

1. 遗迹概况

W5位于T2831西北部。开口于③层下，打破G1和④层。坑口平面形状近椭圆形，斜壁，平底，剖面为筒状。坑口距地表深约0.7米，长1米，宽0.86米，坑深0.5米。填土为灰褐色粉质黏土，质地较软，结构较疏松。夹杂的炭粒和烧土比例约占2%，分选度一般。

葬具为2件陶瓮，上下套扣。瓮棺内未发现明显人骨及腐朽痕迹（图一六六；图版二七，2）。

2. 出土遗物

陶瓮　2件。W5：1，泥质灰黑陶。仅见腹部。饰弦断斜篮纹。最大腹径49.4厘米，残高25.5厘米（图一六七，1）。W5：2，夹砂浅褐陶。大口，圆唇外加厚，矮直领，圆肩，鼓

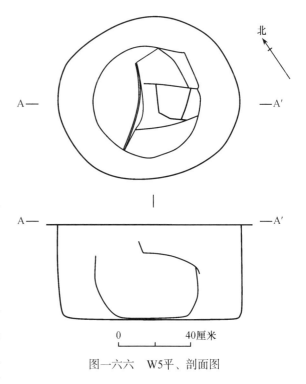

图一六六　W5平、剖面图

腹，小平底。饰竖篮纹，另有四周附加堆纹。口径26.2厘米，腹径52.3厘米，底径12厘米，高47.7厘米（图一六七，2；图版四八，5）。

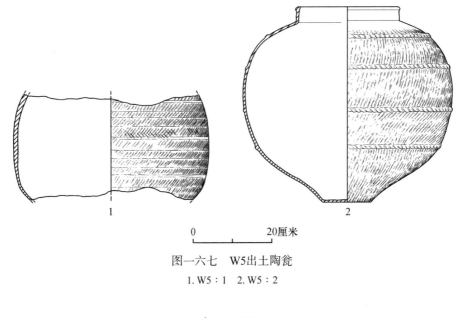

图一六七　W5出土陶瓮

1. W5：1　2. W5：2

六、W6

1. 遗迹概况

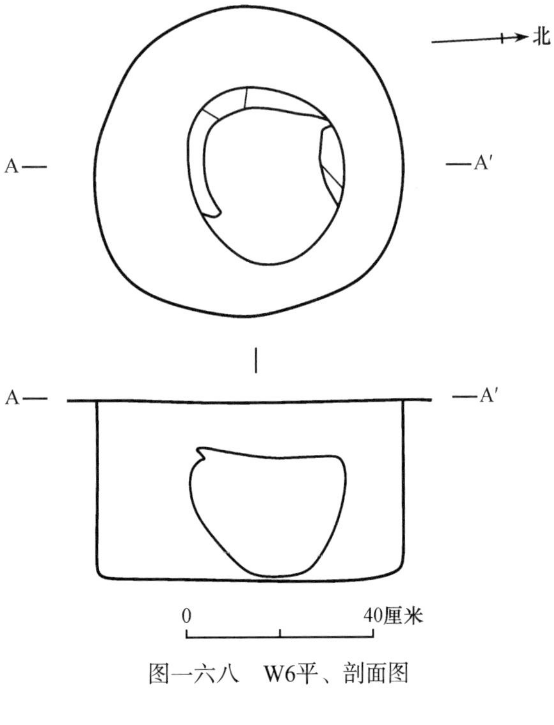

W6位于T3131东南部。开口于③层下，打破④层。坑口平面形状近圆形，直壁，平底，剖面为筒状。坑口距地表深约0.75米，长0.66米，宽0.6米，坑深0.31米。填土为灰褐色粉质黏土，质地较硬，结构较致密。夹杂极少量的炭粒和烧土。

葬具为陶鼎。瓮棺内未发现明显人骨及腐朽痕迹（图一六八；图版二八，1）。

2. 出土遗物

陶鼎　1件。W6：1，夹砂灰黑陶。碟形口，折沿，内折棱突出，沿面内凹，斜方唇，沿下角小，圆腹，圜底，矮扁形鼎足。饰竖斜篮纹。口径20.8厘米，腹径33.6厘米，高32.5厘米（图一六九；图版四五，4）。

图一六八　W6平、剖面图

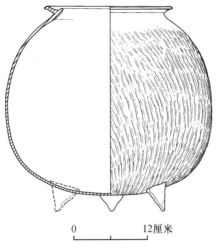

图一六九　W6出土陶鼎（W6：1）

七、W7

1. 遗迹概况

　　W7位于T2830西北角。开口于④层下，打破生土。坑口平面形状近圆形，斜壁，平底，剖面为筒状。坑口距地表深约0.7米，直径0.4米，坑深0.5米。填土为灰褐色粉质黏土，质地较软，结构较疏松。夹杂的炭粒和烧土比例约占2%，分选度一般。

　　葬具为陶罐，上部扣合另一件罐的残片。瓮棺内未发现明显人骨及腐朽痕迹（图一七〇；图版二八，2）。

2. 出土遗物

　　陶罐　2件。均为泥质黑陶。W7：1，折沿，方唇加厚，唇面有一周凸棱，深腹，小平底内凹。腹部饰弦断斜篮纹。口径24厘米，腹径34.3厘米，底径9.8厘米，高39厘米（图一七一，1；图版四七，6）。W7：2，器表陶色不均，局部褐色。折沿，方唇，圆腹。底残。饰横篮纹。残高26.3厘米（图一七一，2）。

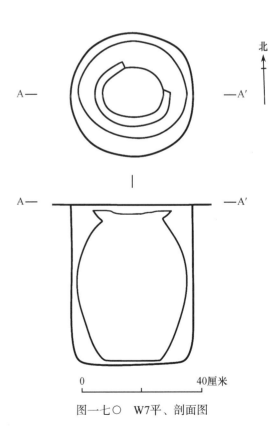

图一七〇　W7平、剖面图

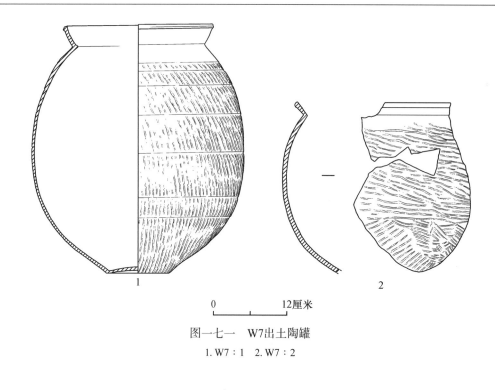

图一七一　W7出土陶罐
1. W7：1　2. W7：2

八、W8

1. 遗迹概况

W8位于T2830东北部。开口于④层下，东南部被H9打破，打破生土。坑口平面形状近半椭圆形，斜壁，平底，剖面近筒状。坑口距地表深约0.7米，长0.6米，宽0.4米，坑深0.36米。填土为灰褐色粉质黏土，质地较软，结构较疏松。夹杂极少量的炭粒和烧土。

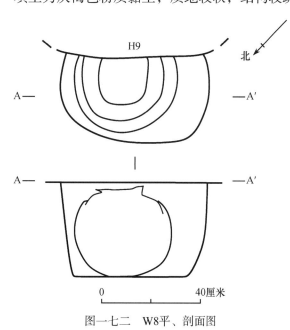

图一七二　W8平、剖面图

葬具为陶罐。瓮棺内未发现明显人骨及腐朽痕迹（图一七二；图版二九，1）。

2. 出土遗物

陶罐　3件。均为泥质陶。W8：1，褐胎黑皮陶。折沿，圆唇，圆鼓腹，小平底内凹。腹部饰斜篮纹。口径23.2厘米，腹径35.6厘米，底径8厘米，高34.2厘米（图一七三，1；图版四八，2）。W8：2，黑陶。折沿，圆唇，溜肩。肩部以下残。饰竖篮纹。口径22厘米，残高3.8厘米（图一七三，2）。W8：3，黑陶。仅存下腹及底。底内凹。饰篮纹。残高4.6厘米（图一七三，3）。

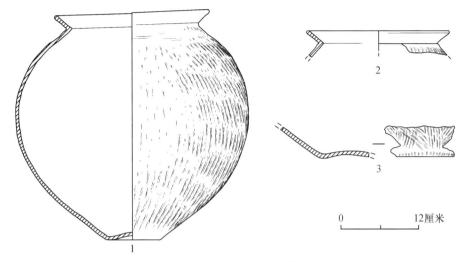

图一七三　W8出土陶罐
1. W8：1　2. W8：2　3. W8：3

九、W9

1. 遗迹概况

　　W9位于T2835西南部。开口于⑤层下，北部被H44打破，打破⑥层。坑口平面形状呈半椭圆形，直壁，平底，剖面为筒状。坑口距地表深约0.85米，长0.56米，宽0.46米，坑深0.32米。填土为灰褐色粉质黏土，质地较硬，结构较致密。夹杂极少量炭粒和烧土。

　　葬具为陶瓮和陶豆，豆盘倒扣于陶瓮之上。瓮内除掉落的两块石头之外未发现明显人骨及腐朽痕迹（图一七四；图版二九，2）。

2. 出土遗物

　　陶瓮　1件。W9：1，泥质灰陶。敛口，圆唇，口沿下有一周凸棱，凸棱下贴塑三个圆泥饼，鼓腹，平底。素面。口径16.8厘米，腹径40厘米，底径15厘米，高36厘米（图一七五，1；图版四八，6）。

　　陶豆　1件。W9：2，泥质灰陶。仅存残豆盘，倒扣于陶瓮之上。敞口，圆唇，浅弧腹。素面。口径23.3厘米，残高5.1厘米（图一七五，2）。

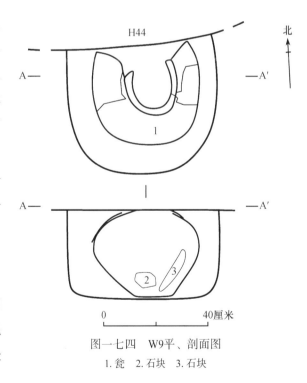

图一七四　W9平、剖面图
1. 瓮　2. 石块　3. 石块

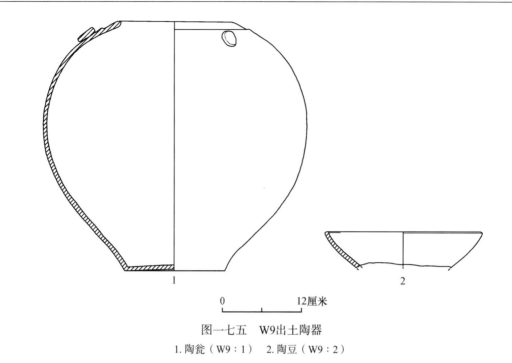

0　　　　　　　12厘米

图一七五　W9出土陶器

1. 陶瓮（W9：1）　　2. 陶豆（W9：2）

北

一〇、W10

1. 遗迹概况

W10位于T2935西南部。开口于⑤层下，打破生土。坑口平面形状呈圆形，直壁，平底，剖面为筒状。口部距地表深约1.8米，直径0.5米，坑深0.36米。填土为深灰色黏土，质地较硬，结构较致密。夹杂少量炭粒和烧土的比例均占约3%，分选度一般。

葬具为陶鼎。瓮棺内未发现明显人骨及腐朽痕迹（图一七六）。

2. 出土遗物

陶鼎　1件。W10：1，夹砂浅灰陶。折沿，沿面上部残，折棱突出。扁鼓腹，圜底，矮扁形鼎足。饰竖篮纹，上部有三周宽浅凹弦纹。复原口径23.6厘米，腹径33.3厘米，高26.3厘米（图一七七）。

0　　　　　　　40厘米

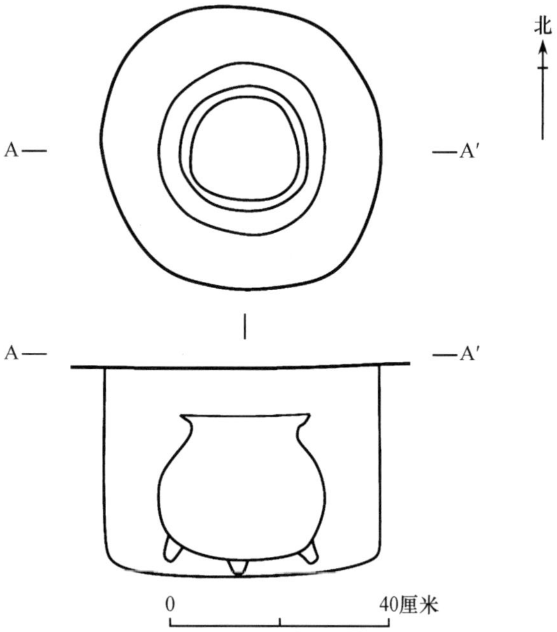

图一七六　W10平、剖面图

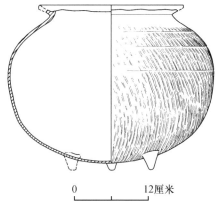

图一七七　W10出土陶鼎（W10∶1）

一一、W11

1. 遗迹概况

W11位于T3231西部。开口于③层下，打破H45至生土。坑口平面形状呈圆形，斜壁，平底，剖面为筒状。坑口距地表深约1米，直径0.6米，坑深0.2米。填土为青灰色粉质黏土，质地较软，结构较疏松。夹杂的炭粒和烧土比例均占约2%，分选度一般。

葬具为陶罐。罐内未发现明显人骨及腐朽痕迹（图一七八；图版三〇，1）。

2. 出土遗物

陶罐　1件。W11∶1，夹砂陶，上黑下红。上部残，深弧腹，小平底微内凹。饰竖篮纹。最大腹径28厘米，底径6.8厘米，残高21.7厘米（图一七九）。

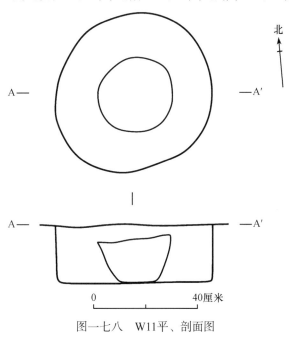

图一七八　W11平、剖面图

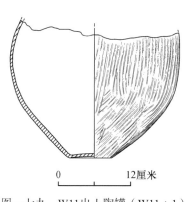

图一七九　W11出土陶罐（W11∶1）

一二、W12

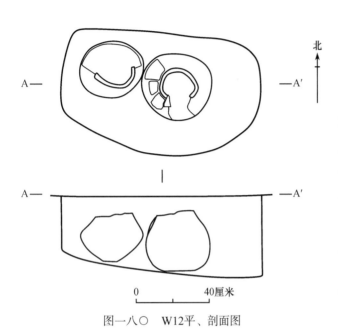

图一八〇　W12平、剖面图

1. 遗迹概况

W12位于T3231西部。开口于③层下，打破H59至生土。坑口平面形状呈椭圆形，直壁，斜平底，剖面近筒状。坑口距地表深约1米，长1.1米，宽0.64米，坑深0.44米。填土为青灰色花土，质地较软，结构较疏松。夹杂极少量的炭粒和草木灰。

葬具为1件陶盆和2件陶鼎。瓮棺内未发现明显人骨及腐朽痕迹（图一八〇）。

2. 出土遗物

共有陶器标本3件（图版四四，1）。

陶盆　1件。W12：1，泥质磨光黑陶，局部褐色。直口，圆唇外卷，上腹近直，下腹曲收至底，平底微内凹。上腹部先施以斜篮纹，后抹平，并于其上加施一周凸弦纹，折腹处饰数周凹弦纹。口径28.7厘米，底径9.5厘米，高12.6厘米（图一八一，1；图版五一，1）。

陶鼎　2件。均为夹砂陶。碟形口，折沿十分明显，沿面内凹，斜方唇，沿下角小，圆腹，最大腹径在中腹部，圜底，矮扁形鼎足。W12：2，红陶。饰斜篮纹，印痕浅。口径21.5厘米，腹径34厘米，高30厘米（图一八一，2；图版四五，5）。W12：3，褐陶，局部灰黑色。饰竖斜篮纹。口径23.2厘米，腹径36.9厘米，高32.9厘米（图一八一，3；图版四五，6）。

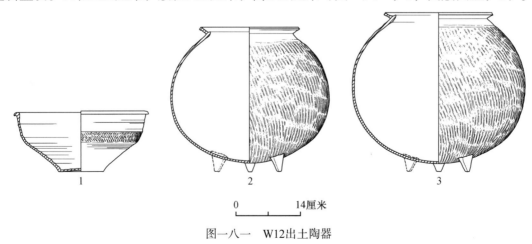

图一八一　W12出土陶器

1.陶盆（W12：1）　2、3.陶鼎（W12：2、W12：3）

一三、W13

1. 遗迹概况

W13位于T3326西北部。开口于③层下，打破生土。坑口平面形状呈圆形，直壁，平底，剖面为筒状。坑口距地表深约0.82米，直径0.9米，坑深0.5米。填土为黄褐色粉质黏土，质地较软，结构较疏松。夹杂的炭粒和烧土比例均占约2%，分选度一般。

葬具为陶罐。罐内仅发现一枚牙齿，其余腐朽无法采集（图一八二；图版三〇，2）。

2. 出土遗物

陶罐 1件。W13：1，泥质黑陶。大口，折沿，沿面斜平，圆唇，溜肩，上腹近直，下腹曲收至底，小平底微内凹。腹部饰斜、竖篮纹。口径47.9厘米，腹径50.8厘米，底径17.4厘米，高46.2厘米（图一八三；图版四八，1）。

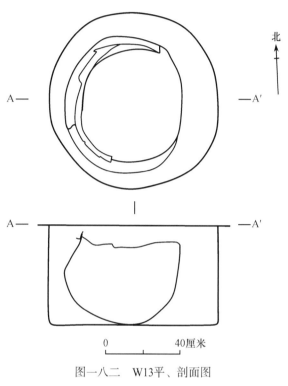

图一八二 W13平、剖面图

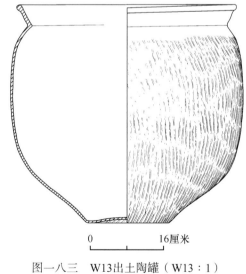

图一八三 W13出土陶罐（W13：1）

一四、W14

1. 遗迹概况

W14位于T3330西北部。开口于②层下，打破③层。坑口平面形状呈椭圆形，斜壁，平底，剖面为平底锅状。坑口距地表深约0.4米，长0.54米，宽0.48，坑深0.3米。填土为深灰色粉质黏土，质地较软，结构较疏松。夹杂的炭粒和烧土比例均占3%左右，分选度一般。

葬具为陶鼎。鼎内未发现明显人骨及腐朽痕迹（图一八四；图版三一，1）。

2. 出土遗物

陶鼎　1件。W14：1，夹砂浅褐陶。碟形口，折沿，内折棱突出，斜方唇，沿下角大，扁鼓腹，最大腹径在下腹部，圜底，矮扁形鼎足。饰竖篮纹。口径23厘米，腹径30.8厘米，高26.7厘米（图一八五；图版四六，1）。

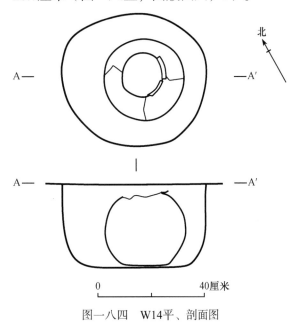

图一八四　W14平、剖面图

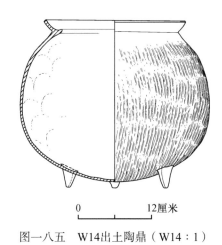

图一八五　W14出土陶鼎（W14：1）

一五、W15

1. 遗迹概况

W15位于T3328西北部。开口于②层下，打破⑤层。坑口平面形状近圆形，直壁，平底，剖面为筒状。坑口距地表深约0.47米，直径0.64米，坑深0.34米。填土为灰褐色粉质黏土，质地较硬，结构较致密。夹杂极少量的炭粒和烧土。

葬具为陶鼎。鼎内未发现明显人骨及腐朽痕迹（图一八六；图版三一，2）。

2. 出土遗物

陶鼎 1件。W15：1，夹砂浅灰陶。碟形口，折沿，斜方唇，沿下角小，扁鼓腹，圜底，矮扁形鼎足。饰竖篮纹。口径20.6厘米，腹径29.4厘米，高24厘米（图一八七；图版四六，6）。

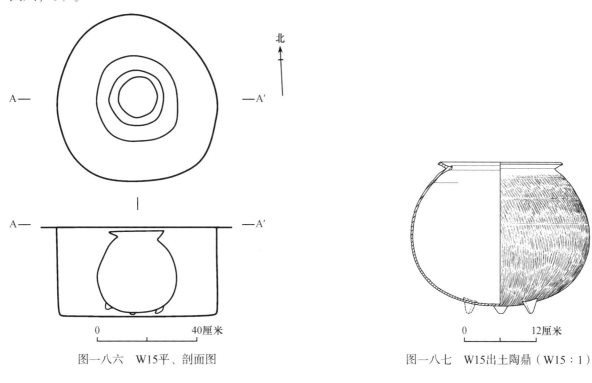

图一八六 W15平、剖面图

图一八七 W15出土陶鼎（W15：1）

一六、W16

1. 遗迹概况

W16位于T3328西南部。开口于②层下，打破⑤层。坑口平面形状近圆形，直壁，平底，剖面为筒状。坑口距地表深约0.53米，直径0.6米，坑深0.32米。填土为灰褐色粉质黏土，质地较硬，结构较致密。夹杂的炭粒和烧土比例均占约2%，分选度一般。

葬具为陶鼎。鼎内未发现明显人骨及腐朽痕迹（图一八八；图版三二，1）。

2. 出土遗物

陶鼎 1件。W16：1，夹砂红褐陶，局部黑色。碟形口，折沿，内折棱十分突出，斜方唇，沿下角大，圆鼓腹，圜底，矮扁形鼎足。饰浅斜篮纹。口径20.4米，腹径30厘米，高25.1厘米（图一八九；图版四七，1）。

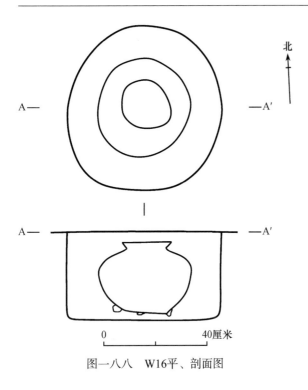

图一八八　W16平、剖面图

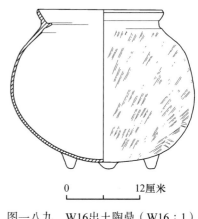

图一八九　W16出土陶鼎（W16∶1）

一七、W17

1. 遗迹概况

W17位于T3330东北部。开口于②层下，打破生土。坑口平面形状近圆形，直壁，平底，剖面为筒状。坑口距地表深约0.5米，直径0.52米，坑深0.5米。填土为灰褐色粉质黏土，质地较软，结构较疏松。夹杂的炭粒和烧土比例均占约3%，分选度一般。

葬具为2件陶鼎。鼎内未发现明显人骨及腐朽痕迹（图一九○；图版三二，2）。

2. 出土遗物

陶鼎　2件。均为夹砂陶。W17∶1，浅褐陶。碟形口，折沿明显，斜方唇，沿面有宽浅凹槽，垂腹，圜底，矮扁形鼎足。饰竖篮纹。口径21.3厘米，腹径31.8厘米，高29.7厘米（图一九一，1；图版四六，2）。W17∶2，灰陶。仅见鼎腹部残片。饰篮纹。腹径34.3厘米，残高22厘米（图一九一，2）。

图一九○　W17平、剖面图

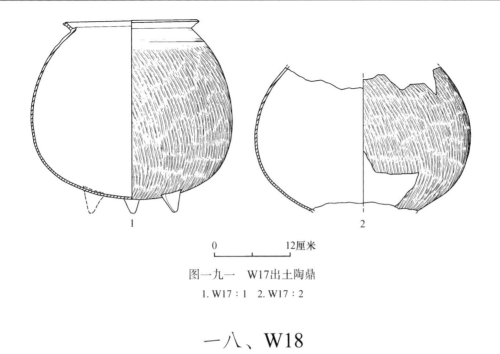

图一九一 W17出土陶鼎
1. W17 : 1　2. W17 : 2

一八、W18

1. 遗迹概况

W18位于T3330西北部。开口于②层下，打破生土。坑口平面形状近圆形，直壁，平底，剖面为筒状。坑口距地表深约0.85米，直径0.6米，坑深0.6米。填土为灰褐色粉质黏土，质地较软，结构较疏松。夹杂的炭粒和烧土比例均占约2%，分选度一般。

葬具为2件陶鼎。鼎内未发现明显人骨及腐朽痕迹（图一九二；图版三三，1）。

2. 出土遗物

陶鼎　2件。均为夹砂褐陶。碟形口，折沿，沿面微凹，折棱明显，斜方唇。W18：1，局部黑色，足部为红色。深垂腹，矮扁形鼎足，整体较高，宽高比值较小，在1~1.2之间。器表饰弦断篮纹。口径25.14厘米，腹径37.2厘米，高36.7厘米（图一九三，1；图版四六，3）。W18：2，鼓腹。中腹以下残。饰弦断篮纹。口径28.2厘米，残高15.6厘米（图一九三，2）

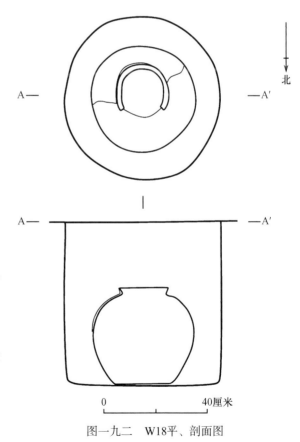

图一九二　W18平、剖面图

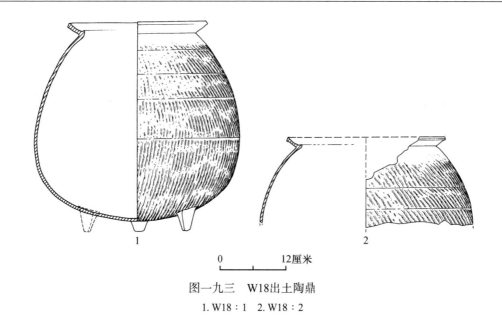

图一九三　W18出土陶鼎

1. W18：1　2. W18：2

第三节　窑　　址

一、Y1

1. 遗迹概况

Y1位于T3130的西北部。开口于③层下，打破④层。方向10°。仅残存火膛部分，北窄南宽形状近梯形，开口距地表深0.43米，长1.1米，宽0.38～0.48米，口部距底深0.5米。火膛壁厚约0.02～0.06米，东、南为直壁，西壁斜弧壁外扩，北壁内收，缓坡底（图一九四；图版三三，2）。

火膛内填埋大量草木灰和红烧土。出土少量陶片，主要为夹砂灰陶和泥质黑陶，泥质灰陶次之；纹饰主要为篮纹，个别饰附加堆纹。陶片破碎严重，器形不详。

2. 出土遗物

无标本。

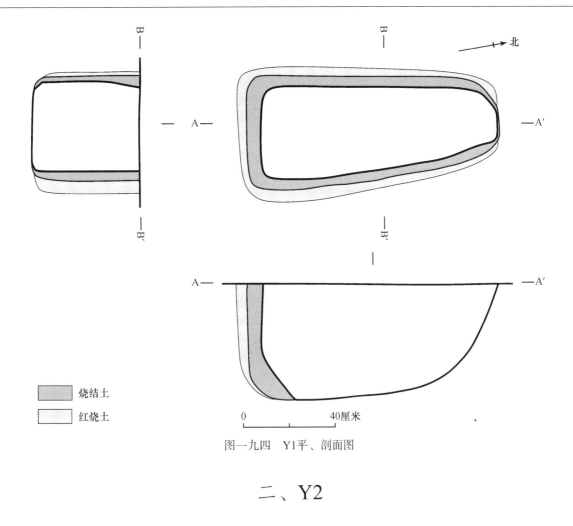

烧结土
红烧土

0　　　　　　40厘米

图一九四　Y1平、剖面图

二、Y2

1. 遗迹概况

Y2位于T2936的东北部。开口于④层下，打破⑤层及生土。方向115°。残存工作坑、火膛和火道三部分，整体平面形状不规则。工作坑平面形状为东宽西窄的圆角梯形，弧壁，底部西高东低，南北长0.7~1.8米，东西宽约1.76米，深0.42米。火膛平面形状近似半椭圆形，弧壁，底部西高东低。东西长约0.78米，南北宽约0.76米，深0.4米。膛壁为青灰色烧结面，烧土壁厚约0.02~0.06米。火膛东侧下端有一近椭圆形小孔，高0.22米，宽0.18米，向东南斜向与工作坑相连，可能为出灰烬的出灰道。火道分为南、北两个，东侧与火膛连通，呈斜坡状上升。南侧火道残长约1.16米，北侧火道残长约0.98米，残高约0.2米。窑床已被完全破坏（图一九五；图版三四，1）。

火膛内堆积为黄灰色黏土，质地较硬，结构较致密，包含大量红烧土块。内无遗物。工作坑内堆积为黑灰色黏土，质地较硬，结构较致密，包含少量陶片、炭粒及红烧土粒。陶片以夹砂黑陶为主，泥质黑陶、夹砂褐陶次之，另有少量的夹砂灰陶、泥质褐陶；纹饰以篮纹为主。可辨器形有鼎和垫。

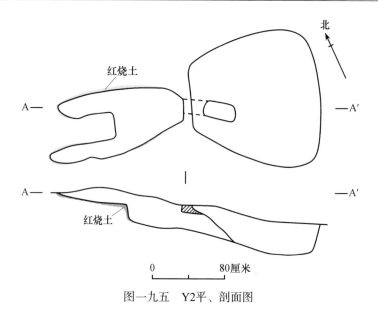

图一九五　Y2平、剖面图

2. 出土遗物

Y2有陶器标本2件。

陶垫　1件。Y2：1，泥质红胎黑皮陶，表皮剥落严重。柱状柄，中空，垫面弧凸，柄部和垫面交接处有小圆孔。柄上部残。捏制。垫面径7.2厘米，残高6厘米（图一九六，1；图版六一，3）。

陶鼎足　1件。Y2：2，夹砂红褐陶。侧装三角形，瘦长。足尖残。高8.7厘米（图一九六，2）。

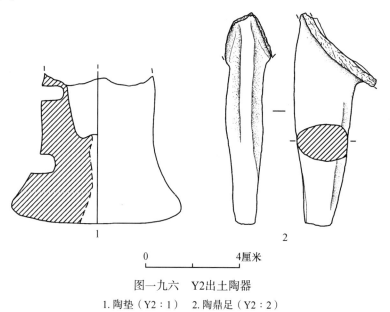

图一九六　Y2出土陶器
1.陶垫（Y2：1）　2.陶鼎足（Y2：2）

三、Y3

1. 遗迹概况

　　Y3位于T2836的西部。开口于⑤层下，打破⑥层。方向6°。仅残存火膛部分，北窄南宽近梯形，弧壁，底北高南低斜底。火膛大部分为黑色壁面，局部为红色烧结面，火膛壁厚约0.02米。开口距地表深0.72米，火膛南北长0.8米，宽0.28～0.38米，深0.5米（图一九七；图版三四，1）。

　　火膛内为黑色黏土，土质较硬，结构较致密，包含少量炭灰和烧土粒。出土陶片以夹砂红陶、褐陶为主，少量夹砂灰陶和泥质黑陶；纹饰为篮纹。器形不详。

2. 出土遗物

　　无标本。

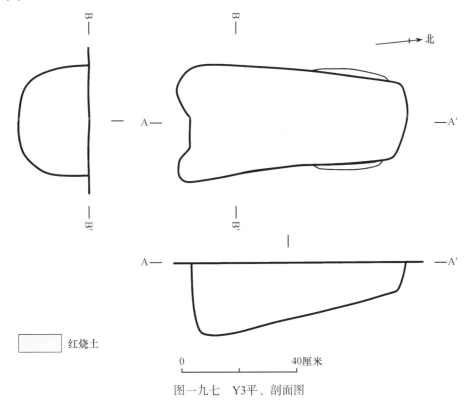

图一九七　Y3平、剖面图

四、Y4

1. 遗迹概况

　　Y4位于T3230的南部。开口于③层下的H54底部，被②层下的H50及③层下的H52打破，打破生土。方向183°。残存工作坑、火膛和火道三部分，整体平面形状不规则。工作坑平面形状呈椭圆形，弧壁内收，圜底，南北长0.66米，东西宽约0.92米，深0.4米。火膛平面形状近似半椭圆形，直壁，圜底。东西长约0.31米，南北宽约0.24米，坑口至坑底深0.38米。膛壁为青灰色烧结面，烧土壁厚约0.02～0.06米。火道位于火膛中北部，平面形状近圆形，南北长0.5米，东西宽0.42米，深0.38米，斜连火膛底部（图一九八；图版三五，1）。

　　火膛内堆积为黄灰色黏土，质地较硬，结构较致密，包含大量红烧土块。内无遗物。工作坑内堆积为黑灰色黏土，质地较硬，结构较致密，包含少量陶片、炭粒及红烧土粒。出土陶片有篮纹和素面。可辨器形有罐、盆等。

2. 出土遗物

　　无标本。

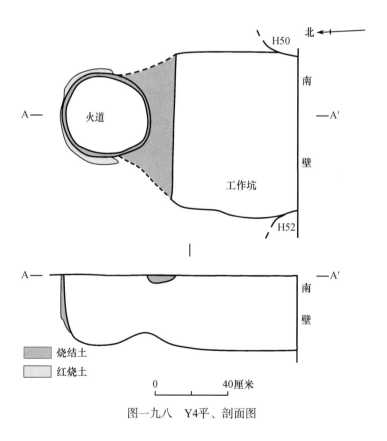

图一九八　Y4平、剖面图

五、Y5

1. 遗迹概况

　　Y5位于T2836东南角。开口于④层下，打破⑤层。方向25°。残存火膛及部分火道，整体平面形状近U形。火膛平面形状近似半椭圆形，位于东北部。直壁，平底。宽约0.98米，进深约0.6米，残深0.34～0.38米。膛壁为青灰色烧结面，烧土壁厚约0.02～0.04米。在火膛东南、西南各有一道火道，分别向西、南延伸，残留一小部分。西南火道残长0.76米，宽0.24～0.34米，深0～0.26米。火道呈沟槽状斜向东北与火膛相连。东南火道保存较好，长1.6米，宽0.24～0.34米，深约0.3米，局部烧结面厚0.02～0.04米，南高北低呈沟状与火膛相连。Y5总长度2.2米，未发现工作坑、火门及其他遗迹（图一九九；图版三四，2）。

　　火膛内出土少量陶片，主要为夹砂灰陶、黑陶，夹砂褐陶和泥质灰陶次之，少量泥质红陶、泥质褐陶、泥质黑陶；除素面外，纹饰主要为篮纹。可辨器形有鼎。

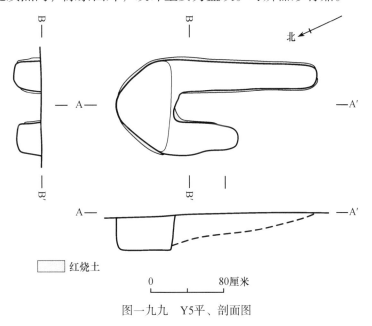

　　图一九九　Y5平、剖面图

2. 出土遗物

　　Y5有陶器标本3件（图版四四，2）。

　　陶鼎　3件。Y5：1，夹砂红胎灰黑陶。碟形口，折沿，内折棱突出，沿下角小，斜方唇，扁鼓腹，最大腹径在下腹部，圜底，矮扁形足。饰斜篮纹。口径20.1厘米，腹径29.7厘米，高22.8厘米（图二〇〇，1；图版四七，2）。Y5：2，泥质红胎黑皮陶。碟形口，整体较矮，宽高比值较大，在1.3～1.5之间。折沿，内折棱突出，斜方唇，唇面微凹，扁垂腹，最大腹径位于中腹部略偏下，矮扁形足。腹部饰斜篮纹。口径20.5厘米，腹径32.1厘米，高

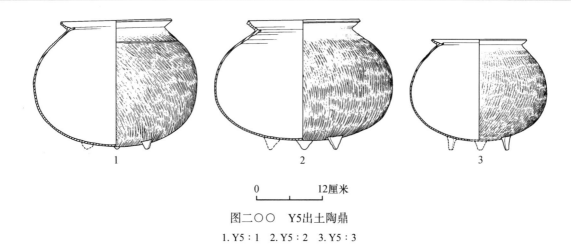

图二〇〇　Y5出土陶鼎

1. Y5：1　2. Y5：2　3. Y5：3

23厘米（图二〇〇，2；图版四七，3）。Y5：3，夹砂灰黑陶。碟形口，折沿明显，沿下角小，斜方唇，扁鼓腹，圜底，矮扁形足。饰竖篮纹。口径17厘米，腹径24.6厘米，高19.3厘米（图二〇〇，3；图版四七，4）。

第四节　房　　基

一、F1

1. 遗迹概况

　　F1位于T2830西北部，开口于④层下，打破生土。残存13个柱洞，整体平面形状近似椭圆形，东西最长5.12米，南北最宽3.88米。居住面为黄褐色粉质黏土，质地较硬，较平整。居住面之下为浅黄褐色垫土，厚约0.4米。柱洞平面形状为圆形或椭圆形，直壁，平底或圜底，直径0.14～0.54米，深0.1～0.4米（图二〇一；图版三五，2）。

　　柱洞内填土呈灰褐色，质地较软，结构疏松，包含有红烧土颗粒、炭粒以及少量碎小陶片。

2. 出土遗物

　　无标本。

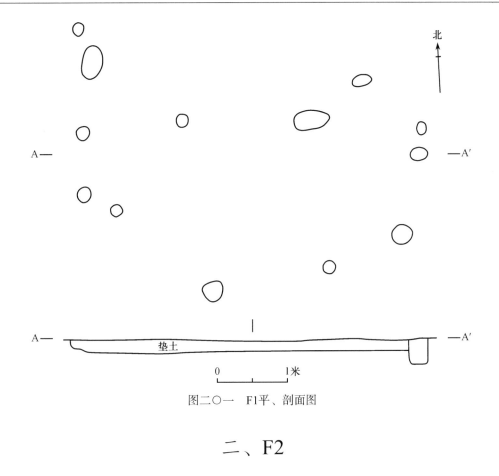

图二〇一　F1平、剖面图

二、F2

1. 遗迹概况

F2位于T2830西北部，开口于④层下，打破生土。残存9个柱洞，平面形状不规则，东西最长4.36米，南北最宽3.8米。居住面为黄褐色粉质黏土，土质较硬，较平整。居住面之下为浅黄褐色垫土，厚约0.06米。柱洞平面形状为圆形或椭圆形，直壁，平底或圜底，直径0.26～0.68米，深0.17～0.44米（图二〇二；图版三六，1）。

柱洞内填土呈灰褐色，质地较软，结构疏松，包含有红烧土颗粒、炭粒以及少量碎陶片。

2. 出土遗物

无标本。

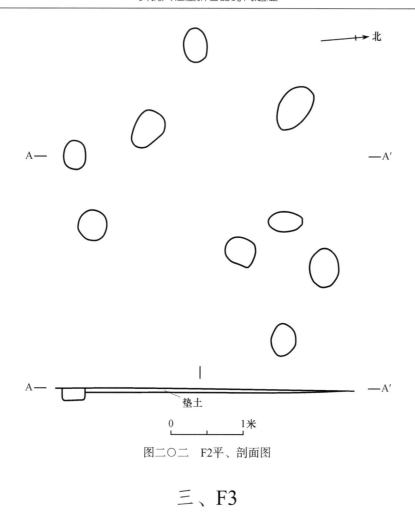

图二〇二　F2平、剖面图

三、F3

1. 遗迹概况

F3位于T3231中部，开口于③层下，打破生土。残存6个柱洞，平面形状近似半圆形，东西最长2.17米，南北最宽1.15米。未见居住面和垫土。柱洞平面呈圆形，直壁，平底或圜底，直径0.13～0.25米，深0.15～0.22米（图二〇三；图版三六，2）。

柱洞内填土呈灰色，质地较软，结构疏松，包含有红烧土颗粒和炭粒等。

2. 出土遗物

无标本。

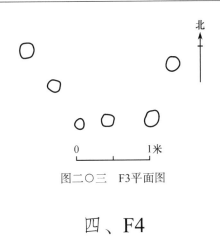

图二〇三　F3平面图

四、F4

1. 遗迹概况

F4位于T3231南部，开口于③层下H45底部，打破生土。残存17个柱洞，整体平面形状呈长条形。东西最长6.9米，南北最宽3.5米。居住面及垫土情况不详。柱洞平面呈圆形，直壁，平底，直径0.13～0.32米，深0.1～0.22米（图二〇四；图版三七，1）。

柱洞内填土呈青灰色，质地较硬，结构较致密，包含有红烧土颗粒、炭粒以及少量草木灰。

2. 出土遗物

无标本。

图二〇四　F4平面图

第五节　沟

一、G1

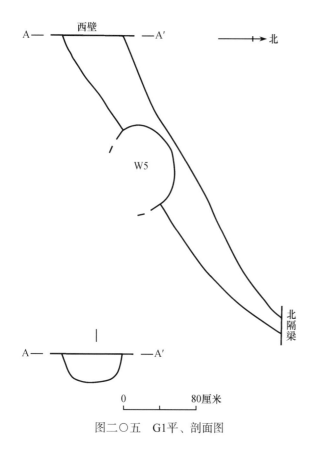

图二〇五　G1平、剖面图

1. 遗迹概况

G1位于T2831西北部，向北、向西延伸至未发掘区。开口于③层下，被W5打破，打破④层。发掘区内平面形状近似长条形，斜壁，圜底。清理部分东西最长3.8米，南北最宽0.16～0.64米，沟深0.3米（图二〇五；图版三八，1）。

填土为灰褐色粉质黏土，土质较软，结构较疏松。包含的烧土粒比例约占3%，分选度一般；炭粒比例约占4%，分选度较好；堆积近平。出土有陶片，以泥质灰陶、夹砂褐陶为主，另有少量泥质褐陶、泥质红陶、泥质黑陶、夹砂灰陶；除素面外，纹饰主要为篮纹，个别饰附加堆纹。可辨器形有罐、鼎、瓮、盆等。

2. 出土遗物

G1有陶器标本4件。

陶盆　1件。G1：1，泥质浅灰陶。卷沿，圆唇。素面。残高1.4厘米（图二〇六，1）。

陶瓮　2件。G1：2，泥质灰陶。大口，圆唇外加厚，直领较高，广肩。肩部以下残。素面。复原口径26厘米，残高5.6厘米（图二〇六，2）。G1：4，泥质灰黑陶。大口，平方唇外侧加厚，直领，广肩。肩部以下残。饰斜篮纹。残高6.6厘米（图二〇六，4）。

陶鼎足　1件。G1：3，夹砂褐陶。矮扁形。残高2.7厘米（图二〇六，3）。

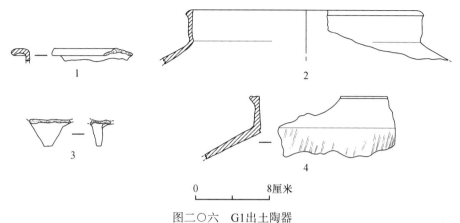

图二〇六 G1出土陶器

1.陶盆（G1：1） 2、4.陶瓮（G1：2、G1：4） 3.陶鼎足（G1：3）

二、G2

1. 遗迹概况

G2分布于T2930、T3030、T2931～T3231内，并延伸至未发掘区，开口于中区第③层下，打破中区第④层。发掘区内平面形状近似L形，斜弧壁，底呈缓锅底状。清理部分东西最长38.9米，南北最宽19米，沟深0.7～2.35米（图二〇七；图版三八，2；图版三九，1、2）。

填土共分4层。①层为黄褐色沙质黏土，质地较硬，结构较致密，有水锈斑点，厚约0.8米。包含极少量的炭粒，堆积近平。②层为青灰色粉质黏土，质地较硬，结构较致密，厚0.05～0.77米。包含的红烧土粒和炭粒比例约占2%，分选度一般；堆积近平。③层为褐黄色粉质黏土，质地较软，结构较疏松，厚约1.05米。包含的红烧土颗粒和炭粒比例约占10%，分选度一般；堆积近平。④层为黄褐色粉质黏土，质地较硬，结构较致密，厚0.45米。包含极少量

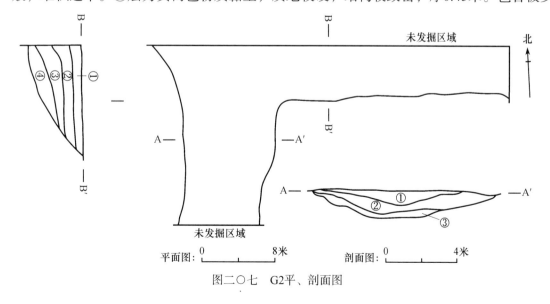

图二〇七 G2平、剖面图

的炭粒和烧土粒，堆积近平。出土遗物除石器外，各层均出土较多陶片，以泥质灰陶、夹砂灰陶为主，夹砂褐陶、夹砂红陶、泥质黑陶次之，夹砂黑陶，泥质褐陶，泥质红陶较少；纹饰以篮纹为主，另有方格纹、篮纹弦纹、附加堆纹、锥刺纹、弦纹、刻划纹等。可辨器形有罐、鼎、盆、器盖、豆、甑、钵、瓮、圈足盘等。

2. 出土遗物

G2有石器标本16件，陶器标本100件。

石刀　4件。T2930G2③：1，深灰色。半月形，弧背，刃部内弧，刃部圆钝且中部内凹明显，两面管钻孔。一端略残，孔边缘磨圆度高，说明长期使用。残长11.3厘米，厚0.7厘米（图二〇八，1；图版七三，6）。T2931G2②：3，灰色。近长方形，斜弧背，单面刃，两面桯钻孔。残长5.1厘米，宽5厘米，厚0.8厘米（图二〇八，2；图版七七，3）。T2931G2②：10，浅灰色。半月形，弧背，平刃，两面刃，单面桯钻孔，未钻通。残长5.2厘米，残宽4.3厘米，厚0.4厘米（图二〇八，3；图版七六，1）。T3031G2③：2，褐色。近长方形，平背，平刃，两面刃，单面管钻孔。磨制精细。残长7.7厘米，宽7.1厘米，厚1厘米（图二〇八，4；图版七七，4）。

石镰　5件。T2931G2②：9，灰色。斜背，平刃，单面刃。残长6.3厘米，残宽5.1厘米，宽0.72厘米（图二〇八，5；图版八二，3）。T2931G2②：11，灰色。斜背，平刃，两面刃。残长5.9厘米，残宽4.8厘米，厚0.6厘米（图二〇八，6；图版八二，4）。T3031G2②：2，深灰色。毛坯，未磨制。长7.8厘米，宽6.4厘米，厚0.8厘米（图二〇八，7；图版八二，5）。T3031G2②：3，青灰色。斜弧背，单面刃。残长6.9厘米，宽5厘米，厚1厘米（图二〇八，8；图版八二，6）。T3231G2：2，青灰色略泛黄。斜弧背，单面刃。两端残。残长9.1厘米，宽5.6厘米，厚0.7厘米（图二〇八，9；图版八三，1）。

石凿　1件。T3031G2③：3，青色。大致为近梯形，单面刃。长7厘米，宽3厘米，厚2.3厘米（图二〇八，10；图版七九，1）。

石斧　1件。T3231G2：1，灰色。两面剥落呈片状，平刃，两面刃，刃部磨制精细。长8厘米，宽5.8厘米，厚0.9厘米（图二〇八，11；图版八五，4）。

石铲　1件。T3231G2③：1，青黑色。顶部残。整体呈梯形，两面管钻圆孔，刃部钝。长8.5厘米，宽8.3厘米，厚1.5厘米（图二〇八，12；图版八三，6）。

石器坯料　4件。T3031G2②：4，灰褐色。可能为石凿坯料，近长条形。刃端残。残长7.3厘米，宽3.4厘米，厚1.6厘米（图二〇八，13；图版八八，1）。T3031G2③：1，青灰色。可能为石凿坯料，截面近方形。残长8.7厘米（图二〇八，14；图版八八，2）。T3031G2②：1，青灰色。可能为石凿坯料，截面近圆角长方形。残长6厘米，宽2.7厘米（图二〇八，15；图版八七，4）。T2930G2：2，灰白色。剥落石片。长5.6厘米，宽4.1厘米，厚1厘米（图二〇八，16）。

陶鼎　1件。T2931G2②：17，夹砂红褐陶。碟形口，折沿，方唇。素面。残高3厘米（图二〇九，1）。

陶罐　30件。其中夹砂罐28件，泥质罐2件。

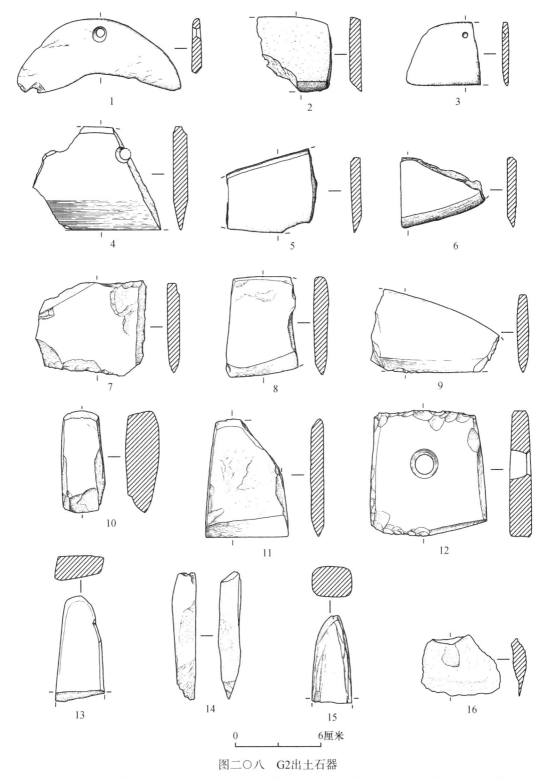

图二〇八 G2出土石器

1~4. 石刀（T2930G2③：1、T2931G2②：3、T2931G2②：10、T3031G2③：2） 5~9. 石镰（T2931G2②：9、
T2931G2②：11、T3031G2②：2、T3031G2②：3、T3231G2：2） 10. 石凿（T3031G2③：3） 11. 石斧（T3231G2：1）
12. 石铲（T3231G2③：1） 13~16. 石器坯料（T3031G2②：4、T3031G2③：1、T3031G2②：1、T2930G2：2）

夹砂罐　　28件，其中碟形口罐16件、盘形口罐10件、钵形口罐2件。

碟形口罐　　16件。T2930G2③：9，夹细砂褐陶。碟形口，折沿，方唇。肩部以下残。饰浅横篮纹。残高5厘米（图二〇九，2）。T2931G2②：18，灰陶。碟形口，折沿，圆唇。肩部以下残。素面。口径20.4厘米，残高3.6厘米（图二〇九，3）。T2931G2③：1，红胎黑皮陶。碟形口，折沿，平方唇。肩部以下残。素面。口径21.2厘米，残高6厘米（图二〇九，4）。T2931G2③：2，灰陶。碟形口，折沿，方唇加厚。肩部以下残。素面。残高4.8厘米（图二〇九，5）。T3031G2①：2，灰黑陶。碟形口，折沿斜平，圆唇。肩部以下残。饰方格纹。口径15.6厘米，残高3.4厘米（图二〇九，6）。T3031G2①：4，褐陶。碟形口，折沿斜平，斜方唇。肩部以下残。饰宽浅斜篮纹。残高5.6厘米（图二〇九，7）。T3031G2①：5，褐陶。碟形口，折沿近斜平，方唇，唇面有浅凹槽。肩部以下残。饰宽浅竖篮纹。口径17.8厘米，残高3.5厘米（图二〇九，8）。T3031G2②：5，浅褐陶。碟形口，折沿，斜方唇。肩部及以下残。素面。口径19厘米，残高2.3厘米（图二〇九，9）。T3031G2④：8，灰黑陶。碟形口，折沿，斜方唇。上腹以下残。饰篮纹。口径16.6厘米，残高4.6厘米（图二〇九，10）。T3231G2：9，碟形口，灰陶。折沿，圆唇。上腹以下残。素面。口径14.5厘米，残高6.1厘米（图二〇九，11）。T3231G2：13，夹细砂灰黑陶。碟形口，折沿略明显，方圆唇。上腹以下残。饰竖篮纹，印痕浅。口径18厘米，残高4.6厘米（图二〇九，12）。T3231G2：14，夹粗砂浅褐陶。碟形口，折沿，圆唇。肩部以下残。素面。口径22厘米，残高4厘米（图二〇九，13）。T2930G2③：10，浅黄褐陶。碟形口，折沿，窄方唇。上腹以下残。饰宽浅竖篮纹。口径17.8厘米，残高6.4厘米（图二〇九，16）。T3231G2：15，灰陶。碟形口，折沿明显，斜方唇。饰宽浅竖篮纹。肩部以下残。口径22.2厘米，残高4.4厘米（图二〇九，17）。T3231G2：12，灰陶。碟形口，折沿不太明显，圆唇外翻，溜肩。肩部以下残。素面。残高6厘米（图二〇九，27）。T3131G2：10，灰黑陶。碟形口，折沿，方唇，短束颈。中腹以下残。饰宽浅篮纹。口径23厘米，残高6.2厘米（图二〇九，29）。

盘形口罐　　10件。T2930G2②：6，浅褐陶。盘形口，折沿不明显，尖唇。肩部以下残。素面。残高3.7厘米（图二〇九，14）。T2930G2②：5，灰陶。盘形口，折沿，沿面内凹明显，尖唇。肩部以下残。饰竖篮纹，印痕浅。口径20厘米，残高4.2厘米（图二〇九，15）。T3031G2①：1，夹粗砂灰黑陶。盘形口，折沿，沿面微内凹，尖唇。中腹部以下残。饰斜篮纹。残高6.4厘米（图二〇九，18）。T3031G2①：3，红褐陶。盘形口较大，折沿，沿面内凹，尖唇。上腹部以下残。素面。口径23厘米，残高5.5厘米（图二〇九，19）。T3031G2②：6，灰黑陶。盘形口，卷折沿，沿面内凹，尖唇。上腹以下残。饰极宽的斜篮纹，宽度约1厘米左右。口径18厘米，残高5.5厘米（图二〇九，20）。T3231G2：6，浅褐陶。盘形口，折沿，沿面内凹，尖唇。肩部以下残。饰竖篮纹。残高4.6厘米（图二〇九，21）。T3031G2④：7，褐陶。盘形口，折沿不明显，沿面微凹，尖唇。上腹以下残。饰斜篮纹。口径18.6厘米，残高5.5厘米（图二〇九，22）。T3131G2：12，灰陶。盘形口，折沿不明显，沿面内凹，尖唇。饰宽浅竖篮纹。口径18厘米，残高5.8厘米（图二〇九，

0　　　　12厘米

图二〇九　G2出土陶器（一）

1. 陶鼎（T2931G2②：17）　2~29. 夹砂陶罐（T2930G2③：9、T2931G2②：18、T2931G2③：1、T2931G2③：2、T3031G2①：2、T3031G2①：4、T3031G2①：5、T3031G2②：5、T3031G2④：8、T3231G2：9、T3231G2：13、T3231G2：14、T2930G2②：6、T2930G2②：5、T2930G2③：10、T3231G2：15、T3031G2①：1、T3031G2①：3、T3031G2②：6、T3231G2：6、T3031G2④：7、T3131G2：12、T3031G2④：1、T2930G2③：5、T3131G2：11、T3231G2：12、T3031G2②：7、T3131G2：10）　30、31. 泥质陶罐（T2930G2③：6、T3030G2：2）　32、33、35、36. 陶盆（T3031G2③：14、T3131G2：8、T3031G2③：15、T3231G2：10）　34. 陶罍（T3131G2：7）　37. 陶刻槽盆（T3131G2：9）

23）。T3031G2④：1，灰陶。盘形口较大，折沿，沿面内凹，尖唇，深腹。下腹及底残。饰宽浅竖篮纹。口径24厘米，残高13.7厘米（图二〇九，24）。T3031G2②：7，夹细砂红陶。盘形口，折沿，尖圆唇。肩部以下残。素面。残高4厘米（图二〇九，28）。

钵形口罐　2件。T2930G2③：5，红胎黑皮陶。钵形口，折沿内凹，尖唇。肩部以下残。饰宽浅竖篮纹。口径17.3厘米，残高4.7厘米（图二〇九，25）。T3131G2：11，夹细砂灰黑陶。钵形口，折沿不太明显，尖唇。上腹以下残。饰错乱篮纹，印痕浅。口径16.6厘米，残高7.8厘米（图二〇九，26）。

泥质罐2件。T2930G2③：6，灰黑陶。卷沿，平方唇，唇面一周宽凹槽，圆肩。肩部以下残。饰竖篮纹。口径23.7厘米，残高4.5厘米（图二〇九，30）。T3030G2：2，浅灰陶。大口，折沿明显，平方唇。上腹以下残。饰竖篮纹。残高6.3厘米（图二〇九，31）。

陶罍　1件。T3131G2：7，夹砂红陶，局部灰黑色。侈口，尖圆唇，长束颈。肩部以下残。颈下一周附加堆纹，之下为篮纹，印痕浅。口径38厘米，残高10.4厘米（图二〇九，34）。

陶盆　4件。均为泥质灰黑陶。T3031G2③：14，折沿，沿面两周凸棱，方唇，唇面一周深槽，深弧腹。下腹部及底残。饰横篮纹。残高5.2厘米（图二〇九，32）。T3131G2：8，折沿，沿面有凸棱，方唇，唇面一周深凹槽，深弧腹。饰横篮纹。残高4.3厘米（图二〇九，33）。T3031G2③：15，近直口，平方唇内勾，深弧腹。下腹部及底残。上腹以下饰弦断细篮纹。口径24厘米，残高8.5厘米（图二〇九，35）。T3231G2：10，卷沿，窄方唇，深弧腹。中腹以下残。上腹有刮抹痕迹，中腹饰竖篮纹。残高7.3厘米（图二〇九，36）。

陶刻槽盆　1件。T3131G2：9，泥质浅灰陶。盆形，卷沿，圆唇，深弧腹。下腹及底残。外素面，内壁有竖向刻槽。高5.1厘米（图二〇九，37）。

陶瓮　18件。其中有领瓮14件、敛口瓮4件。

有领瓮　14件。T3031G2②：10，泥质灰黑陶。小口，圆唇，高领上部外撇，鼓肩。肩部以下残。素面。口径12厘米，残高4厘米（图二一〇，1）。T3031G2③：10，夹砂灰黑陶。小口，尖圆唇，高领上部外撇，鼓肩。肩部以下残。饰横斜篮纹。口径14厘米，残高6.5厘米（图二一〇，2）。T3031G2③：11，泥质浅灰陶。小口，平方唇，唇外加厚，高直领，广肩。肩部以下残。素面。口径16.7厘米，残高4.5厘米（图二一〇，3）。T3231G2：04，泥质灰黑陶。小口，圆唇微外翻，高领近直，鼓肩，平底。肩部及以下饰斜篮纹。口径12.8厘米，腹径22.2厘米，底径11厘米，高18厘米（图二一〇，4）。T3231G2：5，泥质灰黑陶，含少量细砂。小口，圆唇外翻，高领内敛，广肩。肩部以下残。素面。口径19.3厘米，残高5厘米（图二一〇，5）。T3031G2③：18，泥质红褐陶。小口，圆唇，高领上部外撇，鼓肩。肩部以下残。饰竖篮纹。口径16.4厘米，残高6.1厘米（图二一〇，6）。T3231G2：7，泥质灰黑陶。小口，圆唇，唇部内侧一周浅凹槽，高领微外撇，鼓肩。肩部以下残。饰弦断斜篮纹。口径19厘米，残高6.3厘米（图二一〇，7）。T3231G2：17，夹细砂灰陶。小口，平方唇，高领近直，鼓肩。肩部以下残。饰竖篮纹。口径16厘米，残高4.5厘米（图二一〇，8）。T2930G2③：3，泥质灰陶。大口，折沿，尖唇，矮领内敛，圆肩。肩部以下残。饰弦断斜

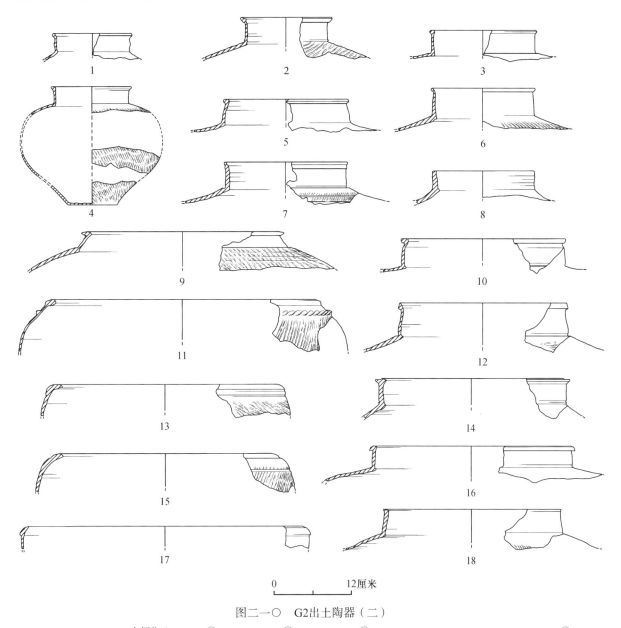

图二一〇　G2出土陶器（二）

1～10、12、14、16、18.有领瓮（T3031G2②：10、T3031G2③：10、T3031G2③：11、T3231G2：04、T3231G2：5、T3031G2③：18、
T3231G2：7、T3231G2：17、T2930G2③：3、T2930G2③：7、T3031G2③：9、T3031G2③：12、T3031G2③：17、
T3031G2④：4）　11、13、15、17.无领敛口瓮（T3031G2④：6、T2930G2③：11、T3031G2③：16、T2931G2②：7）

篮纹。口径31.3厘米，残高6厘米（图二一〇，9）。T2930G2③：7，泥质浅灰陶。大口，折沿，圆唇，高领上部内勾，广肩。肩部以下残。饰斜篮纹。口径26厘米，残高5.2厘米（图二一〇，10）。T3031G2③：9，泥质灰黑陶。陶胎不净，含少量细砂。大口，尖圆唇，唇外加厚，高领近直，鼓肩。肩部以下残。饰横篮纹。口径26.2厘米，残高7.3厘米（图二一〇，12）。T3031G2③：12，泥质灰黑陶。大口，折沿外翻，唇内勾，唇面一周凸棱，高直领，鼓肩。肩部以下残。素面。口径30厘米，残高6.1厘米（图二一〇，14）。T3031G2③：17，夹砂灰黑陶。大口，叠圆唇，矮直领，广肩。肩部以下残。饰竖篮纹。口径32厘米，残高5.5厘米（图二一〇，16）。T3031G2④：4，泥质浅灰陶。大口，平方唇，矮领内敛，鼓肩。肩部以

下残。素面。口径28厘米，残高6厘米（图二一〇，18）。

敛口瓮　4件。T3031G2④：6，泥质灰陶。敛口，圆唇外加厚。上腹以下残。肩部饰一周附加堆纹，以下饰竖篮纹。口径40.4厘米，残高8厘米（图二一〇，11）。T2930G2③：11，泥质灰黑陶。敛口，尖圆唇。饰斜篮纹，印痕清晰。口径34.6厘米，残高5厘米（图二一〇，13）。T3031G2③：16，泥质灰黑陶。敛口，尖圆唇。上腹部以下残。肩部饰两周凹弦纹，以下饰斜篮纹。口径34厘米，残高6厘米（图二一〇，15）。T2931G2②：7，泥质灰陶。敛口，尖唇外加厚。肩部以下残。素面。口径42.6厘米，残高3.3厘米（图二一〇，17）。

陶甑　8件。皆为罐形甑。T2930G2②：7，泥质红陶。敞口，折沿，圆唇下加厚，斜深腹。上腹以下残。素面。残高4厘米（图二一一，1）。T3031G2②：8，夹砂红陶黑皮陶。敞口，折沿，叠方唇。上腹以下残。自唇部以下饰数周附加堆纹。残高4.8厘米（图二一一，2）。T3031G2②：9，泥质灰胎黑皮陶。近直口，折沿，斜方唇，斜深腹。上腹以下残。饰篮纹。残高4.5厘米（图二一一，3）。T3030G2：4，泥质灰陶。敞口，窄折沿，沿面内凹，方唇加厚，深腹。中腹以下残。腹部有附加堆纹鋬。素面。口径34厘米，残高5.8厘米（图二一一，4）。T3031G2④：2，泥质灰黑陶。敛口，宽折沿，斜方唇，唇面有浅凹槽，深腹。中腹以下残。饰竖斜篮纹。口径32厘米，残高8厘米（图二一一，5）。T3231G2：8，泥质灰黑陶。近直口，折沿明显，斜方唇，深腹。上腹以下残。饰斜篮纹。残高6.6厘米（图二一一，6）。T3231G2：16，泥质灰黑陶。近直口，折沿明显，浅方唇，深腹。中腹以下

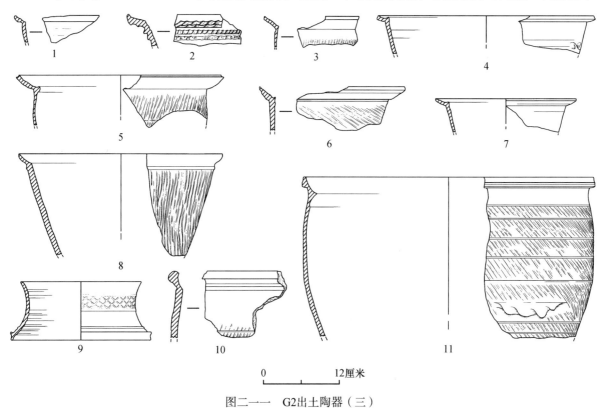

图二一一　G2出土陶器（三）

1~8.陶甑（T2930G2②：7、T3031G2②：8、T3031G2②：9、T3030G2：4、T3031G2④：2、T3231G2：8、T3231G2：16、
T3031G2④：3）　9.陶器座（T3231G2：3）　10、11.陶缸（T3231G2：4、T3131G2：6）

残。素面。口径22厘米，残高5厘米（图二一一，7）。T3031G2④：3，夹砂灰黑陶。敞口，折沿，尖唇，深腹。下腹及底残。饰竖篮纹。口径32厘米，残高15.5厘米（图二一一，8）。

陶器座　1件。T3231G2：3，泥质灰黑陶。束腰，中部一周凸棱，之上有条带状交错菱形刻划纹。口径17~21.9厘米，高8.9厘米（图二一一，9；图版五九，2）。

陶缸　2件。均为夹砂灰黑陶。T3231G2：4，夹粗砂。微敛口，折沿，沿面内凹，厚圆唇，深腹。上腹以下残。饰弦断竖篮纹。残高10厘米（图二一一，10）。T3131G2：6，敛口，折沿明显，叠方唇，深腹。下腹及底残。饰弦断竖篮纹，下腹有附加堆纹鋬。口径45.6厘米，残高24.2厘米（图二一一，11）。

陶碗　5件。其中圈足碗3件、平底碗2件。

圈足碗　3件。T2930G2：1，夹砂红陶。敞口，圆唇，斜弧腹，圜底，圈足捏制后粘接。口径10.9厘米，圈足径6.2厘米，高4.6厘米（图二一二，1；图版五二，5）。T3131G2：2，泥质红陶。敞口，平唇，斜腹，圜底，圈足。素面。捏制，器表内外凹凸不平。口径12.4厘米，圈足径5.8厘米，高6厘米（图二一二，2；图版五二，6）。T3031G2③：4，夹细砂灰陶。口部残，斜腹，圜底，小圈足。素面。捏制，凹凸不平。圈足径4.4厘米，残高3.8厘米（图二一二，3）。

平底碗　2件。T3131G2：3，泥质灰黑陶。敞口，平唇，斜腹，平底微凹。素面。口径19.6厘米，底径8厘米，高6.9厘米（图二一二，4；图版五二，3）。T3131G2：5，泥质浅褐陶，局部灰黑色，表皮剥落严重。敞口，圆唇内勾，斜腹，平底微凹。素面。口径15.4厘米，底径7.2厘米，高6.3厘米（图二一二，5；图版五二，4）。

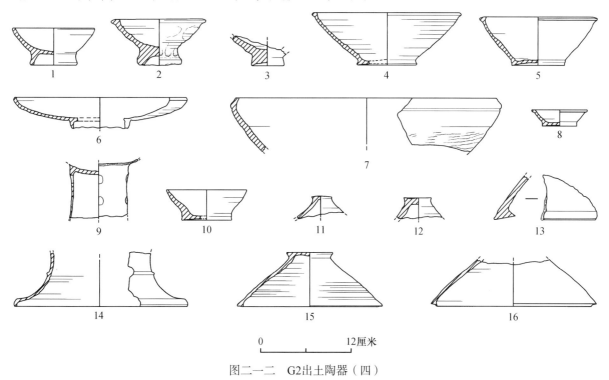

0　　　　　12厘米

图二一二　G2出土陶器（四）

1~5.陶碗（T2930G2：1、T3131G2：2、T3031G2③：4、T3131G2：3、T3131G2：5）　6、9、14.陶豆（T3031G2①：7、T3131G2：13、T3030G2：3）　7.陶钵（T2930G2②：2）　8、10.陶盏（T3131G2：4、T3031G2③：4）　11~13、15、16.陶器盖（T2930G2②：1、T2931G2③：3、T2930G2③：8、T3131G2：1、T3031G2①：6）

陶豆　3件。均为泥质陶。T3031G2①：7，灰黑陶。仅存豆盘。敞口，圆唇，浅腹。素面。盘径23厘米，残高4厘米（图二一二，6）。T3131G2：13，灰黑陶。仅存豆柄。柄部有4列共计8个圆形镂孔。残高7.5厘米（图二一二，9）。T3030G2：3，灰陶。仅存豆柄。柄部中间有一周凸棱，残留一圆形镂孔。足径23厘米，残高7厘米（图二一二，14）。

陶钵　1件。T2930G2②：2，夹细砂灰黑陶。敛口，尖圆叠唇，弧腹。中腹以下残。饰浅横篮纹。口径35厘米，残高6.8厘米（图二一二，7）。

陶盏　2件。T3131G2：4，夹砂灰黑陶。敞口，圆唇，斜腹，平底微凹。素面。口径7.3厘米，底径4.6厘米，高2.1厘米（图二一二，8；图版五三，4）。T3031G2③：4，泥质浅褐陶。敞口，圆唇，斜腹，平底微内凹。素面。口径10.5厘米，底径6.5厘米，高4厘米（图二一二，10；图版五三，2）。

陶器盖　5件。T2930G2②：1，夹砂红胎黑皮陶。小平顶，斜壁。口部残。素面。顶径2.7厘米，残高2.8厘米（图二一二，11）。T2931G2③：3，夹细砂灰黑陶。小平顶，斜壁，口部残。素面。顶径3.7厘米，残高2.7厘米（图二一二，12）。T2930G2③：8，夹细砂褐陶。顶部残。斜壁，平唇内勾。素面。残高5.6厘米（图二一二，13）。T3131G2：1，夹砂陶，陶色不均，有红色和灰黑色。小平顶，斜壁，平唇。素面。顶径6厘米，口径19厘米，高7厘米（图二一二，15；图版五六，6）。T3031G2①：6，夹少量砂红陶，口部黑色。顶残。斜壁，平唇内勾，唇面有宽浅凹槽。素面。口径22厘米，高6厘米（图二一二，16）。

陶鼎足　16件。均为夹砂陶。其中矮扁形鼎足3件，高宽扁形鼎足3件，柱形鼎足5件，侧装三角形高鼎足5件。

矮扁形鼎足　3件。T2930G2②：4，红褐陶。高3厘米（图二一三，1）。T2930G2③：14，灰陶。高3.6厘米（图二一三，2）。T3031G2②：13，红陶。高3.2厘米（图二一三，3）。

高宽扁形鼎足　3件。T2931G2②：14，红褐陶。外侧有三竖条附加堆纹，另戳印点状坑，内侧平。足尖残。宽6.7厘米，残高8.3厘米（图二一三，4）。T3031G2②：11，红陶。外侧有四道竖泥条，内侧素面。足尖和足跟残。宽7厘米，残高6.9厘米（图二一三，5）。T3031G2②：12，红陶。足尖残，足跟部三个圆形按窝。宽4.8厘米，残高6厘米（图二一三，6）。

柱形鼎足　5件。T2930G2②：3，浅褐陶。足尖残。残高6厘米（图二一三，7）。T2931G2②：12，红陶。足尖捏成铲状。高8.6厘米（图二一三，8）。T3031G2③：5，褐陶。足尖平。高10厘米（图二一三，9）。T3031G2③：6，灰陶。足尖残。残高7.1厘米（图二一三，10）。T3131G2：14，浅褐陶。方柱形，足尖有捏痕。残高7.4厘米（图二一三，16）。

侧装三角形高鼎足　5件。T2930G2③：12，夹细砂褐陶。整体较宽。足尖残。残高11.5厘米（图二一三，11）。T2930G2③：13，夹细砂褐陶。整体较瘦，足尖有捏痕。高10.7厘米（图二一三，12）。T3031G2②：14，浅褐陶。整体较瘦，足尖残。残高5.4厘米（图二一三，13）。T3031G2③：7，红陶。整体略宽，足尖残。残高5.8厘米（图二一三，14）。T3031G2③：8，红陶。整体较瘦，足尖残。残高5.5厘米（图二一三，15）。

陶纺轮　1件。T3031G2③：04，泥质黑陶。捏制。直径约3.8厘米，厚0.6厘米（图二一三，17）。

陶祖　1件。T2930G2③：2，夹砂红陶。根部残。素面。残长10.3厘米（图二一三，18）。

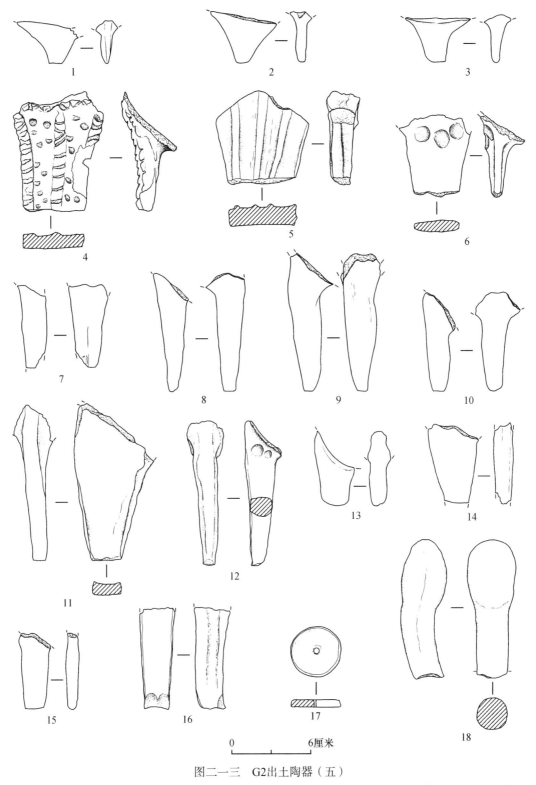

图二一三　G2出土陶器（五）

1～16.鼎足（T2930G2②：4、T2930G2③：14、T3031G2②：13、T2931G2②：14、T3031G2②：11、T3031G2②：12、
T2930G2②：3、T2931G2②：12、T3031G2③：5、T3031G2③：6、T2930G2③：12、T2930G2③：13、T3031G2②：14、
T3031G2③：7、T3031G2③：8、T3131G2：14）　17.纺轮（T3031G2③：04）　18.陶祖（T2930G2③：2）

三、G3

1. 遗迹概况

G3位于T2836西南部，向探方西壁处延伸。开口于④层下，打破⑤层。发掘区内平面形状呈不规则长条形，沟壁弯曲不规整，底高低不平。清理部分东西最长8.16米，南北宽0.36～0.85米，沟口距地表深0.35～0.85米，沟深0.6米（图二一四；图版三九，3）。

填土为黑色黏土，质地较硬，结构较致密。包含的炭灰和烧土粒比例均占约2%，分选度一般；堆积近平。出土遗物有石器和较多陶片。陶片以夹砂灰陶居多，夹砂黑陶、泥质黑陶次之，泥质灰陶和夹砂红陶较少；纹饰以篮纹为主，另有少量绳纹、篮纹弦纹。可辨器形有罐、器盖等。

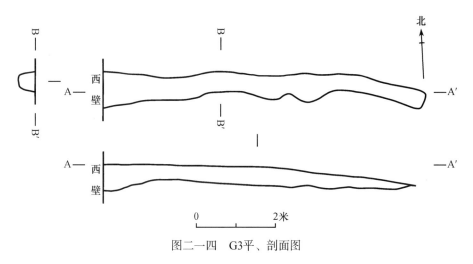

图二一四　G3平、剖面图

2. 出土遗物

G3有石器标本4件，陶器标本1件。

石镞　3件。G3：1，青灰色。柳叶状，镞身截面呈菱形，圆柱形铤与身界限明显。残长6厘米，宽2.6厘米（图二一五，1；图版六八，4）。G3：2，浅灰色。柳叶状，镞身截面呈菱形，铤与身界限不明显。长7.4厘米，宽1.8厘米（图二一五，2；图版六九，1）。G3：3，浅灰色。柳叶状，一面剥落导致镞身截面呈平底扁三角形，铤与身界限不明显。长5.7厘米，宽2.1厘米（图二一五，3）。

石锤　1件。G3：4，红褐色。不规则柱状。长8.3厘米，宽3.9厘米（图二一五，4；图版八七，2）。

陶器盖　1件。G3：5，夹砂灰黑陶，局部红褐色。小平顶微凹，斜壁，斜方唇，唇面微凹。素面。顶径5.7厘米，口径18.4厘米，高6.7厘米（图二一五，5）。

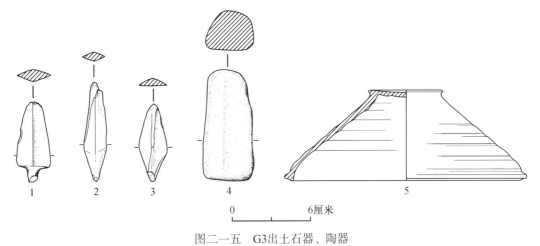

图二一五　G3出土石器、陶器

1~3. 石镞（G3：1、G3：2、G3：3）　4. 石锤（G3：4）　5. 陶器盖（G3：5）

四、G4

1. 遗迹概况

G4位于T2836西北部。开口于⑤层下，北部被H28打破，打破⑥层。发掘区内平面形状呈长条形，直壁较规整，底高低不平。清理部分东西最长7.26米，南北宽0.26~0.32米，开口距地表深0.7~1.05米，沟深0.49米（图二一六；图版三九，4）。

填土为灰褐色黏土，质地较硬，结构较致密，包含极少量的炭灰和烧土粒。无文化遗物。

2. 出土遗物

无标本。

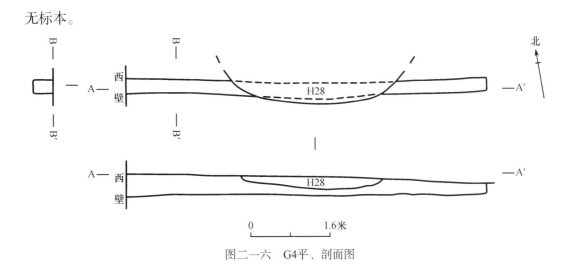

图二一六　G4平、剖面图

第五章 综合研究

第一节 分型分式

本次发掘出土遗物丰富，包括陶器标本656件，石器标本112件，鹿角1件，共计769件。

一、陶 器

陶器以泥质陶为主，夹砂陶次之，其中泥质陶绝大多数存在陶土淘洗不净、含少量细砂的现象。素面者略微过半，纹饰主要为篮纹，另有少量弦纹、方格纹、附加堆纹和绳纹等。可辨器形有鼎、瓮、罐、盆、豆、甑、器盖、碗、鬶、觚形器、转盘等。其中鼎、罐、瓮数量最多，占陶器总数的50%以上。

鼎 共计70件。绝大多数为夹砂陶。依据个体大小的不同可分为两型。

A型 形体较大。共68件（图二一七至图二一九），从其中能够复原的17件和另外保存相对较好的4件整体形态看，依据通宽与通高的比值可以分为两式。

Ⅰ式 整体较高，宽高比值较小，在1～1.2之间。共12件，如W18：1和H45：9（图二一七）。

Ⅱ式 整体较矮，宽高比值较大，在1.3～1.5之间。共9件，如H1：13和Y5：2（图二一八）。

A型鼎的演变规律是：器身由高变矮。

B型 形体较小。共2件，即H23：16和H64：5（图二二〇，1、2）。

鼎足 共计78件。均为夹砂陶，皆手制。依据形态特征的差别可以分为四型。

A型 高宽扁形足。共13件，如T3327⑥：7、T2830④：28和H23：28（图二二一，1～13）。

B型 侧装三角形高足。数量最多。共25件，如T2930G2③：12和T2836⑤：18（图二二一，14～38）。

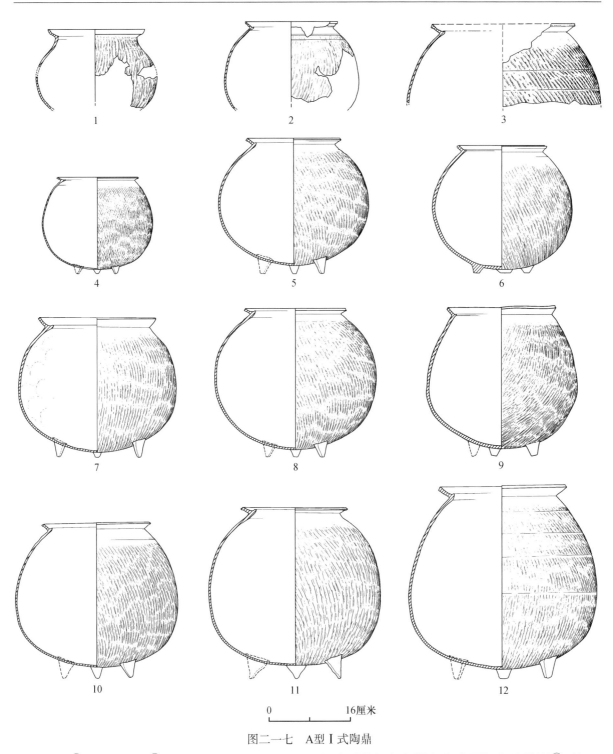

0 ————————— 16厘米

图二一七　A型 I 式陶鼎

1. T3330③：11　2. T3328⑦：2　3. W18：2　4. H45：9　5. W12：2　6. W4：1　7. W14：1　8. W12：3　9. T3131③：11
10. W17：1　11. W6：1　12. W18：1

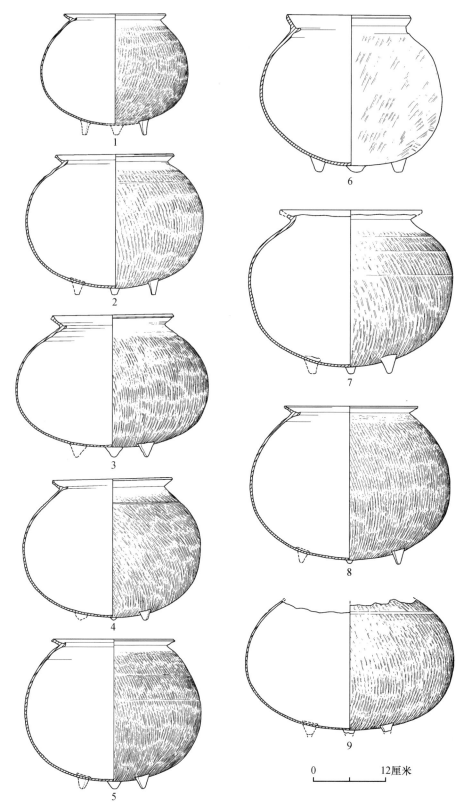

图二一八　A型Ⅱ式陶鼎

1. Y5：3　2. H1：13　3. Y5：2　4. Y5：1　5. W15：1　6. W16：1　7. W10：1　8. W2：1　9. W1：1

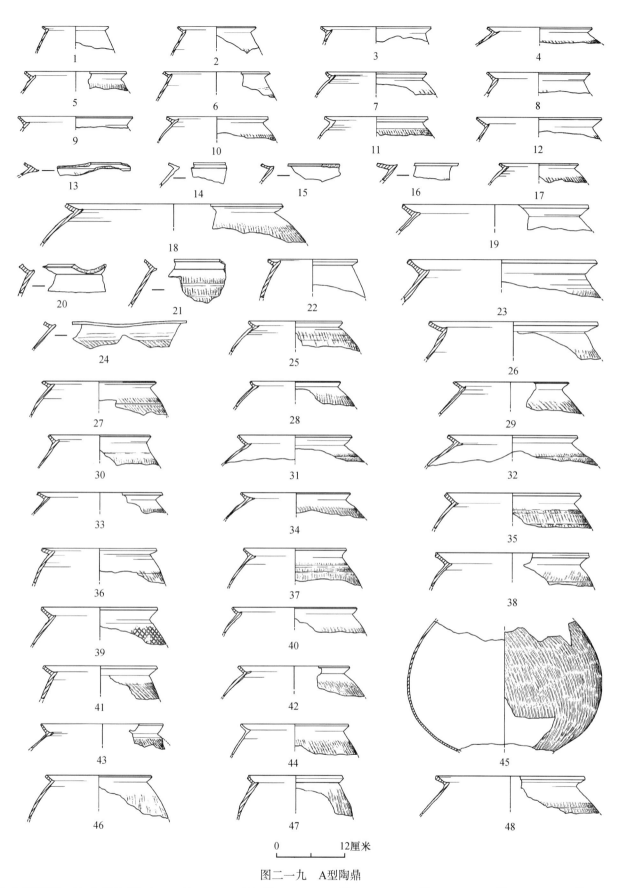

图二一九　A型陶鼎

1. H32：16　2. T2830④：41　3. T3326⑤：8　4. H32：15　5. T2830④：39　6. T2830④：40　7. T2831④：12　8. T2936⑤：16　9. T2936④：9　10. H23：21
11. T2835⑤：26　12. T2936④：10　13. H46：3　14. H2：1　15. T2931G2②：17　16. T3327⑥：5　17. H32：22　18. T2835⑤：10　19. H13：2　20. T2835④：8
21. H61：5　22. H14：2　23. H21：4　24. H23：22　25. H1：14　26. H8：4　27. H23：19　28. T2935④：12　29. T2831④：18　30. T3030④：5　31. H60：5
32. H60：4　33. H27：1　34. H32：14　35. T2831④：20　36. H31：3　37. T3330③：25　38. T2835④：14　39. T2936⑤：13　40. T2936⑤：15　41. T2830④：38
42. H26：1　43. T2835④：7　44. T2836⑤：10　45. W17：2　46. T2830④：33　47. T3328③：9　48. H32：23

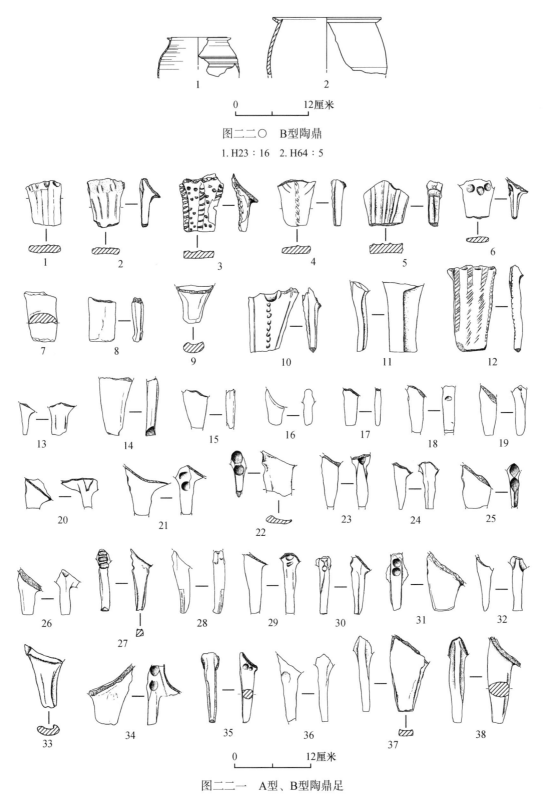

0   12厘米

图二二○　B型陶鼎

1.H23：16　2.H64：5

0   12厘米

图二二一　A型、B型陶鼎足

1～13.A型陶鼎足（H23：28、H31：10、T2931G2②：14、T2930④：8、T3031G2②：11、T3031G2②：12、T3131③：30、
T2830④：28、H45：72、T3327⑥：7、T3330④：3、T3327④：1、T2930④：2）　14～38.B型陶鼎足（H37：11、
T3031G2③：7、T3031G2②：14、T3031G2③：8、H31：1、T3326⑤：12、T2835⑤：20、T2935④：13、T2936④：12、
T2935④：14、T2835⑤：25、H31：9、T3327④：2、T2836⑤：18、T3326⑤：11、T2935⑤：9、T3131④：8、T2830④：17、
T2936④：14、H70：2、T2830④：30、T2930G2③：13、T3030④：9、T2930G2③：12、Y2：2）

C型　柱形足。共24件，如T3328⑦：16和H62：8（图二二二，1~24）。

D型　矮扁形足。共16件，如T2830④：27和T2835⑤：4（图二二二，25~40）。

罐　共计118件。根据胎质不同可以分为夹砂罐和泥质罐两类。

夹砂罐　共计92件（其中一件口部残失）。轮制。依据口部形态的差异分为三型。

A型　碟形口，多为折沿，斜方唇。共61件，如H45：46、T2835④：9和T3330③：17（图二二三；图二二四，30）。

B型　盘形口，多为折沿，少数折沿不太明显。沿面内凹，除少量圆唇外，其余均为尖圆唇。共26件。根据沿面的变化可以分为三式。

Ⅰ式　整体近斜平或沿面上部微凹。共计8件，如H37：5和H42：1（图二二四，1~8）。

Ⅱ式　沿面整体内凹。共计6件，如T2831④：23和T3328③：10（图二二四，9~13、15）。

Ⅲ式　沿面内凹较甚。共计12件，如H62：7和T3031G2④：1（图二二四，14、16~26）。

B型夹砂罐的演变规律是：沿面由近斜平到内凹再到内凹较甚。

C型　钵形口，折沿，尖圆唇，沿面内凹。共3件，即T2930G2③：5、T3131G2：11和T3230④：6（图二二四，27~29）。

另有小型夹砂罐　1件，即H45：6。

泥质罐　共计26件。根据口沿的差异分为两型。

A型　折沿。腹部饰篮纹。共20件（其中1件标本为罐底），又依据口径的大小分为两个亚型。

Aa型　大口，口径最小者30厘米。共10件，如W13：1和H23：26（图二二五，1~9、18）。

Ab型　中口，口径最大者24厘米。共9件，如W7：1和W8：1（图二二五，10~17）。

B型　卷沿。共6件，又依据口沿的不同分为两个亚型。

Ba型　窄沿，沿面上弧。共4件，如H14：3和T2935⑤：8（图二二六，1~4）。

Bb型　宽沿，沿面斜向上伸。共2件，即H45：32和T2930G2③：6（图二二六，5、6）。

瓮　共计95件。多数为泥质陶，少量夹砂陶，皆轮制。依据口部特征的不同可以分为三型。

A型　有领。共81件，根据口部大小的差异又可分为两个亚型。

Aa型　小口，口径20厘米以下，多在13~16厘米之间。共44件，如T3131④：5、H23：8和T3231G2：04（图二二七）。

Ab型　大口，口径不低于20厘米，且多在25厘米以上。共37件，T2830④：21、H32：8、H46：1和T2930G2③：3（图二二八）。

B型　子母口。共3件，根据口部形态的变化分为两式。

Ⅰ式　子母口折沿的上部短于下部，折角呈明显的钝角，显得口沿较大，溜肩。共2件，即T3328⑦：11和T3130⑤：4（图二二九，1、3）。

Ⅱ式　子母口折沿的上部和下部长短基本一致，折角接近直角，显得口沿相对较小，圆肩。共1件，即H45：54（图二二九，4）。

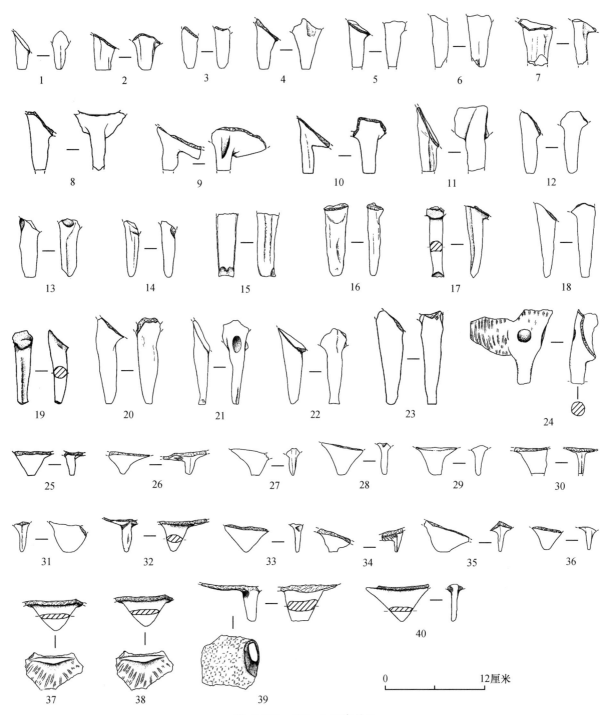

图二二二　C型、D型陶鼎足

1~24. C型陶鼎足（T2931④：2、T2936④：11、T3326⑤：9、T3131③：29、T2830④：18、T2930G2②：3、H45：73、
H21：5、H35①：3、H62：8、T2935④：15、T3031G2③：6、T2936⑤：17、T3328⑦：16、T3131G2：14、T3327⑥：8、
T2836⑤：19、T2931G2②：12、H70：3、T3031G2③：5、T3330③：26、T3131③：28、H64：6、H35②：5）

25~40. D型陶鼎足（G1：3、H37：7、T2930G2②：4、T2930G2③：14、T3031G2②：13、T2835④：3、T2930④：1、
T2830④：29、T2936⑤：18、T2936④：15、T3131④：7、T3327⑥：9、T2835④：4、T2835⑤：4、T2936④：13、
T2830④：27）

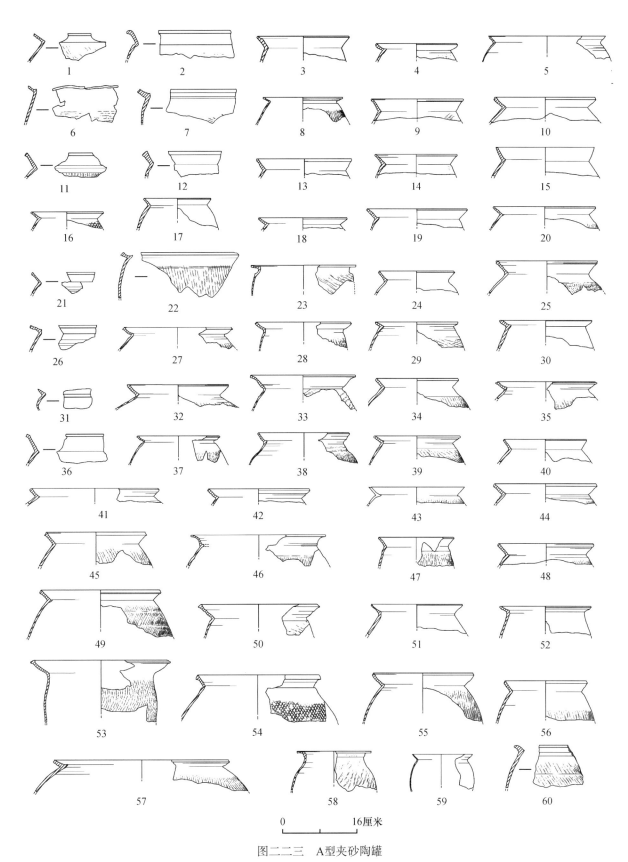

0　　　　16厘米

图二二三　A型夹砂陶罐

1. T3031G2①：4　2. T3231G2：12　3. H25：3　4. T3031G2①：5　5. H31：4　6. H45：34　7. H23：27　8. H45：44　9. H45：45　10. H45：43　11. H45：48
12. T2931G2③：2　13. T2931G2②：18　14. H45：46　15. T2931G2③：1　16. T3031G2①：2　17. T3231G2：9　18. T3031G2②：5　19. T3231G2：14
20. T3231G2：15　21. H45：35　22. H23：25　23. T3131G2：10　24. T3031G2④：8　25. H45：49　26. T2930G2③：9　27. T3328⑦：15　28. T2830④：31
29. T2830④：34　30. T2831④：19　31. T3031G2②：7　32. T3330③：24　33. T3330④：1　34. T3328⑦：9　35. H45：50　36. T2831④：21　37. H45：51
38. H47：5　39. T3030④：6　40. T3231G2：13　41. T3327⑥：6　42. H37：9　43. T2935⑤：10　44. T3328③：8　45. T3328⑦：3　46. T2935⑤：13
47. T3328⑦：13　48. H45：47　49. T2835④：9　50. T2936④：8　51. T2935④：10　52. T2835④：10　53. T3130⑤：3　54. H37：3　55. T3330③：16
56. T3330③：17　57. T2835⑤：10　58. T3131③：19　59. T2930④：7　60. H17：1

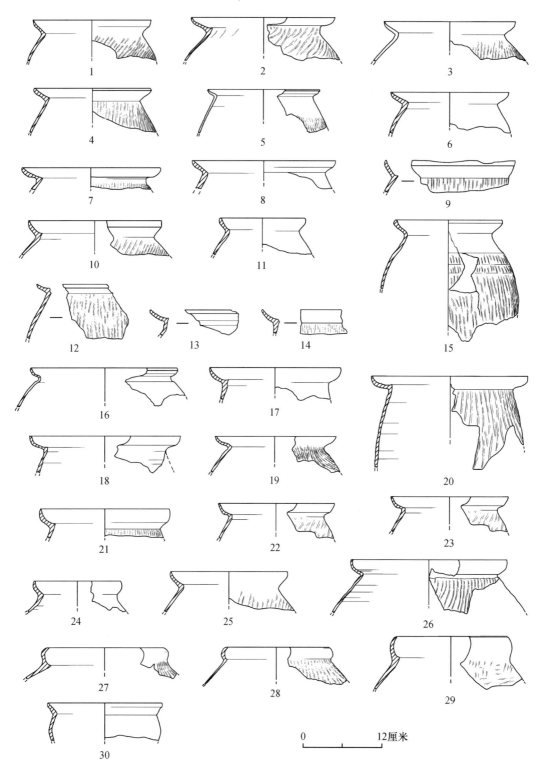

图二二四　A型、B型、C型夹砂陶罐

1~8. BⅠ型夹砂罐（H37：5、H42：1、T2836⑤：12、T2930G2③：10、T2936⑤：7、T3328⑦：10、T3230④：5、H46：2）

9~13、15. BⅡ型夹砂罐（T3231G2：6、T3328③：10、T2831④：23、T2830④：24、T2930G2②：6、H45：30）

14、16~26. BⅢ型夹砂罐（H20：1、H35①：5、H37：6、T3031G2①：1、T3031G2④：7、T3031G2④：1、T2930G2②：5、T3031G2②：6、T3031G2①：3、H37：8、T3131G2：12、H62：7）　　27~29. C型夹砂罐（T2930G2③：5、T3230④：6、T3131G2：11）　　30. A型夹砂罐（H37：2）

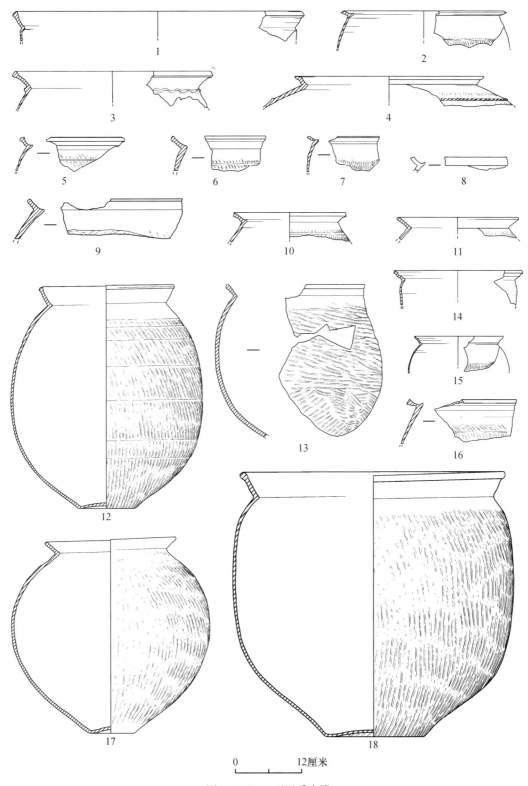

图二二五　A型泥质陶罐

1~9、18.Aa型泥质罐（T3327⑥：4、H45：64、T3330④：2、T2935⑤：11、H23：26、T3326⑤：2、T3030G2：2、H34：2、
T3328③：5、W13：1）　10~17.Ab型泥质罐（T3330③：21、W8：2、W7：1、W7：2、T2831⑤：4、T3131④：4、
T2935⑤：15、W8：1）

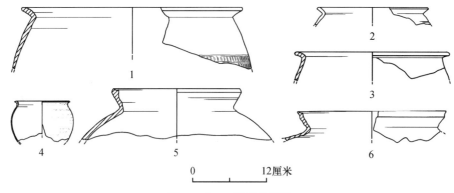

0　　　　　　　12厘米

图二二六　B型泥质陶罐

1~4.Ba型泥质罐（H45：58、H14：3、H38：3、T2935⑤：8）　5、6.Bb型泥质罐（H45：32、T2930G2③：6）

　　B型瓮的演变规律是子母口折沿的上部逐渐变长，折角逐渐变小，肩部逐渐外扩。

　　C型　敛口。共11件，如W9：1、H63：1、T3030④：8和T2936⑤：14（图二二九，2、5~14）。

　　甑　共计29件。绝大多数为泥质陶，少数为夹砂陶，皆轮制。依据整体形态可以分为三型。

　　A型　斜腹罐形。共22件，如H1：11和T3031G2④：3（图二三〇）。

　　B型　深曲腹盆形。共5件，如H45：8和H45：74（图二三一，1~4）。

　　C型　浅腹盘形。共2件，即T2935④：4和T3326⑤：1（图二三一，5、6）。

　　罍　共计10件。泥质陶居多，夹砂陶次之，皆轮制。泥质陶多经磨光，制作精致。根据口部形态的差异可以分为两型。

　　A型　侈口，束颈。共8件，如T3328⑦：7和H35①：1（图二三二，1~8）。

　　B型　直口，近直领。共2件，即T3330③：19和H45：31（图二三二，9、10）。

　　缸　共计9件。夹砂陶居多，泥质陶次之，皆轮制。依据口沿特征可以分为三型。

　　A型　敞口，折沿，沿面内凹，叠唇。共4件，如T3131G2：6和H6：1（图二三三，1~4）。

　　B型　侈口，卷沿，束颈，叠唇。共3件，如T3131③：25和H32：21（图二三三，5~7）。

　　C型　直口，叠唇。仅有2件，即T3131③：26和H42：3（图二三三，8、9）。

　　钵　共计12件。绝大多数为泥质陶，少数为夹砂陶，皆轮制。依据口、腹部形态特征可以分为两型。

　　A型　曲敛口，弧腹。泥质陶。共2件，即H45：66和T2936⑤：4（图二三四，1、2）。

　　B型　折口，斜腹。泥质陶居多，其次为夹砂陶。共10件，如H1：2、H23：11和H65：1（图二三四，3~12）。

　　盆　共计37件。泥质陶居多，夹砂较少，皆轮制。依据腹部形态特征可以分为三型。

　　A型　深弧腹。共32件，依据口沿差异可分为三个亚型。

　　Aa型　折沿。共22件，根据沿的变化又分两式。

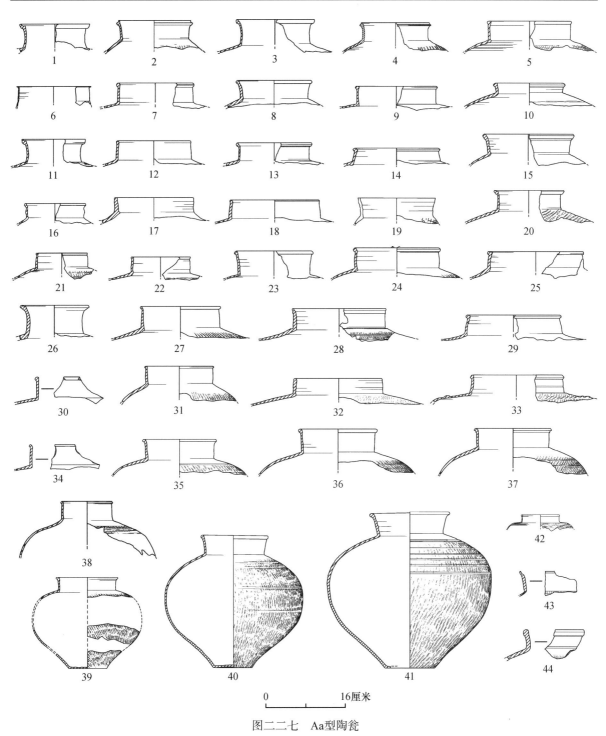

图二二七 Aa型陶瓮

1. H42：5　2. H32：9　3. H35①：7　4. H70：1　5. H45：42　6. T2830④：32　7. H16：3　8. T2835⑤：8　9. T3031G2③：11
10. T2936⑤：5　11. T3131④：5　12. T2930④：4　13. T2830④：23　14. T2936④：6　15. H32：10　16. T3031G2②：10
17. T3231G2：17　18. H37：10　19. H3：1　20. T3031G2③：10　21. T2830④：36　22. T2830④：20　23. H35②：4
24. T3328③：6　25. T3328⑦：14　26. T2936⑤：6　27. T3031G2③：18　28. T3231G2：7　29. T3231G2：5　30. T2835④：11
31. T2935④：9　32. T2836⑤：11　33. T3330③：20　34. H17：2　35. H23：14　36. H32：6　37. H32：7　38. H32：11
39. T3231G2：04　40. H23：9　41. H23：8　42. H23：17　43. H20：2　44. T2930④：5

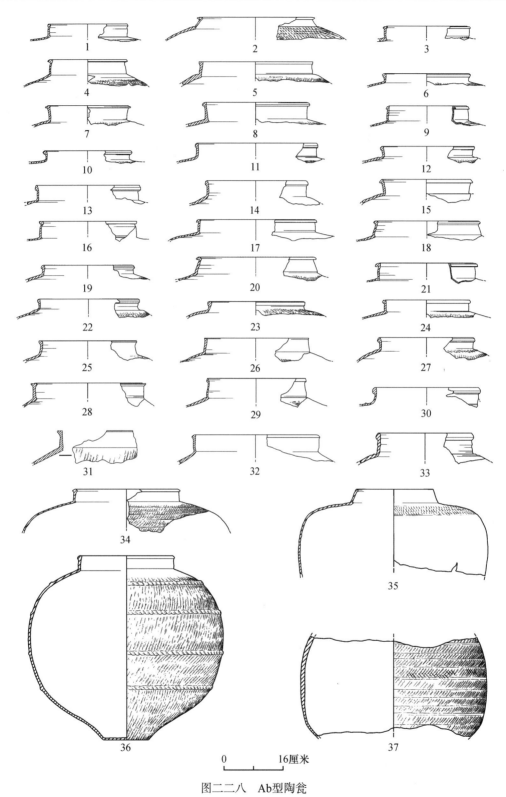

图二二八　Ab型陶瓮

1. T3030④:3　2. T2930G2③:3　3. H33:2　4. H60:3　5. T2935⑤:12　6. T2836⑤:14　7. T3328⑦:4　8. T2835④:5
9. T3328③:7　10. T2830④:14　11. T2830④:21　12. T3131③:20　13. H26:2　14. T3328⑦:6　15. T3330③:23
16. T2930G2③:7　17. T3031G2③:17　18. T2831④:15　19. T2835⑤:23　20. H46:1　21. T3326③:1　22. T2831④:16
23. T2836⑤:8　24. T2835⑤:24　25. T3328⑦:12　26. T3031G2④:4　27. T3230③:3　28. T3031G2③:12　29. T3031G2③:9
30. T2931④:3　31. G1:4　32. G1:2　33. H45:53　34. H32:8　35. W5:2　36. H32:5　37. W5:1

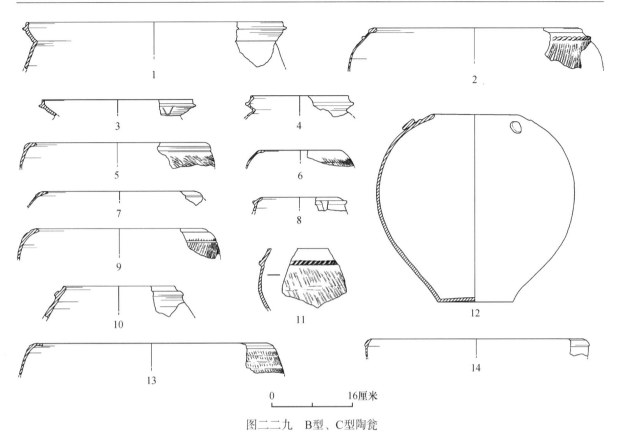

图二二九　B型、C型陶瓮

1、3.BⅠ型陶瓮（T3328⑦：11、T3130⑤：4）　4.BⅡ型陶瓮（H45：54）　2、5～14.C型陶瓮（T3031G2④：6、
T2930G2③：11、H63：1、T2930④：6、T3030④：8、T3031G2③：16、T2936⑤：14、T2831④：14、W9：1、H37：4、
T2931G2②：7）

　　Ⅰ式　沿较窄，沿面近平，胎体大多厚重，最大特征是沿面有数周凸棱和凹槽。共5件，如H42：2和T3327⑥：1（图二三五，1～4、6）。

　　Ⅱ式　沿较宽。共17件，如H35②：2和H45：57（图二三五，5、7～22）。

　　Aa型盆的演变规律是：沿面由窄变宽，沿面有多周凸棱和凹槽变得比较平滑。

　　Ab型　卷沿。共6件，如H35②：3和H45：17（图二三六，1～6）。

　　Ac型　无沿。共4件，如H61：4和T2936④：5（图二三六，9～12）。

　　B型　曲腹。共3件，即H42：4、W12：1和T2835⑤：18（图二三六，7、8、13）。

　　C型　折腹。共2件，即H45：56和T3130⑤：5（图二三六，14、15）。

　　刻槽盆　共计24件。绝大多数为泥质陶，个别为夹砂陶，皆轮制。根据整体形态的不同可以分为两型。

　　A型　盆形。共15件，依据口部特征又可以分为两个亚型。

　　Aa型　敛口。共14件，如H33：3、T2830④：15和H45：19（图二三七，1～14）。

　　Ab型　敞口。仅1件，即H45：25（图二三七，15）。

　　B型　漏斗形。共9件，如H45：21和T3330③：12（图二三七，16～24）。

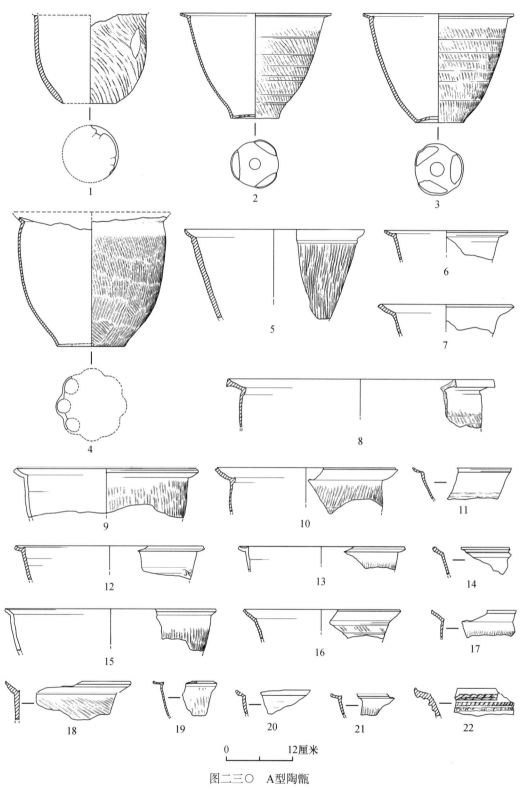

图二三○　A型陶甑

1. T3328③：2　2. H1：11　3. H1：10　4. T3330③：9　5. T3031G2④：3　6. T3231G2：16　7. T3130⑤：2　8. T2831④：22
9. H45：41　10. T3031G2④：2　11. T2831④：17　12. T3030G2：4　13. H21：3　14. T2830④：37　15. H45：59　16. T2835④：12
17. T3031G2②：9　18. T3231G2：8　19. T3030④：4　20. T2930G2②：7　21. T2930④：3　22. T3031G2②：8

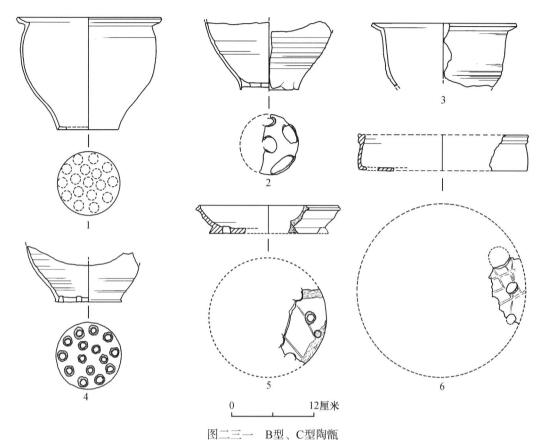

图二三一   B型、C型陶甑

1~4.B型陶甑（H45：8、H45：75、H45：40、H45：74） 5、6.C型陶甑（T3326⑤：1、T2935④：4）

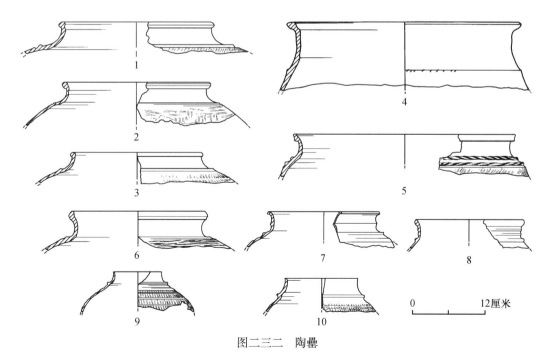

图二三二   陶罍

1~8.A型陶罍（H23：18、H35①：1、H45：33、T3131G2：7、T2835⑤：9、T3328③：11、T3328⑦：7、H45：52）

9、10.B型陶罍（H45：31、T3330③：19）

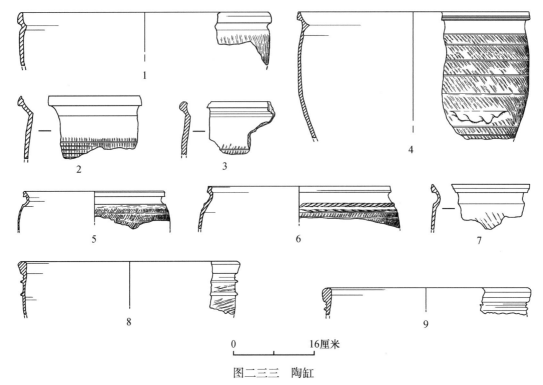

图二三三 陶缸

1~4. A型陶缸（H6：1、T2830④：16、T3231G2：4、T3131G2：6） 5~7. B型陶缸（H32：21、T2935④：8、T3131③：25）
8、9. C型陶缸（T3131③：26、H42：3）

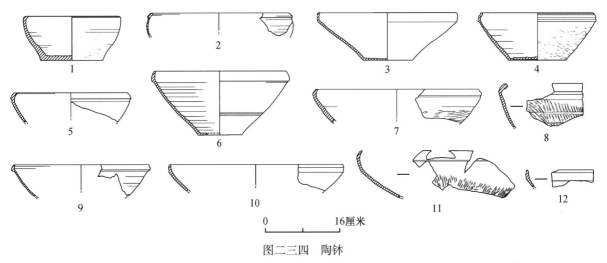

图二三四 陶钵

1、2. A型陶钵（T2936⑤：4、H45：66） 3~12. B型陶钵（H23：11、H1：2、H31：5、H65：1、T2930G2②：2、H47：2、
H45：65、T2835⑤：16、H35①：2、T3326⑤：10）

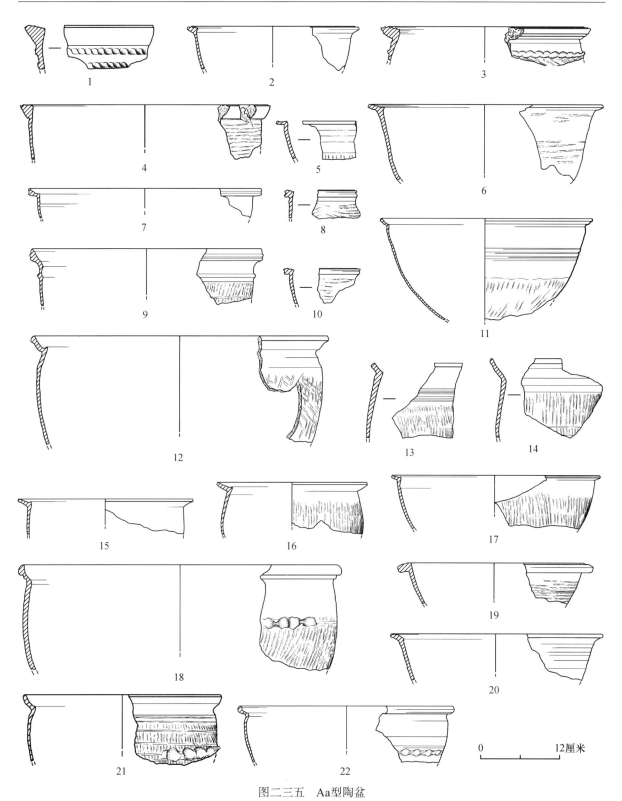

图二三五 Aa型陶盆

1~4、6. Aa型Ⅰ式陶盆（T3327⑥：1、T3131④：3、H45：70、H42：2、T3230④：3） 5、7~22. Aa型Ⅱ式陶盆
（T2936⑤：12、H16：1、T3131G2：8、T2935④：11、T3031G2③：14、H35②：2、T2936④：4、T2836⑤：13、T2936⑤：8、
T2836⑤：15、T2935⑤：14、T2936⑤：11、T3328③：3、T3131③：24、T3131③：23、H45：57、T3328⑦：5）

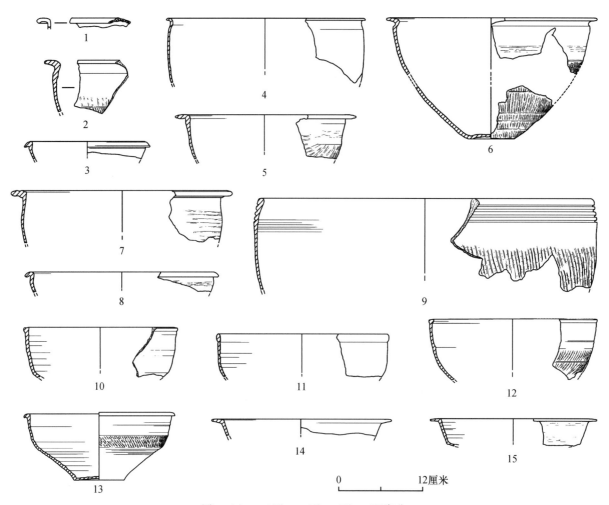

0　　　　　　　　　12厘米

图二三六　Ab型、Ac型、B型、C型陶盆

1~6.Ab型陶盆（G1：1、T3231G2：10、H45：61、H35②：3、T3230④：4、H45：17）　9~12.Ac型陶盆（H61：4、
T2936④：5、T3131③：22、T3031G2③：15）　7、8、13.B型陶盆（H42：4、T2835⑤：18、W12：1）
14、15.C型陶盆（T3130⑤：5、H45：56）

　　碗　共计14件。大多数为泥质陶，少数为夹砂陶，部分磨光。多数轮制，少数手制。依据底部形态特征可以分为两型。

　　A型　平底。共11件，根据腹部特征的不同分为两亚型。

　　Aa型　弧腹。共2件，即H23：10和H23：011（图二三八，1、2）。

　　Ab型　斜腹。敞口，平底。素面。共9件，如H45：16、H62：3和T3330③：6（图二三八，3~11）。

　　B型　圈足。敞口，浅弧腹。共3件，如T2930G2：1（图二三八，12~14）。

　　盏　共计4件。器形小，均为敞口、斜腹、平底。素面。如T3031G2③：4和T2835⑤：11（图二三九，1~4）。

　　器盖　共计51件。泥质陶居多，夹砂陶次之，皆轮制。依据腹部形态特征可以分为三型。

　　A型　斜壁器盖。敞口，圆饼状捉手，平顶，素面。共48件，如H1：1、H45：11、T3330③：4和T2836⑤：7（图二四○，1~47、51）。

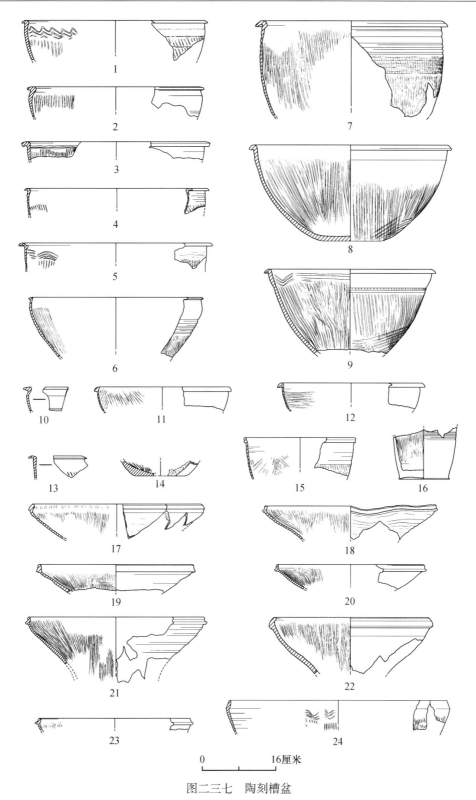

0　　　　　　16厘米

图二三七　陶刻槽盆

1~14. Aa型陶刻槽盆（T3328⑦：8、T2830④：15、T2830④：26、H33：3、H31：7、H45：26、H45：19、H45：20、
H45：22、T3131G2：9、H45：27、H45：24、T3326⑤：3、H35①：6）　　15. Ab型陶刻槽盆（H45：25）　　16~24. B型陶刻槽盆
（H45：29、H45：23、H45：18、H45：28、T2931⑤：1、T3330③：12、H45：21、T2931⑤：2、H31：8）

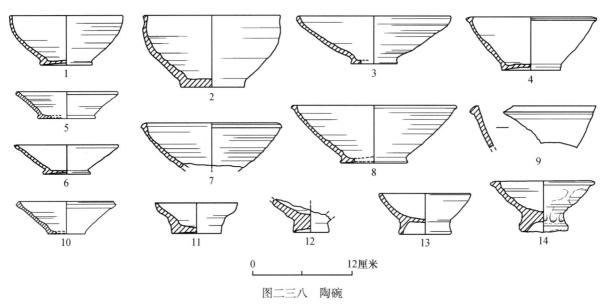

0　　　　　　　　　　　　　12厘米

图二三八　陶碗

1、2. Aa型陶碗（H23：10、H23：011）　3～11. Ab型陶碗（T3330③：6、T3131G2：5、H62：3、H45：16、H45：62、

T3131G2：3、H45：60、H62：4、H47：3）　12～14. B型陶碗（T2930G2③：4、T2930G2：1、T3131G2：2）

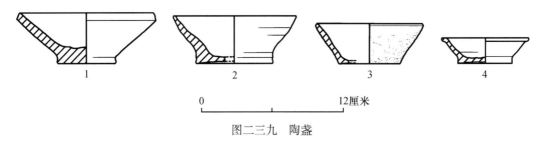

0　　　　　　　　　　　　　12厘米

图二三九　陶盏

1. T2835⑤：11　2. T3031G2③：4　3. T3131③：13　4. T3131G2：4

B型　折壁器盖。均为泥质磨光黑陶，制作精致。共2件，即T3330③：18和H45：55（图二四○，48、49）。

C型　喇叭形器盖。仅1件，即H45：71（图二四○，50）。

壶　共计8件。泥质陶，皆轮制。依据其腹部和底部形态特征可以分为两型。

A型　圈足，鼓腹。共3件，如T3330③：14（图二四一，1～3）。

B型　平底，微鼓腹。共5件，如H66：1（图二四一，4～8）。

杯　共计7件。绝大多数为泥质陶，个别为夹砂陶，皆轮制。依据有无柄部可以分为两型。

A型　有柄杯。共2件。根据柄部的高低又可以分为两个亚型。

Aa型　柄较高。仅1件，即T3130⑤：6（图二四二，2）。

Ab型　柄略矮。仅1件，即H33：1（图二四二，1）。

B型　无柄杯。共5件。根据腹部的不同又可以分为三个亚型。

Ba型　斜腹。泥质红陶，器身上宽下窄。共3件，如采：1和T2831⑤：3（图二四二，3～5）。

Bb型　曲腹，侈口。仅1件，即T3130④：4（图二四二，6）。

Bc型　弧腹。仅1件，即T3131③：15（图二四二，7）。

图二四〇 陶器盖

1~47、51. A型陶器盖（G3：5、H1：1、H23：20、H45：10、H23：15、H23：23、H32：17、H62：1、H45：11、H1：9、H64：4、H65：2、T3131G2：1、T2836⑤：7、T2935⑤：7、T3131③：12、H62：2、H45：15、T3330③：4、T3330③：7、T2835⑤：12、H1：12、H45：13、T2835⑤：22、T2835⑤：21、H45：12、H37：1、T2935④：6、T3131③：14、T3326⑤：7、T2935⑤：6、H5：1、H57：2、T3031G2①：6、T3330③：5、T3131④：6、T2930G2③：8、H45：14、T2936④：7、T3131③：17、T2830④：19、T3326⑤：4、T3327⑥：3、T3326⑤：5、T2931G2③：3、T3326⑤：6、T2930G2②：1、H45：7）
48、49. B型陶器盖（T3330③：18、H45：55） 50. C型陶器盖（H45：71）

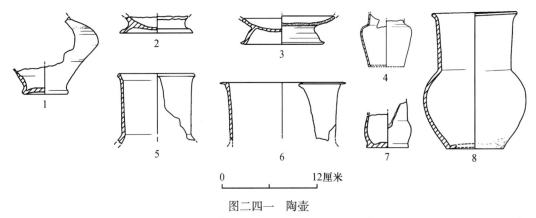

图二四一　陶壶

1~3. A型陶壶（T3330③：14、T2835⑤：6、T2936⑤：9）　　4~8. B型陶壶（T2831⑤：2、H16：2、H31：6、T2835④：13、
H66：1）

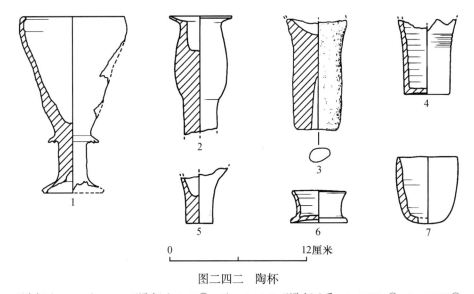

图二四二　陶杯

1. Ab型陶杯（H33：1）　　2. Aa型陶杯（T3130⑤：6）　　3~5. Ba型陶杯（采：1、T2831⑤：3、T3230④：2）
6. Bb型陶杯（T3130④：4）　　7. Bc型陶杯（T3131③：15）

其他陶器因形态差异不大、残破严重或者数量较少等原因，不再进行型式的划分，仅总结其共同特征介绍如下。

瓠形器　共计6件。泥质陶，皆轮制，磨光。敞口，长颈，鼓肩，鼓腹，喇叭状圈足。如H1：4~6（图二四三）。

器座　共计5件。夹细砂陶居多，泥质陶较少，皆为轮制。束腰形。如H60：1和T3231G2：3（图二四四）。

圈足盘　共计6件。泥质陶，皆轮制。绝大多数为素面，部分磨光。如H28：2和H32：4（图二四五）。

豆　共计30件。其中豆盘17件，均为泥质陶，皆轮制，如H21：2和H44：1（图二四六，1~17）；豆柄13件，泥质陶，皆轮制。根据柄部的粗细不同大致可以分为两型。A型为粗柄，

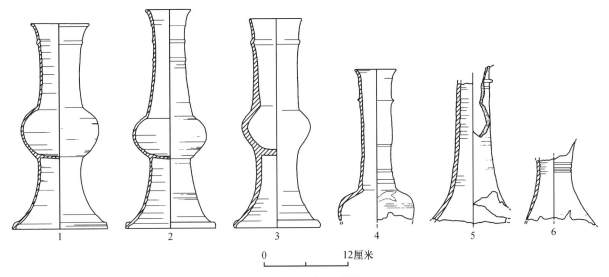

0　　　　　　　12厘米

图二四三　陶觚形器

1. H1∶4　2. H1∶5　3. H1∶6　4. H1∶8　5. H47∶4　6. H1∶7

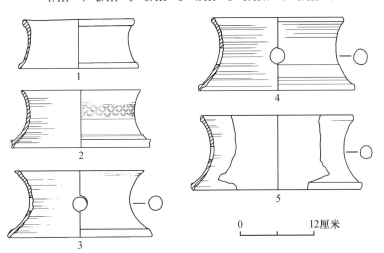

0　　　　　　　12厘米

图二四四　陶器座

1. T2831④∶10　2. T3231G2∶3　3. T2936④∶1　4. H60∶1　5. T3330③∶10

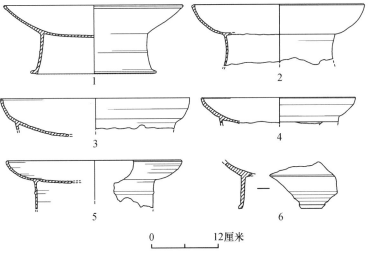

0　　　　　　　12厘米

图二四五　陶圈足盘

1. H32∶4　2. T2835⑤∶5　3. H23∶12　4. H32∶12　5. H28∶2　6. T2835④∶6

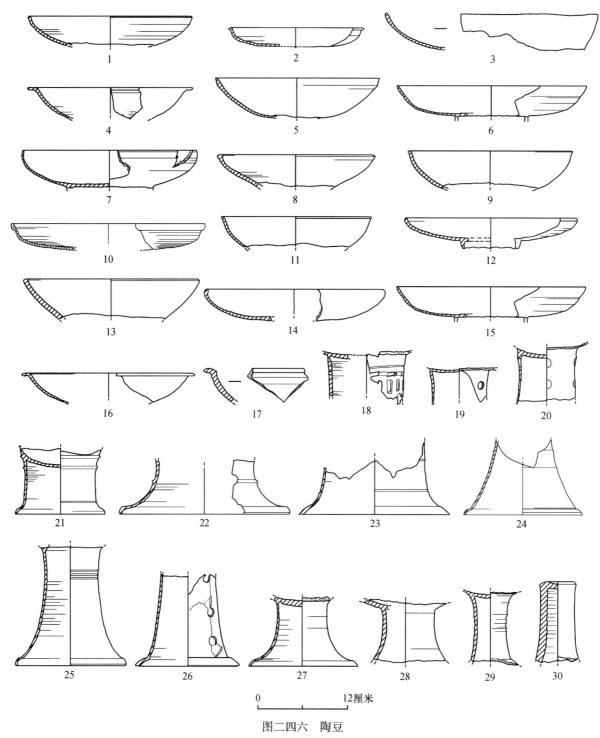

0   12厘米

图二四六　陶豆

1~17. 陶豆盘（H45：68、H23：24、H32：13、H32：18、H32：20、T3330③：22、H44：1、H45：63、H45：67、H21：2、
H45：69、T3031G2①：7、W9：2、H35①：4、T3330③：13、T3131③：21、T2835⑤：19）　18~28. A型豆柄（H32：19、
H37：12、T3131G2：13、H45：37、T3030G2：3、H61：6、H68：2、H23：13、H65：3、T2935⑤：5、T3328③：4）
29、30. B型豆柄（H45：38、H61：2）

共11件，如H45：37、H61：6和T3030G2：3（图二四二，18~28）；B型为细柄，共2件，即H45：38和H61：2（图二四二，29、30）。

　　转盘　共计6件，如T2935④：5和H60：2（图二四七）。

　　陶垫　共计9件。夹砂陶，胎壁厚重，手制。如T2836⑤：3和H23：5（图二四八，1~9）。

　　瓶　共计6件，如H32：3和H45：39（图二四八，10~15）。

　　盉形器　仅1件，即H62：5（图二四八，16）。

　　鬶　共计2件。泥质陶。H62：6，为宽带状鋬（图二四八，17）。H45：36，为下腹及足部残片（图二四八，20）。

　　祖　仅1件，即T2930G2③：2（图二四八，18）。

　　兽首　仅1件，即T2830④：9（图二四八，19）。

　　纺轮　共计17件。泥质陶，均为圆饼状，中间有一圆孔。如T2830④：5、T3031G2③：04、H14：1和H25：2（图二四九，1~17）。

　　圆陶片　共计2件。用泥质陶片磨制而成。如H23：6和T2831④：5（图二四九，18、19）。

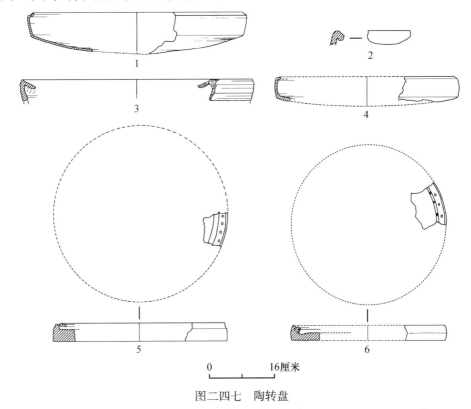

图二四七　陶转盘

1. T2935④：5　2. T3327⑥：2　3. T2935④：7　4. T2835⑤：7　5. H60：2　6. T3328③：1

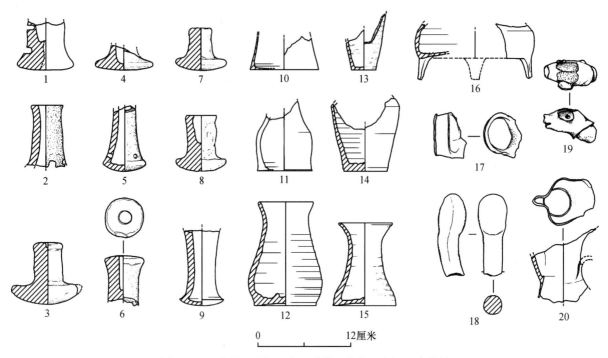

图二四八　陶垫、陶瓶、陶盉形器、陶鬶、陶祖、陶兽首

1～9.陶垫（Y2∶1、T3330③∶3、T3330③∶1、T2836⑤∶6、H45∶5、T2935⑤∶4、T2836⑤∶3、H23∶5、H28∶1）

10～15.陶瓶（T3131③∶27、H21∶1、T2830④∶7、H45∶39、T3330③∶15、H32∶3）　16.陶盉形器（H62∶5）

17.陶鬶鋬（H62∶6）　18.陶祖（T2930G2③∶2）　19.陶兽首（T2830④∶9）　20.陶鬶（H45∶36）

二、石　　器

石器共计112件，绝大多数为磨制，且制作精致。器形有镞、刀、凿、镰、铲、斧、锛、锤、钻、石器坯料等。其中镞、刀、镰、凿最多，占石器总数的76.8%。石镰形体多数较宽大，保存相对较好的一件残长23.2厘米，石刀以半月形穿孔者多见，流行柳叶形和三棱形镞。

镞　共计29件。依据整体形态特点可分为两型。

A型　整体呈柳叶形。共计20件，根据截面形状不同可以分为两个亚型。

Aa型　截面为菱形。共计14件，如H9∶1和T2830④∶3（图二五〇，1～14）。

Ab型　截面为三角形。共计6件，如H32∶1和T3231③∶1（图二五〇，15～20）。

B型　大致为柱锥形。共计9件，如H64∶1和T3130④∶2（图二五〇，21～29）。

刀　共计30件。打坯成型后磨制精致。依据形态特征分为三型。

A型　半月形，弧背，平刃。共19件，如T3130④∶1和H15∶1（图二五一，1～4、6～20）。

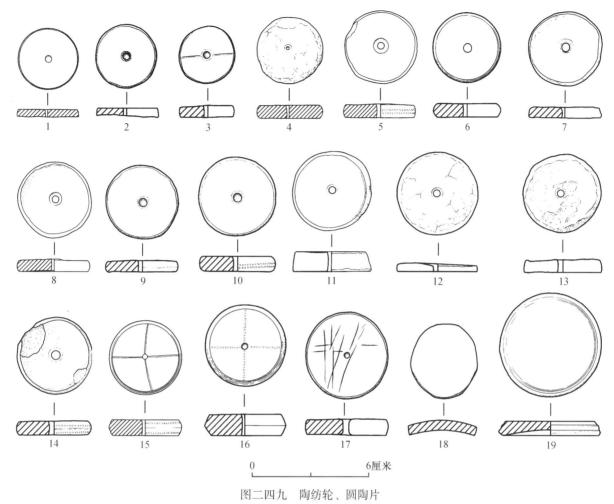

图二四九 陶纺轮、圆陶片

1～17.陶纺轮（H8：1、T2836⑤：1、T3131③：2、H8：3、H25：1、T3131④：2、T3031G2③：04、H25：2、T3131③：5、
T2830④：5、T2835④：2、T2930③：2、T3130③：1、H23：3、H14：1、T3130④：3、T2936⑤：1） 18、19.圆陶片
（H23：6、T2831④：5）

B型　近长方形，背近平。共9件，如T2836②：1和T3131③：8（图二五一，5、21～28）。

C型　磬形，背斜。共2件，即H64：3和T2831④：13（图二五一，29、30）。

凿　共计8件。依据形态特征可以分为三型。

A型　梯形，皆磨制精致。共5件，如T2835②：1和T2830④：11（图二五二，1～5）。

B型　长条形，制作粗糙。仅2件，即T3130⑤：1和H23：1（图二五二，6、7）。

C型　近长方形，片状。仅1件，即T3328⑦：1（图二五二，8）。

镰　共计19件。形态比较一致，先打镰形，再磨制加工，磨制精致，形体较大。如
H15：4和T3131③：9（图二五三，1～19）。

铲　共计7件，未见较完整者。均为板状，近梯形。如T2935⑤：3和T3231G2③：1
（图二五四，1～7）。

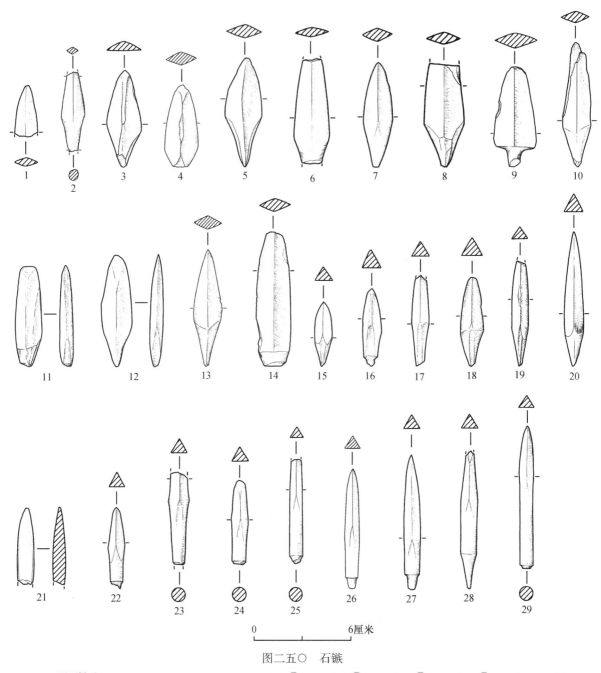

图二五〇 石镞

1～14. Aa型石镞（H23：2、H64：2、G3：3、H8：2、T3231①：1、T2830④：8、T2831④：2、T3131③：3、G3：1、G3：2、
　　H23：4、T2830④：1、H9：1、T2830④：3）　15～20. Ab型石镞（T3231③：1、T2830④：10、T3131③：4、T2830④：2、
　　H45：1、H32：1）　21～29. B型石镞（T2831④：4、T3131④：1、T3131③：6、T3131③：7、T3030④：1、H64：1、
　　T2836⑤：2、H34：1、T3130④：2）

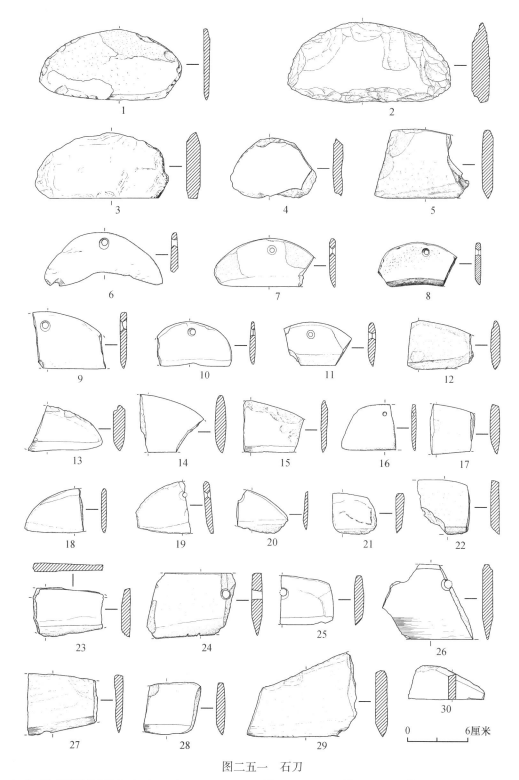

图二五一　石刀

1~4、6~20.A型石刀（H15：1、H15：2、H38：1、T2830④：13、T2930G2③：1、T3130④：1、H43：1、H45：2、
T2835④：1、H68：1、T3230④：1、T2836⑤：5、T2935④：1、H61：3、T2931G2②：10、T2935④：2、T2831④：7、
H23：7、T2831④：8）　5、21~28.B型石刀（T2836②：1、H13：1、T2931G2②：3、H45：4、T2835⑤：13、T3131③：8、
T3031G2③：2、T2836⑤：4、T2935⑤：2）　29、30.C型石刀（H64：3、T2831④：13）

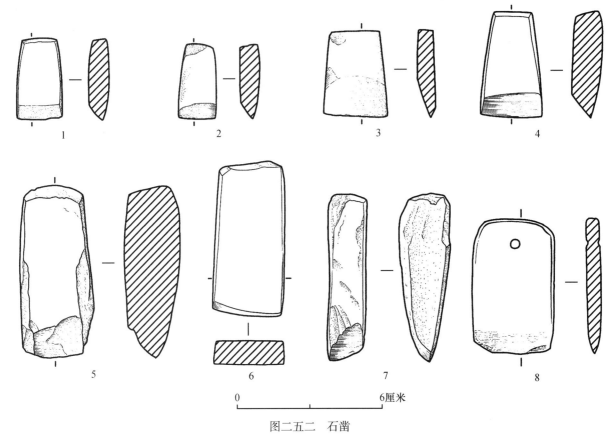

图二五二　石凿

1 ~ 5. A型石凿（T2830④：4、T3231③：3、T2830④：11、T2835②：1、T3031G2③：3）　6、7. B型石凿（H23：1、T3130⑤：1）
8. C型石凿（T3328⑦：1）

斧　共计4件，如T3231G2：1和T3131③：1（图二五四，8 ~ 11）。

锛　共计3件，即H47：1、T2831④：3和T2831④：6（图二五四，12 ~ 14）。

钻　共计2件，即H32：2和H61：1（图二五四，15、16）。

锤　共计2件。锤面较平。即G3：4和T3231②：1（图二五四，17、18）。

石器坯料　共计7件，如T2936④：3、T3031G2③：1和T2831④：1（图二五四，19 ~ 24）。

石英　共计1件，即T2930③：1（图二五四，25）。

铲、斧、锛、锤、钻等石器，天然石英晶体数量较少，或者破损严重，不再进行形式的
划分。

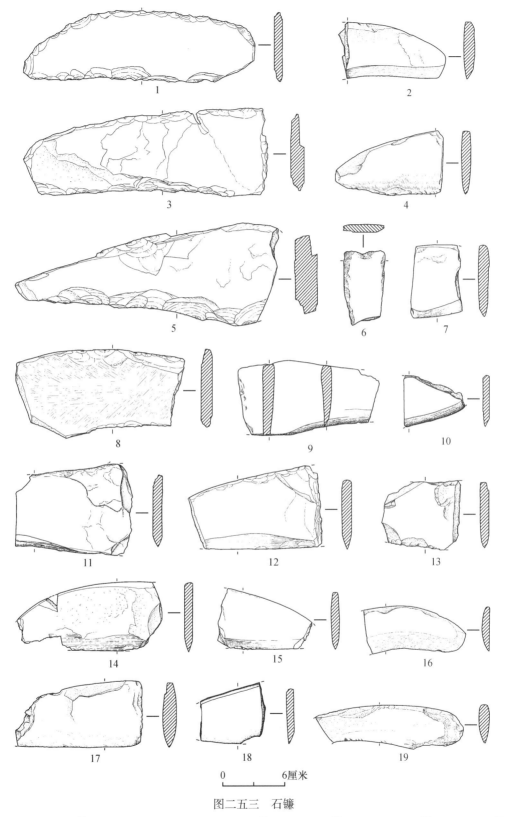

图二五三　石镰

1. H15：3　2. T2935⑤：1　3. H15：4　4. H45：3　5. T3230③：2　6. T2830④：12　7. T3031G2②：3　8. T3231②：2
9. T2936⑤：2　10. T2931G2②：11　11. T2936④：2　12. T3230③：1　13. T3031G2②：2　14. T2830④：6　15. T3231G2：2
16. T2831⑤：1　17. T3330③：2　18. T2931G2②：9　19. T3131③：9

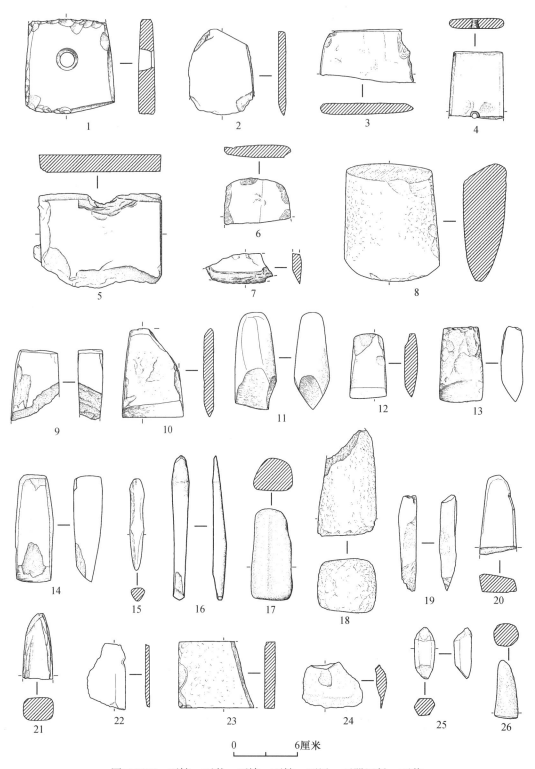

图二五四　石铲、石斧、石锛、石钻、石锤、石器坯料、石英

1~7.石铲（T3231G2③：1、T2835⑤：14、T2831④：11、T2935⑤：3、T2936⑤：3、T2831④：9、T2835⑤：15）
8~11.石斧（T3131③：1、H1：3、T3231G2：1、H49：1）　12~14.石锛（T2831④：3、H47：1、T2831④：6）
15、16.石钻（H61：1、H32：2）　17、18.石锤（G3：4、T3231②：1）　19~24、26.石器坯料（T3031G2③：1、
T3031G2②：4、T3031G2②：1、T2936④：3、T2935④：3、T2930G2：2、T2831④：1）　25.石英（T2930③：1）

第二节　分期与年代

一、遗迹分组

　　舞钢大杜庄遗址处于山前缓坡地带，后期被破坏严重。我们选取了6组典型单位的层位关系，基本上可以涵盖该遗址龙山时期的整个发展序列。

　　由以上6组层位关系，结合各单位出土遗物的类型学排比，我们可将该遗址遗迹单位由早到晚划分为三组：第一组以H42、H70、H71等为代表，包括T2931⑤层、T3330④层和T3328④至⑦层等；第二组以W6、H45、H23等为代表，包括T2835～T2936⑥层、T3131～T3330③层和T2830～T3130④层；第三组以G2、H1、H62、Y5等为代表，包括T2835～T2936的③至⑤层（表四、表五）。

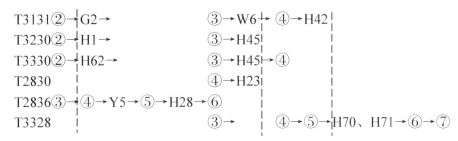

表四　大杜庄遗址发掘遗迹分组表

分组	遗迹
三组	H1、H2、H3、H6、H8、H12、H11、H14、H15、H16、H17、H18、H20、H21、H25、H26、H27、H29、H31、H32、H33、H34、H35、H37、H44、H47、H48、H50、H51、H61、H62、H63、W1、W2、W3、W5、W10、W15、G1、G2、G3、Y2、Y3、Y5
*	H7、H10、H13、H19、H22、H28、H36、H39、H40、H41、H43、H49、H53、H56、H69、G4
二组	H9、H23、H30、H38、H45、H46、H52、H54、H57、H59、H60、H64、H65、H68、W4、W6、W8、W9、W11、W12、W13、W14、W16、W17、W18、Y1、Y4、F3
*	H4、H5、H55、H58、H66、H67、F1、F2、F4
一组	H42、H70、H71、W7

　　说明：*表示的是介于两组间的遗迹单位由于出土遗物少或者没有，暂未能确定其归属。

　　第一组出土遗物相对较少。这一时期泥质陶明显较多，占总数的70%左右。陶色以黑陶居多，灰、褐陶次之，另有少量的红陶。器表多为素面，纹饰以篮纹为主，少量弦纹和方格纹，另见有极少量的绳纹、锥刺纹等。器形有瓮、罐、盆、缸、甗、刻槽盆、器盖、鬶和红陶杯等。鼎仅发现一件残片，夹砂红陶，饰弦断篮纹；鼎足绝大多数为夹砂红陶，少数褐陶，见有高宽扁形足、侧装三角形高足、柱形足和矮扁形足。

第二组相较于第一组差别较大，这一时期遗物非常丰富。泥质陶比例明显下降，仅占总数的52%左右。同时，黑、褐陶比例下降，灰陶增加，素面陶数量出现下降趋势，纹饰主要为篮纹，弦纹和方格纹很少，有极少量的绳纹、附加堆纹和锥刺纹等。器形见有瓮、鼎、罐、盆、缸、刻槽盆、甑、器盖、碗、钵、豆、圈足盘、器座等，器类显著增加。

表五　大杜庄遗址陶系统计表

分组	单位	陶质（%）		陶色（%）				器表（%）	
		夹砂	泥质	黑色	灰色	褐色	红色	素面	篮纹
第一组	T3327⑤	30.6	69.4	43.3	28.3	20.9	7.4	64	35
	T3326⑤	25.1	74.9	46.7	24.5	28.7	0.1	67	32
	T3327④	24.7	75.3	38.2	30.8	27.2	3.7	67	31
	T3326④	31.6	68.4	59.7	19.3	17.6	3.5	54	45.6
第二组	T2830④	48.2	51.8	36.1	40.1	19.8	4	53	42
	T2831④	47.6	52.4	23.2	37.1	35.9	3.7	62.3	36.8
	T3326③	46.8	53.2	36.1	38.3	15.9	9.6	81	19
	H23	46.4	53.6	32.3	33.5	19	5.4	32.8	66
第三组	T2936⑤	58.7	41.3	35	39.7	19.6	5.9	47.6	48.6
	T2936④	51.6	48.4	32.4	35.6	28.8	3.3	55	41
	T2835④	51.2	48.8	31.3	35.1	22.6	11.1	47.5	52

第三组与第二组比较相近，无论在陶质、陶色还是纹饰方面，都与第二组有较多的相似性，如泥质陶占比50%左右，篮纹占比40%左右。二者只是在器物种类与形制方面有些变化。如二组的小口高领瓮领部外撇，三组变为近直；二组垂腹鼎为高垂腹，三组则为矮垂腹；二组斜腹碗为小平底，三组为大平底；再如二组见有漏斗形刻槽盆，三组不见；三组出现新器形圈足罐等。

大杜庄第二、三组遗存在陶质、陶色、纹饰以及器物组合等方面表现出较多的相似性，因此我们将大杜庄遗存整体分为两段三组，即大杜庄第一组为早段，大杜庄第二、三组为晚段。

二、年代分析

大杜庄遗址第一组遗存陶胎普遍较厚，制作相对粗糙，包含高宽扁形鼎足、高柄杯、泥质红陶杯和横篮纹等较多江汉流域石家河文化的器形或因素，显示其年代较早。大杜庄遗址T2830④：28高宽扁形A型鼎足与汝州李楼遗址一期92T103④H1：7、8、T5⑥：9等Ⅳ式鼎足一致[1]，大杜庄遗址T3327⑥：7的A型鼎足与郝家台一期T29⑤：1-1鼎足相似[2]。因此，大杜庄

---

① 中国社会科学院考古研究所河南一队：《河南汝州李楼遗址的发掘》，《考古学报》1994年第1期。

② 河南省文物考古研究院：《郾城郝家台》，大象出版社，2012年，第23～24页。

遗址第一组遗存的年代大致不晚于李楼遗址的第一期遗存。

　　大杜庄遗址第二组遗存H45：54的B型Ⅱ式子母口瓮与郝家台遗址四期T26③：29的Ⅰ型子母口瓮[①]和淅川沟湾遗址T3030G10⑨：38的D型瓮[②]、煤山遗址二期T2③：1的Ⅱ式窄领瓮[③]相似；大杜庄W18：1的A型Ⅰ式鼎与煤山二期W2：1的Ⅳ式鼎特征一致[④]。大杜庄二组H45：9的A型Ⅰ式鼎和T3330③：11的A型Ⅱ式夹砂罐分别与郝家台四期W90：1的Ⅳ型鼎和H135：2鼓腹夹砂罐相似[⑤]。因此，大杜庄二组遗存的年代与郝家台四期应大致相当。

　　大杜庄遗址第三组T2935④：4的C型甗、T3231G2：04的Aa型小口瓮和T2930G2：1的B型圈足碗分别与淅川沟湾遗址3130G10⑧：124算子、T3130G10⑧：34的AⅡ式瓮和T3430G10⑤：1的B型碗[⑥]相同或相似，大杜庄三组T3131G2：11的C型夹砂罐与郝家台五期T44③：18的Ⅰ型有领罐相似[⑦]；因此，大杜庄第三组遗存的年代大致与郝家台五期相近。

第三节　文化性质与文化因素分析

　　如前文所述，大杜庄遗址龙山时期遗存与郾城郝家台、汝州李楼、临汝煤山、淅川沟湾等遗址有诸多的相似性，且分布于王湾三期文化的区域，因此，大杜庄龙山晚期遗存的性质应属于王湾三期文化，其第一组、第二组和第三组遗存分别相当于王湾三期文化的早期2段、晚期3段和晚期4段[⑧]。

　　大杜庄遗址中陶器纹饰以篮纹最多，常见矮扁形鼎足、侧装三角形高鼎足和柱形鼎足，不见带双耳的小口高领瓮、带耳罐、斝、甗等。另外，还出土有觚形器和数量较多的矮扁形足鼎等煤山类型的常见器形，因此属于王湾三期文化的煤山类型。

　　但同时也应该注意到，大杜庄遗址的陶器纹饰除了篮纹之外，方格纹、绳纹的数量均较少，盘形口和钵形口的夹砂鼓腹篮纹罐和鼎占有相当的比例，此外还有漏斗形刻槽盆、红陶杯等器形，显然是受到江汉流域文化因素的影响，这或许与大杜庄遗址靠近王湾三期文化杨庄二期类型的分布区域有关[⑨]。

---

　　① 河南省文物考古研究院：《郾城郝家台》，大象出版社，2012年，第205～211页。

　　② 郑州大学历史学院、河南省文物局南水北调文物保护办公室：《河南淅川沟湾遗址王湾三期文化遗存发掘简报》，《华夏考古》2017年第3期。

　　③ 中国社会科学院考古研究所河南二队：《河南临汝煤山遗址发掘报告》，《考古学报》1982年第4期。

　　④ 河南省文物研究所：《临汝煤山遗址1987～1988年发掘报告》，《华夏考古》1991年第3期。

　　⑤ 河南省文物考古研究院：《郾城郝家台》，大象出版社，2012年，第199～202页。

　　⑥ 郑州大学历史学院、河南省文物局南水北调文物保护办公室：《河南淅川沟湾遗址王湾三期文化遗存发掘简报》，《华夏考古》2017年第3期。

　　⑦ 河南省文物考古研究院：《郾城郝家台》，大象出版社，2012年，第246～248页。

　　⑧ 靳松安：《王湾三期文化的南渐及其相关问题》，《中原文物》2010年第1期。

　　⑨ 靳松安：《王湾三期文化的南渐及其相关问题》，《中原文物》2010年第1期。

第四节　聚落演变

　　钻探可知，在发掘区的南部地区曾存在有一处环壕，环壕围合面积大概为1万平方米。大杜庄遗址龙山时期遗存主要分布在东、西河道之间、环壕聚落及其以北，北部边界大致距离昱鑫重工桥梁钢腹板基地北墙约50米，遗址总面积约8万平方米。遗址南部的环壕及内部遗存由于施工取土的破坏，大部分基本上已荡然无存。所幸曾在环壕内及其断面上采集到少量陶器和残片，通过与发掘区出土同类器及陶片进行类型学排比，发现其年代较早，我们将其归入大杜庄遗址的早段。遗址南部的环壕表明这一区域在废弃之前是具有封闭形态的环壕聚落。具有明显节点意义的事件也可以作为划分聚落发展阶段的依据，基于此，我们以南部的环壕聚落是否被河道冲毁将遗址划分为早、晚阶段，废弃之前对应的是早段，废弃之后对应的是晚段。这也与以遗址南部环壕聚落内出土的遗物来分析环壕聚落废弃之前为早段的判断一致（图二五五）。

　　按前文所述，大杜庄遗址早段（第一组）遗存仅见于发掘区中部、南部以及遗址南部区域，发掘的遗迹仅有3个灰坑和1座瓮棺（图二五六）。出土遗物较少，可辨器形种类不多，主要见有罐、盆、鼎、缸、圈足盘和器盖等。大杜庄遗址晚段（第二组和第三组）遗存散布于发掘区，分布广泛，发掘的遗迹种类有灰坑、瓮棺、沟、窑址和房基等，数量达88个（图二五七）。出土遗物十分丰富，器物种类超过20种。遗迹和遗物的类型及数量均远远超过早段遗存，且遗

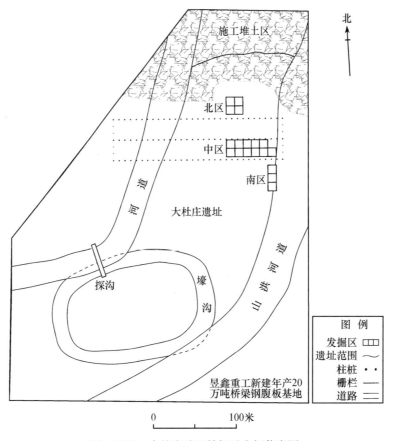

图二五五　大杜庄遗址钻探及发掘信息图

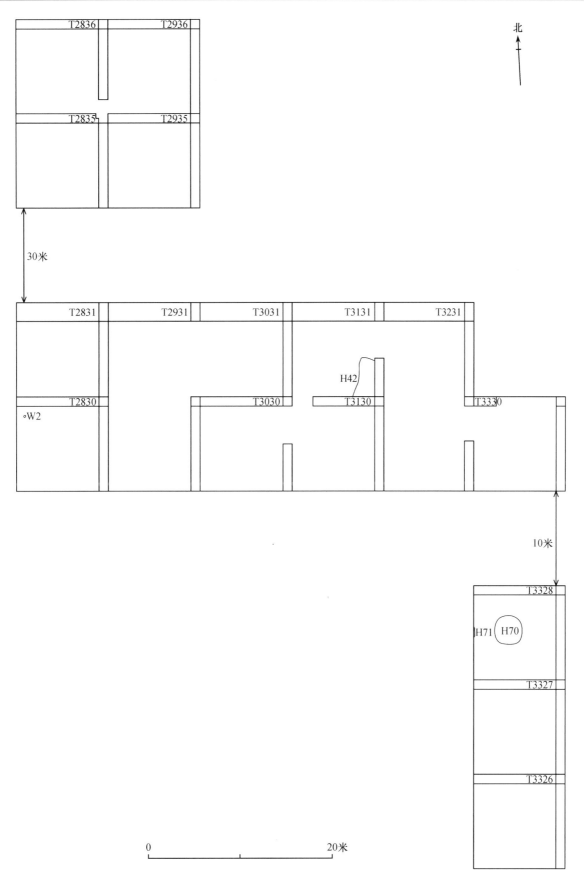

图二五六 大杜庄遗址发掘区早段遗存分布图

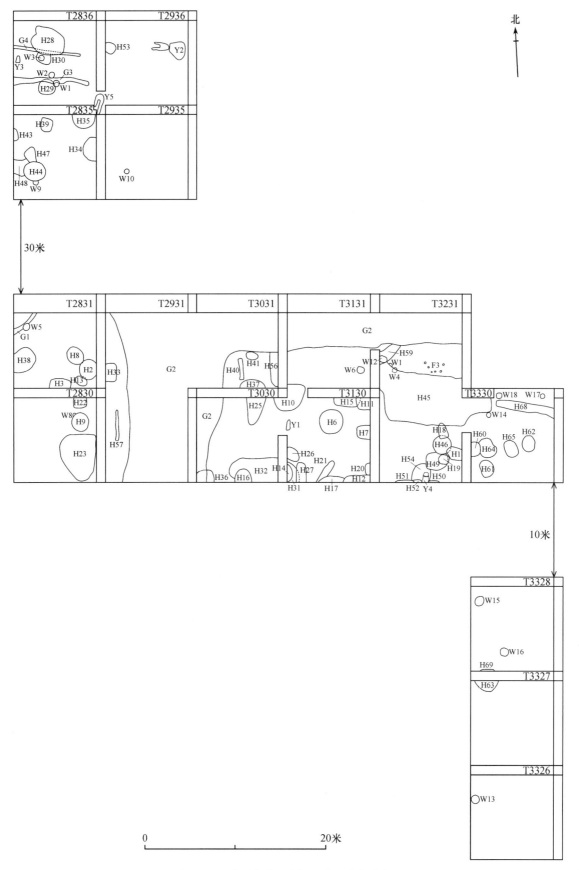

图二五七　大杜庄遗址发掘区晚段遗存分布图

迹之间常见打破关系，表明人们在此阶段的活动相对比较频繁。另外，多座房址附近都分布有瓮棺和大量灰坑，或可说明这里当时为较为稳定的居住地点。总体上看，大杜庄遗址早段遗存少，晚段遗存比较丰富，这反映了聚落在不同阶段的发展程度。

结合遗址钻探、发掘的情况可知，遗址东、西两条河道皆打破遗址南部的壕沟，因而环壕聚落初始使用的绝对年代应当相对较早。我们可以将该遗址龙山时期的聚落以南部围沟存在和损毁的时间为界，分为早、晚两个不同的阶段。早段，"大杜庄先民"活动范围主要以南部小型环壕聚落内区域为主；晚段，环壕因为山洪或河流的冲刷遭到毁坏，前期构筑的防御体系不复存在，人们因势利导，利用东、西部新形成的河道重新构筑起更大范围的防御空间，活动范围向北扩展。经初步勘探，晚期以东、西部的河道为边界的聚落面积至少在6万～8万平方米。

第五节　其　　他

一、器物定名与描述问题

1. 鼎和罐

舞钢大杜庄遗址出土了数量众多的夹砂折沿碟形口陶器，因为往往只残存口沿部分，因此器形是折沿罐还是鼎起初比较难以判定。经过系统的整理之后，对照能够修复完整的同类器物分析，发现折棱比较突出且圆腹或鼓腹者，基本上应当为陶鼎，因此，本报告将这类仅残存口沿的器物定名为陶鼎。

但少量折沿碟形口陶器因为复原口径较大，超过30厘米，与大口罐比较接近，因此定名为罐。

2. 器盖、盏和碗

这里说的器盖仅指平顶斜壁器盖。以往的报告中对这类陶器定名不一致，有碗、钵、盏、器盖等多种称谓，实际上有些应为同类器。本报告在定名这类陶器的时候，遵循一个原则，即观察口沿特征，如果口沿内勾，则定名为器盖；如果口沿圆滑或者敞口，则根据器形的大小定名为盏或者碗。这是因为，口沿内勾的器物如果当作盏或者碗等盛储器使用的话，会存在倾倒不干净、使用不方便的情况。古人生产陶器是为了使用方便，一般情况下不会有大量的不便于使用的器物，因此，这类器物的主要功能推测不应该是盛储，而应当是器盖。这类器盖很有可能是与折沿鼎、罐类陶器配合使用。

当然，这类器物也不排除有多种用途，既可以扣放作为器盖，也可以仰放当作盏或碗等盛储器。因此，有人将其称之为盖碗倒也无妨。

3. 碟形口与盘形口

本报告中对于陶罐和陶鼎口部的分类或描述时，采用了碟形口和盘形口的表述，主要是为了定义两类特征差异比较明显口部。从器物口部的特征看，二者各自均有较强的共性。碟形口的主要特征是沿面内、外侧斜平，绝大部分为方唇或斜方唇；盘形口的主要特征是沿面上部内凹、下部多外弧，绝大部分为尖圆唇或圆唇。这里需要说明的是，沿面斜平还是内凹主要看沿面本身的形态，口沿内侧折棱突出造成的沿面下部与折棱衔接处的凹坑，不作为沿面斜平还是内凹判断的标准。

二、骨骼保存情况

大杜庄遗址在田野发掘的过程中，出土的骨骼很少，18座瓮棺葬具内几乎均未见到明显的人骨痕迹，其他遗迹和地层中出土的骨、角器也仅4件，且保存情况较差，朽蚀严重。另外，遗址虽然是近水的环境，但蚌壳或者蚌器一件也没有发现。仅有的4件骨骼遗物中选择其中的3件（2014WGDW7人骨、2014WGDH32动物骨骼和2014WGDY2动物骨骼）经广州碳年科技有限公司送至中国科学院广州地球化学研究所进行碳十四测年，均未提取到骨胶原，因此未能获得样品的绝对年代。在遗址附近不同位置采集两处上层生土，经测定pH值分别为7.79和7.09，并未显示明显的酸性或碱性，说明大杜庄遗址骨骼遗存保存较差的原因或许与土壤的酸碱度关系不大。从现场发掘的情况看，不同季节或受降水的影响地下水位升降反复，造成埋藏环境经常变化，可能才是骨骼难以保存下来的原因。

三、石器生产

舞钢大杜庄遗址出土的骨、角制品很少，与此形成鲜明对比的是石器出土丰富，且器类较多。另外，出土的石器中有一定比例的毛坯或者半成品，这或许说明大杜庄遗址的石器是在遗址内或者就近区域加工生产的。

总之，舞钢大杜庄遗址是豫中南地区一处比较单纯的王湾三期文化煤山类型的聚落遗址，虽然面积不大，仅有8万平方米，但其发现的遗存年代相对集中，文化性质也比较单纯，为研究王湾三期文化提供了珍贵的新材料，也是该类型单个聚落考古研究非常难得的案例，丰富了对煤山类型内涵的认识，对于研究该地区龙山时代晚期聚落形态和文化面貌等都具有重要价值。

另外，大杜庄遗址内部及附近在龙山晚期有较多的河流及低洼地，居住在此的人们既利用水作为防御（围沟），为生活带来便利和保障，同时也因为水（山洪、河流）而受到侵害，导致早期的居住地被毁。如何辩证地去分析龙山晚期该地区的人地关系，研究古代人类动态的发展过程，大杜庄遗址也为我们提供了很好的实例。

附　表

附表一　大杜庄遗址灰坑登记表

编号	位置	层位关系	平面形状	剖面形状	尺寸（米）	出土器形	时代
H1	T3230东部	③→H1→④	近椭圆形	锅底形状	长1.6、宽1.26、深0.22～0.36	石斧、陶器盖、钵、瓠形器、甑、鼎	第三组
H2	T2831东南部	③→H2→④	近圆形	筒状	长2.2、宽1.86、深0.6	陶鼎、盆、罐	第三组
H3	T2831南部	③→H3→④	近半椭圆形	近筒状	长2.4、宽1.03、深0.5	陶瓮、鼎	第三组
H4	T2830西南部	④→H4→生土	椭圆形	平底锅状	长1.2、宽0.62、深0.4	陶鼎、瓮、罐	第一组或第二组
H5	T2830南部	④→H5→生土	不规则椭圆形	平底锅状	长2.55、宽1.62、深0.4	陶器盖、鼎、瓮	第一组或第三组
H6	T3130北部	③→H6→④	圆形	筒状	直径2.5、深0.34	陶缸、罐	第三组
H7	T3130东部	③→H7→④	半椭圆形	筒状	长1.5、宽1.4、深0.46	无	第二组或第三组
H8	T2831东南部	③→H2→H8→④	近椭圆形	筒状	长2、宽1.65、深0.65	石镞、陶纺轮、鼎、罐、瓮	第二组
H9	T2830东北部	④→H9→生土	近圆形	筒状	长1.9、宽1.8、深0.9	石镞、陶盆、罐	第二组
H10	T3030东北部、T3130西北部、T3131西南部	③→H10→④	近圆形	筒状	长2.9、宽2.8、深0.4	陶罐、鼎、钵	第二组或第三组
H11	T3130东北角	③→H11→④	扇形	锅底状	长1.5、宽0.98、深0.58	陶罐、盆、鼎	第三组
H12	T3130东南角	③→H12→④	扇形	筒状	长3、宽0.9、深0.58	陶鼎、罐	第三组

续表

编号	位置	层位关系	平面形状	剖面形状	尺寸（米）	出土器形	时代
H13	T2831东南角	③→H2→H13→④	椭圆形	筒状	长1.2，宽0.7，深0.4	石刀，陶鼎、盆	第二组或第三组
H14	T3130西南角	③→H14→④	半椭圆形	锅底状	长1.9，宽0.54，深0.52	陶纺轮、鼎、罐	第三组
H15	T3131东北部	③→H11→H15→④	近半椭圆形	筒状	长2.8，宽0.88，深0.6	石刀、石镰、陶罐、圈足盘	第三组
H16	T3030南部	③→H16→④	近半椭圆形	筒状	长1.8，宽1.4，深0.92	陶盆、壶、瓮	第三组
H17	T3130南部	③→H12→H17→④	半椭圆形	平底锅状	长2.98，宽0.74，深0.5	陶罐、瓮、鼎	第三组
H18	T3230东北部	③→H18→④	近椭圆形	近筒状	长1.72，宽0.96，深0.08~0.2	陶鼎	第三组
H19	T3230东南部	③→H19→④	近椭圆圆形	近锥形	长1，宽0.92，深0.4~0.5	无	第二组或第三组
H20	T3130东南部	③→H12→H20→④	半圆形	锅底状	长1.14，宽0.57，深0.64	陶罐、瓮、鼎、盆	第三组
H21	T3130南部	③→H17→H21→④	长条形	平底锅状	长2.7，宽0.8，深0.74	陶瓶、豆、甑、鼎、壶	第三组
H22	T2830东北部	④→H22→生土	近半椭圆形	筒状	长1.4，宽1.04，深0.4	陶罐、罐	第二组或第三组
H23	T2830东南部	④→H23→生土	不规则椭圆形	不规则形	长5，宽4.04，深0.8	石凿、石镰、石刀、陶纺轮、垫、碗、钵、圈足盘、器盖、罐、鼎、瓮、豆、盆、圆陶片	第二组
H24	并入H10销号						
H25	T3030东北部	③→H25→④	不规则形	不规则形	长3.16，宽1.74，深0.5~0.74	陶纺轮、罐、鼎	第三组
H26	T3130西南部	③→H26→④	近椭圆形	平底锅状	长1.5，宽1.2，深0.6	陶鼎、瓮、器盖、罐	第三组
H27	T3130西南部	③→H27→④	近长方形	近筒状	长2.14，宽1.06，深0.5~0.66	陶鼎、罐、器盖	第三组
H28	T2836西北部	⑤→H28→⑥	不规则形	近平底锅状	长3.6，宽2.88，深0.32	陶垫、圈足盘	第二组或第三组
H29	T2836西南部	⑤→H29→⑥	近圆形	近筒状	长1.74，宽1.6，深0.5	陶罐、器盖	第三组
H30	T2836中西部	⑤→H28→H30→⑥	近半椭圆形	平底锅状	长1.6，宽1.04，深0.34	陶豆	第三组
H31	T3130西南部	③→H14/H27→H31→④	近扇形	近平底锅状	长2.1，宽1.4，深0.7~0.8	陶鼎、甑、罐、刻槽盆、钵、壶、缸	第三组

编号	位置	层位关系	平面形状	剖面形状	尺寸（米）	出土器形	时代
H32	T3030东南部	③→H16→H32→④	近椭圆形	锅底状	长5.44、宽2.54、深1.32	石镞、石钻、陶瓶、圈足盘、豆、器盖、鼎、缸、瓮、罐、钵、杯、碗	第三组
H33	T2931西南部	④→H33→生土	近长方形	筒状	长1.92、宽1.2、深0.6	陶杯、瓮、刻槽盆、鼎	第三组
H34	T2835东部	⑤→H34→生土	近半圆形	斜壁筒状	长2.45、宽1.46、深0.5~0.6	石镞、陶罐、盆、器盖	第三组
H35	T2835东北部	⑤→H35→生土	近半圆形	漏斗状	长2.55、宽1.48、深2.6+	陶罍、钵、鼎、盆、罐、刻槽盆、豆、瓮、觚形器	第三组
H36	T3030西南部	③→G2→H36→④	近椭圆形	锅底状	长1.94、宽1.3、深0.76	无	第二组或第三组
H37	T3031南部	③→H37→④	半椭圆形	锅底状	长2.9、宽0.9、深0.9	陶器盖、罐、豆、鼎、瓮	第三组
H38	T2831西南部	④→H38→⑤	椭圆形	筒状	长2.92、宽2.3、深0.6	石刀、陶罐、盆、盘	第二组
H39	T2835西北部	⑤→H39→⑥	近圆形	筒状	长1.46、宽1.32、深0.18~0.34	无	第二组或第三组
H40	T3031南部	③→H40→④	长条形	近筒状	长2.5、宽0.62、深0.36	陶鼎、罐	第二组或第三组
H41	T3031中部	③→H41→④	近椭圆形	锅底状	长1.3、宽0.76、深0.24	陶罐	第二组或第三组
H42	T3131西南部	④→H42→生土	不规则形	近锅底状	长3.89、宽2.3、深0.64	陶盆、缸、罐、瓮	第一组
H43	T2835西北部	⑤→H43→⑥	近半椭圆形	平底钵状	长1.3、宽0.45、深0.34	石刀、陶罐	第二组或第三组
H44	T2835西南部	⑤→H44→⑥	椭圆形	筒状	长2.4、宽2.04、深0.54	陶豆、罐、鼎	第三组
H45	T3230北部、T3330西北部、T3231南部	③→H18/H59→H45→④	不规则形	近平底锅底状	长11.76、宽5.12、深0.75	石镞、石刀、石罐、陶垫、器盖、瓶、碗、豆、钵、罐、鬶、罍、鼎、刻槽盆、盆、瓶、瓮、缸	第三组
H46	T3230东部	③→H46→④	近圆形	筒状	直径2、深0.7	陶瓮、罐、鼎、器盖	第三组
H47	T2835西部	⑤→H44→H47→⑥	不规则形	锅底状	长1.42、宽1.2、深0.38	石铲、陶钵、碗、罐、觚形器、鼎、盖	第三组
H48	T2835南部	⑤→H44/H47→H48→⑥	不规则形	平底锅底状	长1.7、宽1.7、深0.4	陶罐	第三组

续表

编号	位置	层位关系	平面形状	剖面形状	尺寸（米）	出土器形	时代
H49	T3230东南部	③→H19/H46→H49→④	近椭圆形	平底锅状	长2.5、宽1.86、深0.38	石斧，陶罐、盆	第二组或第三组
H50	T3230东南部	②→H50→③	近半椭圆形	锅底状	长1.26、宽0.2、深0.6	陶罐、鼎	第三组
H51	T3230西南部	②→H51→③	近半椭圆形	锅底状	长2.2、宽0.24、深0.74	陶罐	第三组
H52	T3230南部	③→H52→④	近半椭圆形	锅底状	长1.2、宽0.21、深0.7	陶罐、鼎	第二组
H53	T2936西北部	⑤→H53→⑥	近半椭圆形	平底锅状	长1.2、宽1.1、深0.7	陶罐	第二组或第三组
H54	T3230南部	③→H49/H52→H54→④	近椭圆形	筒状	长2.3、宽2.1、深0.48	陶盆、鼎	第二组
H55	T3231东部	③→H55→生土	不规则形	不规则状	长1.7、宽0.78、深0.3	陶罐	第二组或第三组
H56	T3031东南部	③→G2→H56→④	近半椭圆形	平底锅状	长4.6、宽0.7、深1.1	陶罐、鼎	第二组或第三组
H57	T2930西北部	④→H57→生土	长条形	筒状	长6.25、宽0.2~0.32、深0.33~0.46	陶器盖、罐	第二组
H58	T2930西北部	④→H58→生土	半圆形	锅底状	长0.75、宽0.35、深0.27	无	第一组或第二组
H59	T3231西部	③→W12→H59→生土	近长条形	不规则状	长2.58、宽0.62、深0.6	陶盆	第三组
H60	T3330西南部	③→H60→④	半圆形	筒状	长1.6、宽0.98、深0.6	陶器座、瓮、鼎、转盘、罐	第二组
H61	T3330西南部	②→H61→③	近筒形	近筒状	长2.06、宽1.5、深0.6	石钻、石刀，陶鼎、盆、甑、器盖	第三组
H62	T3330东南部	②→H62→③	近椭圆形	筒状	长1.54、宽1.3、深0.5	陶器盖、碗、盂形器、鼎、罐、豆	第三组
H63	T3327西北部	②→H63→⑤	近半椭圆形	锅底状	长2.6、宽1.2、深0.84	陶瓮、罐、盆、碗、豆	第三组
H64	T3330西部	③→H60→H64→④	近椭圆形	筒状	长2.3、宽1.86、深0.5	石镞、石刀，陶器盖、鼎、罐、盆	第三组
H65	T3330中南部	③→H65→④	椭圆形	筒状	长1.94、宽1.36、深0.3	陶钵、器盖、豆	第二组
H66	T3330东南部	③→H65→④	近椭圆形	筒状	长3.2、宽2.84、深0.4	陶壶、盆、器盖	第一组或第二组

续表

编号	位置	层位关系	平面形状	剖面形状	尺寸（米）	出土器形	时代
H67	T3330中东部	③→H67→④	椭圆形	筒状	长1.8、宽1.7、深0.4	陶罐、盆、器盖	第一组或第二组
H68	T3330东北部	③→H68→④	长条形	筒状	长6.4、宽0.5～0.8、深0.5	石刀，陶豆、鼎、罐、盆、器盖	第二组
H69	T3328西南部	②→H69→⑤	近半椭圆形	筒状	长1.5、宽0.2、深0.32	陶罐	第二组或第三组
H70	T3328中北部	⑤→H70→⑥	近圆形	筒状	长3、宽2.96、深0.74+	陶瓮、鼎、罐、罜、器盖	第一组
H71	T3328西部	⑤→H71→⑥	近半椭圆形	锅底状	长1.14、宽0.16、深0.52	无	第一组

附表二　大杜庄遗址瓮棺墓登记表

编号	位置	层位关系	平面形状	剖面形状	尺寸（米）	葬具	人骨情况	时代
W1	T2836中南部	②→W1→⑤	近圆形	筒状	直径0.68，深0.24	陶鼎1	未见	第三组
W2	T2836西南部	②→W2→⑤	近圆形	平底锅状	直径0.6，深0.25	陶鼎1	未见	第三组
W3	T2836西北部	②→W3→⑤	近圆形	平底锅状	直径0.6，深0.2	陶鼎1	未见	第三组
W4	T3231西南部	③→W4→④	近圆形	近筒状	长0.68~0.7，宽0.63~0.64，深0.15	陶鼎1	未见	第三组
W5	T2831西北部	③→W5→④	近椭圆形	筒状	长1，宽0.86，深0.5	陶瓮2	未见	第三组
W6	T3131东南部	③→W6→④	近圆形	筒状	长0.66，宽0.6，深0.31	陶鼎1	未见	第三组
W7	T2830西北部	④→W7→生土	近圆形	筒状	直径0.4，深0.5	陶罐2	未见	第一组
W8	T2830东北部	④→H9→W8→生土	近半椭圆形	近筒状	长0.4，宽0.4，深0.36	陶罐3	未见	第二组
W9	T2835西南部	⑤→H44→W9→⑥	半椭圆形	筒状	长0.56，宽0.46，深0.32	陶瓮1，陶豆1	未见	第二组
W10	T2935西南部	⑤→W10→生土	圆形	筒状	直径0.5，深0.36	陶鼎1	未见	第二组
W11	T3231西部	③→W11→生土	圆形	筒状	直径0.6，深0.2	陶罐1	未见	第二组
W12	T3231西部	③→W12→生土	椭圆形	筒状	长1.1，宽0.64，深0.44	陶鼎2，陶盆1	未见	第二组
W13	T3326西北部	③→W13→生土	圆形	筒状	直径0.9，深0.5	陶罐1	牙齿	第二组
W14	T3330西北部	②→W14→③	椭圆形	平底锅状	长0.54，宽0.48，深0.3	陶鼎1	未见	第三组
W15	T3328西北部	②→W15→⑤	近圆形	筒状	直径0.64，深0.34	陶鼎1	未见	第三组
W16	T3328西南部	②→W16→⑤	近圆形	筒状	直径0.6，深0.32	陶鼎1	未见	第三组
W17	T3330东北部	②→W17→生土	近圆形	筒状	直径0.52，深0.5	陶鼎2	未见	第二组
W18	T3330西北部	②→W18→生土	近圆形	筒状	直径0.6，深0.6	陶鼎2	未见	第二组

附表三　大杜庄遗址窑址登记表

编号	位置	层位关系	方向	平面形状	保存	尺寸（米）	出土遗物	时代
Y1	T3130西北部	③→Y1→④	10°	近梯形	仅存火膛	长1.1，宽0.38～0.48，深0.5	陶片	第二组
Y2	T2936东北部	④→Y2→⑤	115°	不规则形	存工作坑、火膛和火道	工作坑长1.8，宽1.76，深0.42，火膛长0.78，宽0.76，深0.4，火道长0.98～1.16，深0.2	陶垫，鼎	第三组
Y3	T2836西部	⑤→Y3→⑥	6°	近梯形	仅存火膛	长0.8，宽0.28～0.38，深0.5	陶片	第三组
Y4	T3230南部	③→H52/H54→Y4→生土	183°	不规则形	存工作坑、火膛和火道	工作坑长0.66，宽0.92，深0.4，火膛长0.31，宽0.24，深0.38，火道长0.5，宽0.42，深0.38	陶片	第二组
Y5	T2836东南部	④→Y5→⑤	25°	近U形	存火膛和火道	火膛长0.98，宽0.6，深0.34～0.38，火道长0.76～1.6，宽0.24～0.34，深0.26～0.3	陶鼎	第三组

附表四　大杜庄遗址房基登记表

编号	位置	层位关系	建筑形式	平面形状	保存情况	尺寸（米）	门向	出土遗物	时代
F1	T2830西北部	④→F1→生土	柱列式	近椭圆形	13个柱洞，垫土	长5.12，宽3.88，垫土厚0.4	不详	碎陶片	第一组或第二组
F2	T2830西北部	④→F2→生土	柱列式	不规则形	9个柱洞，垫土	长4.36，宽3.8，垫土厚0.06	不详	碎陶片	第一组或第二组
F3	T3231中部	③→F3→生土	柱列式	近半圆形	6个柱洞	长2.17，宽1.15	不详	无	第二组
F4	T3231南部	③→H45→F4→生土	柱列式	长条形	17个柱洞	长6.9，宽3.5	不详	无	第一组或第二组

附表五　大杜庄遗址沟登记表

编号	位置	层位关系	方向	平面形状	剖面形状	尺寸（米）	出土器物	时代
G1	T2831西北部	③→W5→G1→④	东北—西南	近长条形	锅底状	长3.8，宽0.16~0.64，深0.3	陶盆、瓮、鼎、罐	第三组
G2	T2930、T2931东部、T3030西部、T3031~T3231北部	中区③→G2→中区④	东西—南北	近L形	锅底状	长38.9，宽19，深0.7~2.35	石刀、石镰、石凿、石斧、石铲、石器坯料、陶鼎、罐、罍、盆、刻槽盆、瓮、甑、缸、碗、豆、钵、器座、器盖、纺轮、祖	第三组
G3	T2836西南部	④→G3→⑤	东西向	不规则长条形	锅底状	长8.16，宽0.36~0.85，深0.6	石镞、石锤、陶器盖、罐	第三组
G4	T2836西北部	⑤→H28→G4→⑥	东西向	长条形	筒状	长7.26，宽0.26~0.32，深0.49	无	第二组或第三组

附　录

大杜庄遗址浮选出土植物遗存分析

钟　华

（中国社会科学院考古研究所）

一、采样和浮选

河南舞钢大杜庄遗址2014年共采集浮选样品52份，将来自同一遗迹单位的样品合并后，样品合计共44份。这些浮选样品全部来自大杜庄遗址龙山晚期遗存，属于王湾三期文化煤山类型。具体的，包括来自于灰沟的5份样品，来自于窑址的5份和来自于灰坑的34份样品。

大杜庄遗址浮选样品土样量大部分在5到15升之间，共采集土量411.5升。植物遗存的浮选工作是在河南省文物考古研究院平粮台考古工作站完成，使用80目标准分样筛对植物遗存进行收集，样品经阴干晾晒后寄送至中国社会科学院考古研究所植物考古实验室，完成植物遗存的种属鉴定和分析工作。

二、浮　选　结　果

大杜庄遗址出土植物遗存包括炭化木屑和炭化植物种子两大类。

大杜庄遗址44份样品共浮选土量411.5升，浮选出土炭化木屑（尺寸在1毫米以上）合计6.7克。炭化木屑是指经过燃烧的木头的残存，其主要来源应该是未燃尽的燃料或遭到焚烧的建筑木材和其他用途的木料等。实验室所做的工作是将所有木屑作为一个统一的类别进行量化分析，利用标准分样筛将样品中大于1毫米的炭化木屑筛选出来，称重计量。结果显示，平均每十升土样所含炭化木屑重为0.16克。通过比较龙山晚期和新砦期周边其他遗址出土炭化木屑数据，王圪垱遗址炭化木屑含量为平均每10升土样0.28克[①]，王城岗遗址炭化木屑的含量为0.26克

---

① 钟华、吴业恒、张鸿亮、赵志军：《洛阳王圪垱遗址浮选结果及分析》，《农业考古》2019年第1期。

/10升①，瓦店遗址为0.32克/10升②，程窑遗址炭化木屑的含量为0.26克/10升③，新砦遗址为0.31克/10升④，可以发现大杜庄遗址出土炭化木屑的平均含量要低于以上遗址。值得注意的是，大杜庄遗址出土炭化木屑仅发现于44份样品中的23份中，如果我们只统计出土炭化木屑的这23份样品的话，遗址平均每10升土样所含炭化木屑重为0.29克，这么看来与周边遗址出土炭化木屑的平均含量差异并不大。

通过大杜庄遗址的浮选工作，除了炭化木屑的发现，还浮选出一些炭化植物种子，共计12粒，相比于同一时期周边遗址浮选工作，此次大杜庄遗址出土炭化植物种子数量非常少。这12粒炭化种子全部来自于遗址的6个灰坑中。并且，这6处出土炭化植物种子的灰坑中都发现有炭化木屑。

从表1中可以看到，遗址出土炭化植物种子包括了4种农作物遗存和2种非农作物遗存。

表1　遗址出土植物种子统计表

出土植物遗存种属（类别）	绝对数量	出土概率
粟（Setaria italica）	3	4.5%
黍（Panicum miliaceum）	2	2.3%
稻米（Oryza sativa）	2	4.5%
大豆（Glycine max）	2	4.5%
野燕麦（Avena fatua）	1	2.3%
藜（Chenopodium album）	1	2.3%
未知	1	2.3%
合计	12	/

大杜庄遗址出土4种农作物遗存，包括粟（Setaria italica）、黍（Panicum miliaceum）、大豆（Glycine max）和稻米（Oryza sativa），共9粒。遗址出土的炭化作物中来自于4个灰坑中（H34、H35、H44、H48），又以H35中出土最多（5粒），并且这一灰坑还包含了遗址出土的全部4种炭化农作物种子。

粟，禾本科狗尾草属（Setaria），为一年生旱生草本作物，喜温。粟的生长期短、耐瘠、适应性强、耐储藏，且对水的利用率高。遗址中发现的炭化粟粒表面较光滑，背部较平，胚部约占粒长的三分之二，呈V形。遗址发现的3粒粟皆为成熟的炭化粟粒，略呈圆球状，保存较好，仅在2处灰坑中发现，出土概率为4.5%。

黍，禾本科黍属（Panicum），为一年生草本植物，又称糜子。具有早熟、耐瘠和耐旱的

① 赵志军、方燕明：《登封王城岗遗址浮选结果及分析》，《华夏考古》2007年第2期。
② 刘昶、方燕明：《河南禹州瓦店遗址出土植物遗存分析》，《南方文物》2010年第4期。
③ 钟华、张永清、吴倩、赵志军：《登封程窑遗址浮选结果及分析》，《农业考古》2018年第6期。
④ 钟华、赵春青、魏继印、赵志军：《河南新密新砦遗址2014年浮选结果及分析》，《农业考古》2016年第1期。

生理特性。黍是谷类作物中最抗旱的类型之一，在干旱、半干旱地区由于降水量变率大、春旱频发的情况下，较其他作物易于生长。遗址中发现的2粒黍粒呈长圆球状，背部较鼓而胚部较短，爆裂后呈U状，保存较好，仅发现于灰坑H35中，出土概率为2.3%。

大豆，豆科大豆属（*Glycine*），为一年生直立草本作物，为重要的粮食和油料作物，在世界广泛种植。遗址发现的炭化大豆形态呈肾形，腹部微凸，豆脐呈窄长形，位于腹部上部，两端圆钝，爆裂严重，表面因油脂析出呈蜂窝状孔隙。我们对其中的1粒炭化大豆进行了测量，其长、宽、厚分别为2.63毫米、1.77毫米和1.53毫米。遗址中发现炭化大豆2粒，来自于两个灰坑中，出土概率为4.5%。

稻米，禾本科稻属（*Oryza*），为一年生作物，稻米喜高温、多湿、短日照，对土壤要求不严。遗址中发现炭化稻米2粒，粒型呈卵圆形而较短宽，形态保存完整，我们对其中的1粒炭化稻米进行了测量，其长、宽、厚分别为4.66毫米、2.81毫米和2.12毫米。这2粒稻米来自于两个灰坑中，出土概率为4.5%。

大杜庄遗址出土非农作物遗存仅发现2粒，包括1粒野燕麦（*Avena fatua*）和1粒藜（*Chenopodium album*）。分别发现这2粒非农作物种子的两个灰坑中，并没有发现任何炭化作物种子，也就是说，大杜庄遗址出土的炭化作物种子与非农作物种子并不共出。

野燕麦，属于早熟禾亚科（*Pooideae*）燕麦属（*Avena*），一年生草本，主要生产在平原低湿地，分布于田野路旁、淡水草甸和居民点周围，野燕麦可以作为重要的饲草。遗址发现的1粒炭化野燕麦种子，呈长扁形，背部略鼓，腹部扁平，胚呈椭圆形。

藜，藜科藜属（*Chenopodium*），一年生草本，常见于路旁、荒地及田间，生于农田、菜园、村舍附近或有轻度盐碱的土地上。遗址出土炭化藜仅1粒，大体呈圆形，两面呈双凸透镜形，表面光滑且表面有放射状纹理，马蹄形唇，胚位于顶部凹口处。

三、讨　论

大杜庄遗址此次浮选共出土炭化植物种子12粒，其中包括了9粒炭化农作物种子，尽管出土数量非常有限，但我们发现这些作物种子包括了粟、黍、大豆、稻米4个种类。通过比较遗址附近龙山文化晚期已经进行过系统植物考古浮选工作的遗址，无论是东侧的漯河郝家台遗址[①]、淮阳平粮台遗址[②]，还是北侧的禹州瓦店遗址[③]、登封王城岗遗址[④]、登封程窑遗

---

① 邓振华、张海、李唯、梁法伟、曹艳朋：《河南漯河郝家台遗址早期农业结构研究》，《中国科学：地球科学》2021年第3期。

② 赵珍珍、曹艳朋、靳桂云：《河南淮阳平粮台遗址（2014—2015）龙山时期炭化植物遗存研究》，《中国农史》2019年第4期。

③ 刘昶、方燕明：《河南禹州瓦店遗址出土植物遗存分析》，《南方文物》2010年第4期。

④ 赵志军、方燕明：《登封王城岗遗址浮选结果及分析》，《华夏考古》2007年第2期。

址①、新密新砦遗址②，发现的农作物遗存基本也是这4种（一些遗址发现少量小麦，但还没有直接测年显示能够早到龙山晚期的）。也就是说，大杜庄遗址浮选发现了这一区域龙山晚期常见的全部农作物品种。

大杜庄遗址出土作物中既包含了粟、黍两种中原地区传统的旱作农田作物，也发现有稻米和大豆两类龙山时期本地区才较为常见的新兴作物，这一作物组成符合我们对于龙山时期王湾三期文化生业结构的基本认识。可惜的是，由于遗址作物遗存出土数量过少，我们难以进行有效的定量分析，无法判断不同种类作物在农业种植和生业结构中的比例。对于龙山晚期王湾三期文化的生业模式特点，之前的研究主要集中在嵩山南麓和郑洛地区，对于大杜庄遗址所在小区域的情况并不十分清楚，尤其是稻米和大豆在遗址中的比重，是接近于嵩山南麓一系列遗址的结构，还是和东侧郝家台遗址、平粮台遗址中以粟、黍为绝对主体的旱作农业体系更相似。这种生业结构上的差别一方面反映了各自的农业种植方法，另一方面与其背后的农业发展水平，遗址小环境特点，人地矛盾的激烈程度，乃至不同族群的饮食传统都有着密切的关系。本次遗址浮选工作尚难以对这些问题进行进一步的探讨。

大杜庄遗址44份浮选样品，其中有34份来自灰坑（一般而言灰坑出土炭化植物遗存最为丰富），却仅仅发现了12粒炭化植物种子，这一出土情况在中原地区同一时期的浮选工作中非常少见，尤其是在每份浮选样品土样量基本保证在5到15升的前提下。值得注意的是，不同于炭化植物种子，灰坑中出土炭化木屑的平均含量与周边遗址出土情况差异并不大。进一步分析的话，遗址出土炭屑含量大体可以反映遗址居民利用木材作为燃薪，以及一些生活或建筑用木料焚烧的情况，也就是说大杜庄遗址本次浮选涉及的灰坑，在出土炭屑这个层面有着与周边遗址类似的使用背景。同样，大杜庄遗址2014年的发掘工作也出土了丰富的考古遗物，包括大量的陶器、石器。大杜庄遗址本次浮选出土炭化植物种子，与炭化木屑以及其他考古遗物出土情况有着如此明显的差别，其中的原因可能是多样的。考虑到本次遗址考古发掘面积可能仅是遗址实际面积的一小部分，我们推测出土植物种子较少的原因可能与遗址的功能使用分区有着直接的联系，也就是遗址本次浮选样品采集区可能并不是遗址居民主要的谷物加工区和食余等生活垃圾倾倒区，或者在遗址的主要使用期内上述活动并不频繁。

---

① 钟华、张永清、吴倩、赵志军：《登封程窑遗址浮选结果及分析》，《农业考古》2018年第6期。
② 钟华、赵春青、魏继印、赵志军：《河南新密新砦遗址2014年浮选结果及分析》，《农业考古》2016年第1期。

四、结　语

通过大杜庄遗址植物考古浮选工作，我们发现了一系列炭化植物遗存，包括较为丰富的炭化木屑和数量相对有限的炭化植物种子。在这些炭化植物种子中，我们发现了粟、黍、大豆、稻米4种作物遗存，这一农作物组合包含了本区域龙山晚期常见的全部农作物品种。尽管由于出土数量的限制我们难以进行进一步的量化分析，以及生业模式的讨论，但大杜庄遗址本次植物考古浮选工作，也在一定程度上填补了遗址所在小区域龙山晚期植物考古研究的缺环。造成遗址系统浮选出土植物种子数量较少的原因可能是多样的，推测可能与遗址的功能分区和人们在这一发掘采样区的活动频率关系密切。

大杜庄遗址土壤pH的测定

唐　静

（河南省文物考古研究院）

一、土壤样品

取样时间：2024年3月29日

取样地点：1号样品位于原发掘区外西北部（现河南泰田中共机械制造有限公司厂房西北角）；2号样品位于原发掘区外北部（现河南泰田中共机械制造有限公司厂房北部）。

取样层位：上层浅黄色生土。1号样品距地表深1.6米，2号样品距地表深1.9米。

采样方式：梅花点布点法，两处取样层各取5份土壤样品并分别混合均匀。

二、仪器与试剂

仪器：雷磁PHS-3CPH计。

试剂：实验用超纯水。

三、依据标准

依据NY/T 1121.2-2006 土壤检测 第2部分：土壤pH的测定。

四、样品处理

称取经2mm孔径筛的风干土样10g（精确至0.01g）于50mL烧杯中，加超纯水25mL（土液比为1∶2.5），用搅拌器搅拌1min，使土粒充分分散，放置30min。

五、样品pH测定

　　将仪器温度补偿器调节到试液、标准缓冲溶液同一温度值。将电极插入pH 4.01的标准缓冲溶液中，调节仪器，使标准溶液的pH值与仪器标示值一致。移出电极，用水冲洗，以滤纸吸干，插入pH 6.87标准缓冲溶液中，检查仪器读数，两标准溶液之间允许绝对差值0.1 pH单位。反复几次，直至仪器稳定。

　　将电极插入试样悬液中，轻轻转动烧杯以除去电极的水膜，促使快速平衡，静置片刻，按下读数开关，待读数稳定时记下pH值。放开读数开关，取出电极，以水洗净，用滤纸条吸干水分后即可进行第二个样品的测定。

六、pH测定结果

　　1号样品土壤浸出液PH为7.79，2号样品土壤浸出液PH为7.09。

后　记

　　《舞钢大杜庄新石器时代遗址》考古报告终于要出版了，距离2014年发掘至今已经整整十年。对于这样一个发掘面积并不算太大、文化面貌又相对比较单纯的遗址来说，时间确实是太久了一点。原因不说考古同行估计也能猜到，客观上自大杜庄遗址发掘结束后，新的考古发掘项目接连不断，疲于奔命，十年里从来没有哪一个月是没有考古发掘任务的；主观上当然还是编者，尤其是主编时间抓得不紧，整理考古资料隔三差五、断断续续，以至于拖沓十载。

　　如今终于完稿，合卷回想，田野发掘阶段的往事就像后期考古资料的整理一样，断断续续。印象最深的就是2014年秋季的暴雨，连续下了一个月，眼看发掘就要进入尾声，却因为暴雨耽搁了一个多月。发掘现场因位于工厂建设施工区，周边垫土堆高，使得发掘探方区域成为一个洼地，暴雨来临，探方一片汪洋，隔梁完全淹没于水下，就连高处值班的帐篷里面水深也将近1米，值班人员顶着暴雨紧急撤离。雨停之后三台汽油泵抽水机24小时日夜排水，将近两周好不容易才将水排净、泥清完，正要组织继续发掘，结果暴雨又来一次，情景重现，前功尽弃。待到再次排净雨水，发现探方隔梁、四壁垮塌严重，现场满目疮痍。无奈还得重新收拾，好在发掘技师已经习惯了顶烈日、下泥坑的工作，虽然满身泥泞，但最终换来了发掘现场的基本整洁。工作还要继续，抓时间抢工期，但偏多的降雨使得地下水位上升，少部分遗迹没有发掘到底，留下了些许的遗憾。

　　本报告和所有的考古发掘工作一样，是集体劳动的结果。舞钢大杜庄遗址考古发掘项目领队是楚小龙，现场具体工作主要由曹艳朋负责，钻探人员有郑晓威、海战国、邢南南、海洋，发掘工作人员有杨明宝、全鹏、吴宇航、孙双举、李航、孙清远、娄群山、张瑞强、柯必灿、熊谯乔、刘智广、徐巧丽、郭军锐，整理人员有曹艳朋、楚小龙、刘凤亮、王琼、朱树玉、全鹏、李航、孙双举、荣焱、孙春丽、李三灵、朱芃宇、孙晓彤、陈雄、张体栋、苏静、张宇、寇小石、谭丽丽、杨一帆、聂凡等。报告的第一、二章由楚小龙、蒋白浪共同撰写，第三、五章由曹艳朋、楚小龙共同撰写。第四章由曹艳朋、王琼、刘凤亮共同撰写，最后由曹艳朋通读稿件，统一核查校对，修改并定稿。

　　感谢为大杜庄遗址发掘进行艰苦协调的平顶山市、舞钢市的各位领导，感激敢于挡在挖掘机前保护文物的考古技师，感谢众多业务人员的齐心协力，感谢关心指导本项目的各位专家，感谢河南省文物考古研究院提供出版经费，感谢出版社编审劳心费力，感谢所有为本项目的最终结项提供过帮助、支持的人们！

　　由于编者水平有限，报告中肯定还存在不少疏漏，请学界同仁多多批评、指正。

编　者

2024年6月

1. 大杜庄遗址全景

2. 发掘探方（部分）

大杜庄遗址及发掘探方全景

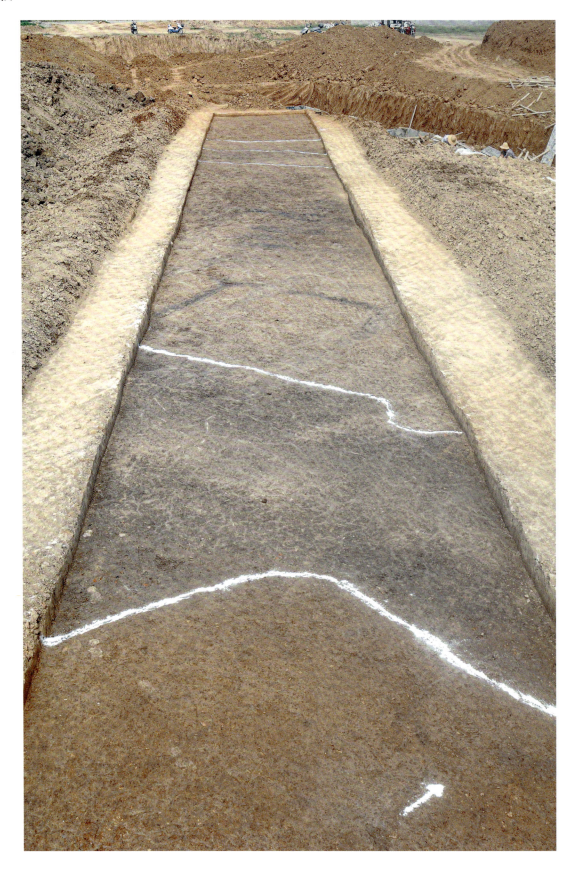

TG1发掘前全景

1. 发掘现场

2. T2831③层下遗迹

发掘现场、T2831③层下遗迹

图版四

1.遗址西南部河道

2.遗址南部环壕剖面

遗址西南部河道、遗址南部环壕剖面

1. H1全景

2. H2全景

H1、H2全景

图版六

1. H3全景

2. H4全景

H3、H4全景

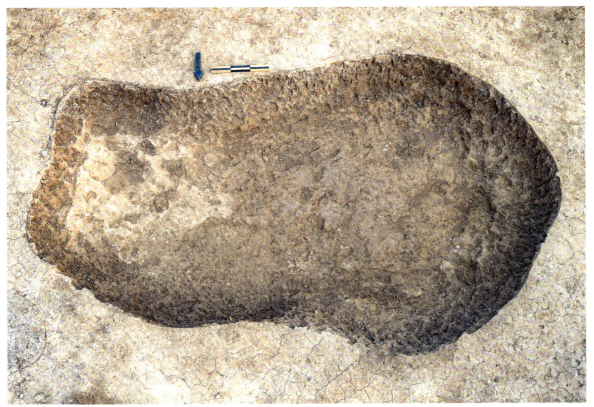

1. H5全景

2. H6全景

H5、H6全景

图版八

1. H7全景

2. H8全景

H7、H8全景

1. H9全景

2. H10全景

H9、H10全景

图版一〇

1. H11全景

2. H14全景

H11、H14全景

1. H15全景

2. H17全景

H15、H17全景

1. H20全景

2. H21全景

3. H25全景

H20、H21、H25全景

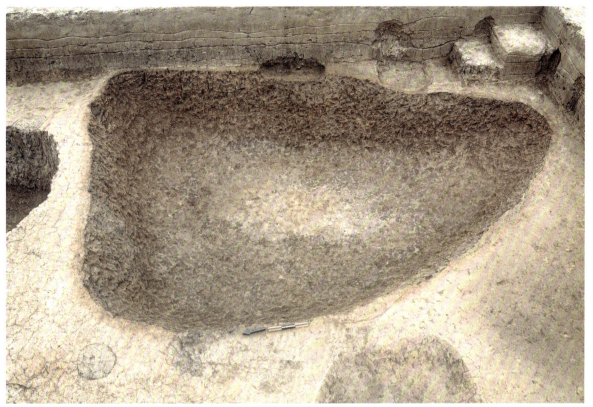

1. H23全景

2. H26全景

3. H32全景

H23、H26、H32全景

1. H28全景

2. H29全景

H28、H29全景

1. H30全景

2. H31全景

H30、H31全景

1. H33全景

2. H35全景

H33、H35全景

1. H36全景

2. H37全景

H36、H37全景

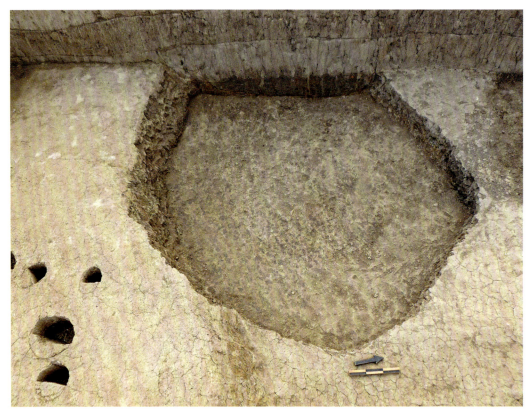

1. H38全景

2. H39全景

H38、H39全景

1. H42全景

2. H45局部（T3230内）

3. H47全景

H42、H47全景，H45局部

1. H46全景

2. H49全景

H46、H49全景

1. H53全景

2. H54全景

H53、H54全景

1. H55全景

2. H57全景

3. H68全景

H55、H57、H68全景

1. H60全景

2. H64全景

H60、H64全景

1. H65全景

2. H67全景

H65、H67全景

1. H70全景

2. W1全景

H70、W1全景

1. W2全景

2. W3全景

W2、W3全景

1. W4全景

2. W5全景

W4、W5全景

1. W6全景

2. W7全景

W6、W7全景

1. W8全景

2. W9全景

W8、W9全景

1. W11全景

2. W13全景

W11、W13全景

1. W14全景

2. W15全景

W14、W15全景

1. W16全景

2. W17全景

W16、W17全景

1. W18全景

2. Y1全景

W18、Y1全景

1. Y2全景

2. Y5全景

3. Y3全景

Y2、Y3、Y5全景

1. Y4全景

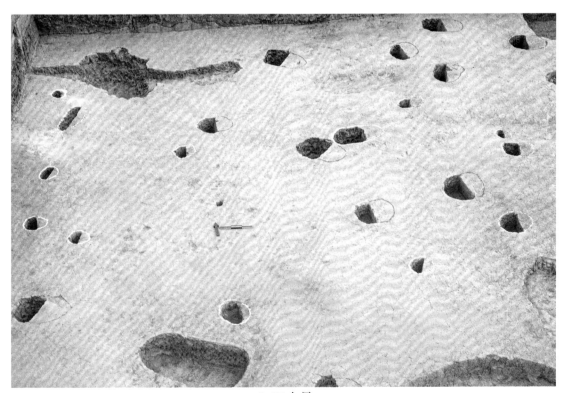

2. F1全景

Y4、F1全景

1. F2全景

2. F3全景

F2、F3全景

F4局部（T3230内柱洞）

1. G1全景

2. G2局部（T3031内）

G1全景、G2局部

1. G2局部（T3231内）

2. G2局部（T3131内）

3. G3全景

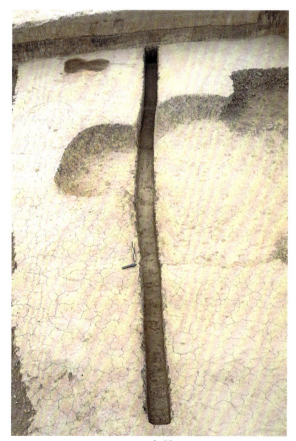

4. G4全景

G2局部，G3、G4全景

1. T2835⑤层陶器组合

2. T2935⑤层陶器组合

T2835⑤层、T2935⑤层陶器组合

1. T3330③层陶器组合

2. T3131③层陶器组合

T3330③层、T3131③层陶器组合

1. H1陶器组合

2. H23陶器组合

H1、H23陶器组合

1. H45陶器组合

2. H62陶器组合

H45、H62陶器组合

1. W12陶器组合

2. Y5陶器组合

W12、Y5陶器组合

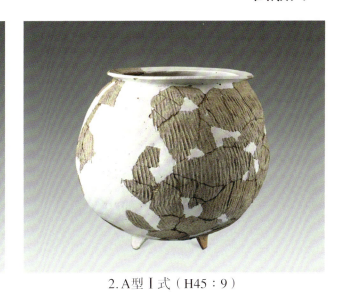

1.A型Ⅰ式（T3131③：11）

2.A型Ⅰ式（H45：9）

3.A型Ⅰ式（W4：1）

4.A型Ⅰ式（W6：1）

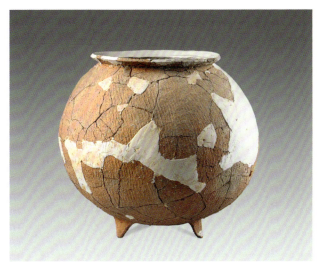

5.A型Ⅰ式（W12：2）

6.A型Ⅰ式（W12：3）

陶鼎（一）

1. A型Ⅰ式（W14∶1）

2. A型Ⅰ式（W17∶1）

3. A型Ⅰ式（W18∶1）

4. A型Ⅱ式鼎（H1∶13）

5. A型Ⅱ式（W2∶1）

6. A型Ⅱ式（W15∶1）

陶鼎（二）

1.A型Ⅱ式（W16：1）

2.A型Ⅱ式鼎（Y5：1）

3.A型Ⅱ式鼎（Y5：2）

4.A型Ⅱ式鼎（Y5：3）

5.小型夹砂罐（H45：6）

6.Ab型泥质罐（W7：1）

陶鼎、陶罐

1. Aa型泥质罐（W13：1）

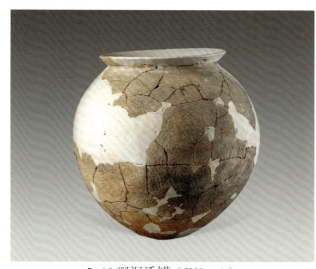

2. Ab型泥质罐（W8：1）

3. Aa型瓮（H23：8）

4. Aa型瓮（H23：9）

5. Ab型瓮（W5：2）

6. C型瓮（W9：1）

陶罐、陶瓮

1.A型（H1：10）

2.A型（H1：10）底

3.A型（H1：11）

4.A型（H1：11）底

5.B型（H45：8）

6.B型（H45：8）底

陶甑

1. C型甑（T2935④：4）

2. C型甑（T2935④：4）底

3. A型钵（T2936⑤：4）

4. B型钵（H1：2）

5. B型钵（H23：11）

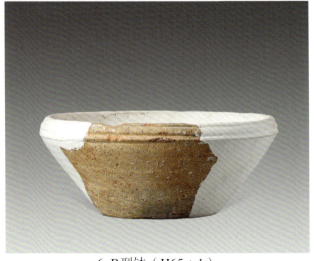

6. B型钵（H65：1）

陶甑、陶钵

1. B型盆（W12：1）

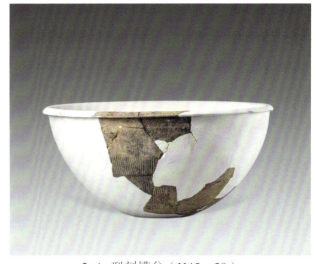

2. Aa型刻槽盆（H45：20）

3. Aa型碗（H23：10）

4. Aa型碗（H23：011）

5. Ab型碗（T3330③：6）

6. Ab型碗（H62：4）

陶盆、陶刻槽盆、陶碗

图版五二

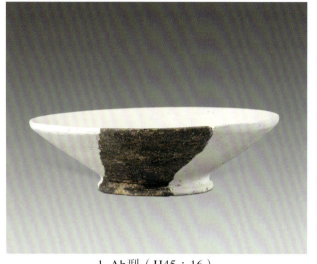
1. Ab型（H45：16）

2. Ab型（H62：3）

3. Ab型（T3131G2：3）

4. Ab型（T3131G2：5）

5. B型（T2930G2：1）

6. B型（T3131G2：2）

陶碗

1. 盏（T2835⑤：11）

2. 盏（T3031G2③：4）

3. 盏（T3131③：13）

4. 盏（T3131G2：4）

5. A型器盖（T2935⑤：7）

6. A型器盖（T3131③：12）

陶盏、陶器盖

1. A型（T3131③：14）

2. A型（H1：1）

3. A型（H1：9）

4. A型（H1：12）

5. A型（H23：20）

6. A型（H37：1）

陶器盖（一）

1.A型（H45：7）

2.A型（H45：10）

3.A型（H45：11）

4.A型（H45：12）

5.A型（H45：13）

6.A型（H45：14）

陶器盖（二）

1. A型（H45：15）

2. A型（H62：1）

3. A型（H62：2）

4. A型（H64：4）

5. A型（H65：2）

6. A型（T3131G2：1）

陶器盖（三）

1. B型壶（T2831⑤：2）

2. B型壶（H66：1）

3. Ba型杯（采：1）

4. Bc型杯（T3131③：15）

陶壶、陶杯

1. 瓠形器（H1：4）

2. 瓠形器（H1：6）

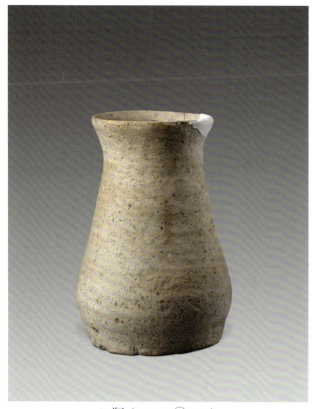

3. 瓶（T2830④：7）

4. 瓶（H32：3）

陶瓠形器、陶瓶

1. 器座（T2831④：10）

2. 器座（T3231G2：3）

3. 器座（T2936④：1）

4. 器座（H60：1）

5. 圈足盘（H32：4）

6. 兽首（T2830④：9）

陶器座、陶圈足盘、陶兽首

1. T2935④：5

2. T2835⑤：7

3. T3328③：1

4. T3328③：1局部

5. H60：2

6. H60：2局部

陶转盘

1. T2836⑤：6

4. T3330③：1

2. T2935⑤：4

3. Y2：1

5. T2836⑤：3

陶垫（一）

1. T3330③：3

2. H23：5

3. H28：1

4. H45：5

陶垫（二）

1. T2835④：2

2. T2836⑤：1

3. T2936⑤：1

4. T2830④：5

5. T2930③：2

6. T3130④：3

陶纺轮（一）

1. T3031③：1

2. T3131③：2

3. T3131③：5

4. T3131④：2

5. H8：1

6. H8：3

陶纺轮（二）

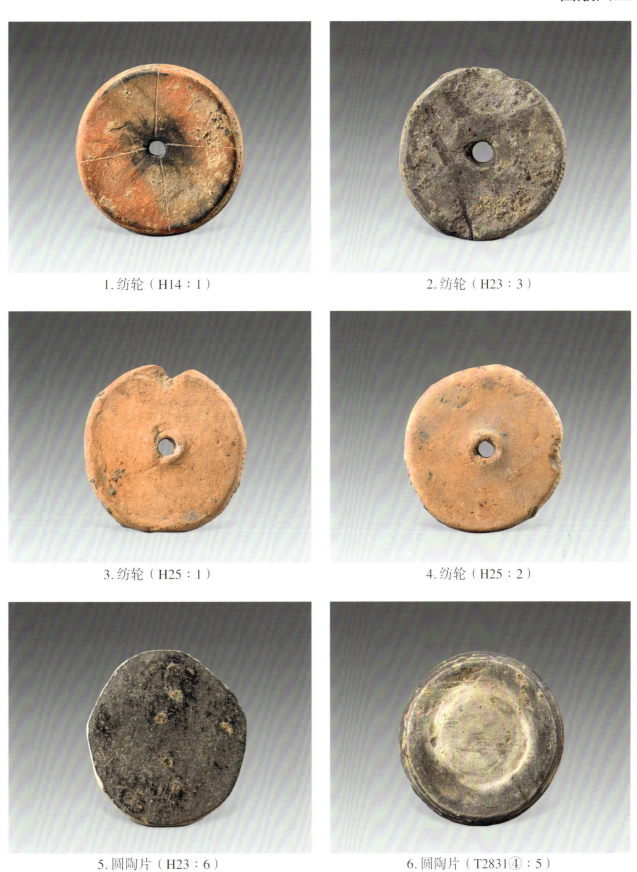

1. 纺轮（H14：1）

2. 纺轮（H23：3）

3. 纺轮（H25：1）

4. 纺轮（H25：2）

5. 圆陶片（H23：6）

6. 圆陶片（T2831④：5）

陶纺轮、圆陶片

1. Aa型（T2830④：1）

2. Aa型（T2830④：3）

3. Aa型（T2830④：8）

4. Aa型（T2831④：2）

石镞（一）

1. Aa型（T3131③：3）

2. Aa型（T3231①：1）

3. Aa型（H8：2）

4. Aa型（H9：1）

石镞（二）

1. Aa型（H23：2）

2. Aa型（H23：4）

3. Aa型（H64：2）

4. Aa型（G3：1）

石镞（三）

1. Aa型（G3：2）

2. Ab型（T2830④：2）

3. Ab型（T2830④：10）

4. Ab型（T3131③：4）

石镞（四）

1. Ab型（3231③：1）

2. Ab型（H32：1）

3. Ab型（H45：1）

4. B型（T2836⑤：2）

石镞（五）

1. B型（T2831④：4）

2. B型（T3030④：1）

3. B型（T3130④：2）

4. B型（T3131③：6）

石镞（六）

1. B型（T3131③：7）

2. B型（T3131④：1）

3. B型（H34：1）

4. B型（H64：1）

石镞（七）

1. A型（T2830④：13）

2. A型（T3130④：1）

3. A型（H15：1）

4. A型（H15：2）

5. A型（H38：1）

6. A型（T2930G2③：1）

石刀（一）

1. A型（T2835④：1）

2. A型（T2935④：1）

3. A型（T2935④：2）

4. A型（T2836⑤：5）

5. A型（T2831④：7）

6. A型（T2831④：8）

石刀（二）

1. A型（T3230④：1）

2. A型（H23：7）

3. A型（H43：1）

4. A型（H45：2）

5. A型（H61：3）

6. A型（H68：1）

石刀（三）

1. A型（T2931G2②：10）

2. B型（T2835⑤：13）

3. B型（T2836②：1）

4. B型（T2836⑤：4）

5. B型（T2935⑤：2）

6. B型（T3131③：8）

石刀（四）

1. B型（H13：1）

2. B型（H45：4）

3. B型（T2931G2②：3）

4. B型（T3031G2③：2）

5. C型（H64：3）

6. C型（T2831④：13）

石刀（五）

1. A型（T2835②：1）

2. A型（T2830④：4）

3. A型（T2830④：11）

4. A型（T3231③：3）

石凿（一）

1. A型（T3031G2③：3）

2. B型（T3130⑤：1）

3. B型（H23：1）

4. C型（T3328⑦：1）

石凿（二）

1. T2936④：2

2. T2935⑤：1

3. T2936⑤：2

4. T3231②：2

5. T2830④：6

6. T2830④：12

石镰（一）

1. T3230③：1

2. T3230③：2

3. T3330③：2

4. T3131③：9

5. T2831⑤：1

6. H15：3

石镰（二）

1. H15：4

2. H45：3

3. T2931G2②：9

4. T2931G2②：11

5. T3031G2②：2

6. T3031G2②：3

石镰（三）

1. 镰（T3231G2：2）

2. 铲（T2935⑤：3）

3. 铲（T2835⑤：15）

4. 铲（T2936⑤：3）

5. 铲（T2831④：9）

6. 铲（T3231G2③：1）

石镰、石铲

1. 铲（T2835⑤：14）

2. 铲（T2831④：11）

3. 钻（H32：2）

4. 钻（H61：1）

石铲、石钻

1. T3131③：1

2. H1：3

3. H49：1

4. T3231G2：1

石斧

1. 锛（T2831④：3）

2. 锛（T2831④：6）

3. 锛（H47：1）

4. 石英（T2930③：1）

石锛、石英

1. 锤（T3231②：1）

2. 锤（G3：4）

3. 石器坯料（T2831④：1）

4. 石器坯料（T3031G2②：1）

石锤、石器坯料

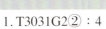

1. T3031G2②：4

2. T3031G2③：1

3. T2935④：3

4. T2936④：3

石器坯料